KB141358

나의 인성교육과 인격수양을 위한 평생공부 노트

한국병,
무엇이
문제인가?

나의 인성교육과 인격수양을 위한 평생공부 노트

한국병, 무엇이 문제인가?

안문환 편저

출판기획 구상나무

한국병을 극복하려면 우리가 어떻게 달라져야 할까?

현재 우리 대한민국을 생각하며 글을 써보았다. 자고 나면 눈과 귀로 달려들고 펼쳐지는 화면과 지면들은 정권 투쟁, 온갖 부정행위, 끔찍한 살인, 자살 사건, 성폭력, 보이스피싱 등 온통 잘못되고 소름 끼치는 사건들로 도배가 된다. 우리나라가 잘살게 되었다고 자랑하며 외국에서 부러워한다고 하는데 정작 우리 내부는 갈피를 잡을 수 없을 정도로 불행의 구렁텅이 속을 헤매고 있는 느낌이다.

여러모로 생각해보았다. 지금 우리나라가 무엇이 잘못되었는가를.

그래서 "한국인의 자랑거리 자부심"과 "한국을 위태롭게 하는 한국병"을 같이 찾아본 것이다. 문제는 가난을 이기고 경제 발전을 해서 어떻게든 잘살아보자면서 모든 것을 여기에 올인하다 보니 아주 중요한 것을 잊고 살아온 것이다. 서로 이해하고 배려하면서 같이 살아야 할 '인성 덕목'을 잊은 채, 사람들이 이기주의자로 변해버렸다. '무슨 짓을 하든 돈과 물질과 권력만 있으면 지금 세상에선 최고다.'라는 생각의 노예가 되었던 것이다.

그렇다면 이제 우리가 잘한 것을 자랑만 할 게 아니라 스스로 우리의 심각한 문제점들을 찾아서 고쳐나가야 한다. 그래야 나 자신도 달라지고 나라도 사회도 인성을 갖춘 도덕 사회로 바뀌면서 강한 선진국으로 거듭날 것이며, 아울러 다른 나라들도 우리를 함부로 대하지 않을 것이다.

우리가 인성(人性)과 인격(人格)을 생각할 새도 없이 악착같이 살아온 지 100여 년! 돌이켜보면 일본의 침략으로 나라를 빼앗겼고, 겨우 독립하자마자 또다시 동족 간의 전쟁으로 전 강토가 폐허가 되었다. 그 잿더미 속에서 죽기 살기로 노력해서 짧은 기간에 경제적으로 이만큼 많은 성공을 거둔 것은 그야말로 기적에 가깝다. 일본을 제외한 아시아 국가들이 잠자고 있는 시기에 훌륭한 지도자들을 만나고 국민들의 노력으로 극빈에서 벗어날 수 있었던 것이다.

그러나 이런 고난의 세월 속에서 물불 안 가리고 열심히 일해서 잘사는 경제에만 치중하다 보니 돈과 물질만이 최고로 대접받는 세상으로 변해버렸다. 좋은 집과 호화 외제차를 타야 주위 사람들이 부러워하고 대접을 해주었다. 작은 차를 타거나 차림새가 보잘것없어 보이면 사람들이 얕잡아본다. 결혼식을 하더라도 호화로운 호텔에서 치러야 그 사람의 위상이 높아진다. 그러니 빚을 내서라도 큰 차를 사고, 호화 호텔에서 결혼식을 올리고 이렇게 허세라도 부려야 대접받는 세상이 된 것이다.

사람들은 이기적으로 변해가고, 세상은 점점 도덕심에서 멀어져가고 인성은 메말라갔다. 더구나 학교에서도 인성교육을 도외시한 채, 배타적인 1등주의 경쟁 교육을 하다 보니 가정, 학교, 사회에서까지도 사치와 허세, 부(富)의 등급으로 평가를 받고 인정을 받는다. 그러니 예의와 도덕이 사라져가면서 우리의 전통적인 인성교육과 도덕규범인 삼강오륜(三綱五倫), 신언서판(身言書判), 주자십회훈(朱子十悔訓) 등은 아예 골동품으로 취급되어 우리 머리에서 사라진 지가 오래되었다. 우리 민족의 홍익인간(弘益人間) 정신은 찾아보기가 어렵게 됐다. 다시 말하면 예의와 도덕, 역사, 전통, 사상, 철학, 고전, 종교, 고난교육 등의 수직 문화와 수직 교육이 거의 사라졌기 때문에 세상의 가치관이 물질과 권력, 출세, 돈과 명예와 유행 등에 맞춰지게 된 것이다.

이러한 잘못된 추세는 가속도가 붙어서 상당히 많은 사람들이 허영과 허세, 사치와 환락으로 빠져들게 된다. 이렇게 육적인 즐거움에만 도취되고, 정신적인 내면을 채워주는 인성교육을 받지 못하니 도덕적인 인격이란 무엇인지 모르는 사람들이 너무 많아진 것이다. 그런 사람들은 정신적인 만족을 모르고 폭음과 마약, 섹스, 도박 등으로 빠져들게 되고, 또 이런 사람들이 사기와 폭력 등으로 세상을 어지럽게 만들어왔다.

이러한 잘못된 가치관과 행태들을 바로잡아야 할 분들이 바로 나라의 지도자인 정치인들인데, 이분들은 오히려 자신들의 정권 잡기에만 골몰해서 세상의 그릇된 행태를 정권 쟁취에만 이용하고 인격적인 행동에서 모범을 보이지 못했다. 오히려 이념과 당쟁으로 국민들을 편을 갈라놓아서 배타적인 갈등을 생산하는 진원지 역할을 이분들이 한 것이다.

그래서 우리 삶의 현실이 너무나 충격적이다. 세계에서 자살률이 1위이고, 갈등지수도 세계 1위라고 하며, 또한 이혼율도 세계에서 1~2위라는 불명예를 지고 있다. 더구나 요즈음 거의 매일 일어나는 반인륜적인 사건들을 보면 제 어머니를 죽이고 집에 불을 지르는가 하면, 자신이 주식투자에 실패해서 돈을 탕진했는데 왜 죄 없는 아내와 자식들을 모두 죽이는지? 참으로 입에 담기도 역겹고 사악한 사건들이 줄을 잇고 있는 것이 작금의 현실이다.

이렇게 장황하게 설명하는 이유는 '우리가 왜 이렇게 변했는가?'를 우리 스스로 과거를 통해서 알아야 하기 때문이다. 그동안 무엇이 잘못돼서 우리가 이렇게 되었을까?

물론 우리나라가 처한 주변 환경과 주변의 나라들 때문이라고 남의 탓을 해볼 수도 있다. 그러나 그에 앞서 그러한 환경 속에 사는 '우리 스스로 잘못한 것은 없을까?'를 생각해봐야 할 것이다. 왜냐하면 우리의 삶을 다른 나라 사람들이 지켜주는 것이 아니기 때문이다. 단군에서부터 시작한 우리나라의 긴 역사 부침(浮沈)은 차치하더라도 근세 역사에서 보면 우리나라가 망했던 이유가 분명하게 드러난다. 조선조가 망했던 이유도 주변 나라와 더 넓은 세상 돌아가는 것을 살피지 못하고 안에서 권력투쟁과 당파싸움으로 나라의 힘을 기르지 못하고 백성들을 화합하고 단결시키지 못한 것이 근본적인 원인이라는 것은 분명하다.

겨우 독립이 되었어도 아직 나라는 허리가 잘린 채, 북쪽에서는 공산 세력이 위협을 하고, 남쪽에서는 우리를 침략했던 일본의 우익 세력들이 정권을 잡아서 한국을 괴롭히는 현실에서, 우리 정치인들은 또다시 우물 안 개구리가 돼서 치졸한 권력다툼에만 정신이 팔려 나라의 힘을 약화시키고 국민들을 수없는 편으로 갈라놓는다. 우리는 세계에서 IQ가 세계 최고라고 하는데, 건망증도 세계 최고인 것 같다.

나라가 없이 일본의 속국이 되어 별의별 고난을 겪으면서 노예처럼 살다가 벗어난 지 겨우 70여 년인데, 우리 조상님들이 목숨을 바치고 UN 등 우호국의 도움으로 겨우 얻어진 자유 대한민국인데, 이제 조금 여유를 갖고 평화롭게 살게 되었다고 우리는 너무나 빨리 건망증에 걸린 것 같다. 왜 우리는 이렇게 얼마 지나지도 않은 쓰라린 과거를 국가 안보의 밑거름으로 하여 화합과 단결의 주춧돌로 삼지 못하는가?

화합과 단결은 고사하고 오히려 국민들의 갈등이 세계 최고이고, 자살률도 이혼율도 세계 최고라니 얼굴이 화끈거리고 화가 난다. 그래서 이런 모든 현상들을 일명 '한국병'이라고 이름을 붙여보았다. 그런데 갈수록 점점 병의 증세가 더해지고 있는 느낌이다. 누구에게 탓을 할까!

대한민국이 세계 최고로 IT가 발달해서 우리 안방은 TV와 컴퓨터가 점령했고, 세계 최고로 통신이 발달해서 발이 다니는 곳이면 어디든 따라다니는 스마트폰은 우리 온몸을 감시하고 부리는 요술쟁이 주인이 되어 있다. 이런 것들이 우리의 먹을거리를 만들고, 또 우리 생활을 편리하게 해서 세계 최고의 IT 통신 국가로 발전한 것이 자랑스럽긴 하다. 하지만 한편으로 깊이 생각해보면, 우리의 온몸을 지휘 감독하는 머리가 눈과 귀의 종이 돼서 단순히 감각을 인식하는 역할을 하고 있다. 그래서 깊은 생각과 넓은 아량, 사랑과 배려와 같은 진정 인간적이고 도덕적인 가치들을 가슴에 채울 겨를이 없었던 것이다.

그래서 우리의 내면에 인간적이고 도덕적인 인성과 인격이 자리할 곳이 없어지지 않았나를 살필 생각과 겨를조차 없었던 것이다. 물론 이 통신수단들이 우리가 살아가는 데 많은 편리함과 재미를 준다. 그러나 거기에만 매몰되면 진정으로 우리 인생의 행복을 찾게 만드는 내면적인 정서(情緖)와 깊은 사고(思考)의 시간을 갖기가 어렵다. 나의 주관과 관계없이 받아들여야 하는 영상과 소리는 우리의 생각과 감정을 혼란과 미움으로 끌고 가는 경우가 많다.

수많은 방송은 틀기만 하면 정치인들의 치졸한 정권 잡기 싸움에 편 가르기 언어만 쏟아내서 사람들은 진저리를 내고, 또 이 편 저 편으로 갈라서 각종 갈등을 조장하니 더욱 서로의 미움과 질투만 생산해낸다. 그리고 차마 입에 담기도 역겨운 반인륜적인 존속 살인 사건들이 하루가 멀다 하고 방송을 타고, 신성 청결해야 할 성을 쾌락과 상품의 도구로 부추기는 행위들이 일부 방송, 인터넷, 스마트폰을 통해 시시각각으로 우리의 눈과 귀에 파고든다.

물론 언론 자유의 세상에 언론들만이 잘못했다고 탓할 수는 없고, 언론으로선 자신들이 중심을 지키고 중용을 선택하고 있다고 말할지도 모른다. 그렇지만 실상 지금의 언론은 그렇지 못하다. 현 시대에 언론, 특히 방송 언론이 이 사회에 끼치는 영향은 대단하다. 때문에 언론은 국민들 개개인의 인성과 인격을 키우는 역할은 물론, 국가의 화합과 단결을 이끌어내서 강한 나라를 만들고, 대한민국 국민의 도덕적, 인격적 수준을 높이는 데 상당히 커다란 역할을 할 수 있을 것이다. 그러니 다시는 권력 다툼과 사회적 갈등으로 나라가 약해져서 국가를 통째로 잃고 국민 전체가 종처럼 살게 만드는 우를 범하지 않도록 하는 것이 바로 우리 언론의 역할이라고 말할 수 있을 것이다.

정치 싸움이나 반인륜적, 비도덕적 사건들을 많이 알리고 고발하는 것이 언론의 역할인 것도 맞지만, 이러한 부정적 보도 위주의 방송 보도는 결국 우리 사회 전체가 이런 사회인 줄로 착각하게 만들 수도 있다고 볼 수도 있다. 그래서 잘못된 인성과 사회관을 가진 사람들이 오히려 양심의 가책도 받지 않고 모방 범죄를 저지르는 사례도 많다.

이런 추세가 계속되면 보고 듣는 사람들도 갈수록 우리 사회를 부정적으로 보게 되면서 가족들과의 대화, 이웃이나 친구와의 대화 주제들이 정치인이나 사회의 부정적인 면을 주제로 삼는 경우가 대부분이라는 것을 언론들이 알아주었으면 한다.

특히나 정치 상황을 알릴 때는 여야의 싸움을 부추기는 것은 말할 것도 없고, 또 친이, 친박, 친노 등으로 파벌을 강조해서 싸움을 극단적으로 부추기면서 방송을 한다. 정치 싸움은 국민들까지 갈라놓는다.

왜냐하면 국민들은 그렇지 않아도 배타적인 교육과 배타적인 환경으로 서로 간에 스트레스를 받고 사는 우리 현실에서 여기에 부채질을 하는 언론에 대해서 곱지 않은 시선을 갖고 있고, 또 언론의 격이 떨어진다고 느끼고 있다. 물론 대한민국의 독립 정신을 살리고, 역사와 전통을 지켜온 정통파 신문이나 방송들은 대한민국의 선진화에 힘쓰고 국민들의 인성과 인격을 높이는 역할을 묵묵히 하고 있다는 것을 지각 있는 사람들은 잘 안다.

그래서 언론이 조금 더 긍정적인 역할을 하는 데 노력을 기울여주었으면 하고 바란다. 말하자면 부정적인 면을 고발하는 데 비례해서 그 이상의 훈훈하고 감동적인 사례들을 찾아서 보도해주는 노력을 기울여주었으면 하는 것이다. 그렇게 되면 우리 언론들이 우리나라를 강한 선진국으로 만들고 국민들의 인격을 세계 최고의 리더 국민으로 이끌어나갈 수도 있다는 말을 전하고 싶은 것이다.

그리고 무엇보다도 근본적인 것은 우리의 인성(人性)과 인격(人格)을 높이는 데 초점을 맞춰야 하리라고 본다. 현재 '한국병'의 모든 원인이 도덕을 기초로 한 가정교육과 사회, 학교의 인성교육의 소홀함에서 비롯된다고 보이기 때문이다. 가정교육과 인성교육을 제대로 받지 못한 기성세대들은 인성을 회복하기가 그리 쉽지 않다. 인성이 자리 잡아야 할 하드웨어의 자리에 물질 만능에 이기 생존주의가 습관화 고착화되어 있기 때문에 인성 회복이 상당히 어려워 보인다.

더욱 큰 문제는 앞으로 세상을 바르게 이끌어갈 자라나는 후세들에게라도 인성교육을 바르게 시킬 인재들이 준비되어 있지 않다는 것이다. 왜냐하면 너무 오랫동안 지식과 물질 권력, 돈, 명예, 유행 등의 수평 문화와 수평 교육에만 치우쳐왔기 때문에, 너무 오랫동안 우리 인간이 어떻게 일생을 바르게 살아가야 하는지를 가르치는 하드웨어 교육(수직 문화와 수직 교육)이 없었기 때문에, 어떻게 가르쳐야 하는지가 국가와 사회에 정립되어 있지 않다.

그것은 바로 인류와 도덕, 역사와 전통, 사상과 철학, 종교, 또는 고전을 통한 인생살이 고난교육, 이런 수직 문화와 수직 교육들을 통해 가능하다. 이런 숭고한 것들이 사실상 우리의 내면을 건강하고 단단하게 만들어주는 교훈들이고, 또 이렇게 내면이 건강해지면 스스로 자족감과 자신감을 갖는 것은 물론, 행복감까지도 느끼게 될 터인데 우리는 오랫동안 이것을 잊고 살아왔다.

요즘 우리나라는 세계 최고의 각종 갈등과 자살률, 세계 최고의 이혼율, 그리고 나날이 늘고 있는 반인륜적인 사건들이 많은 사람들을 슬프게 하고 있는데, 이것은 너무도 오랜 기간 물질문명의 단맛에만 길들여져서 인간의 기본 인륜 사상인 도덕가치 문화와 인성교육의 결함에서 왔다고 볼 수 있다. 그래서 자기 스스로를 통제하고 절제하면서 내면의 행복을 찾을 수 있는 기능을 잊어버린 것이다.

이러한 인성을 채우고 인격을 다듬을 교육이 사라지다 보니 많은 사람들이 사람으로서의 최소한의 도리마저 잊고 사는 것이 작금의 현실이다. 기본적으로 자신을 낳고 길러준 부모에 대한 고마움, 나라를 잃고 종처럼 살던 시대에 목숨을 바쳐 나라를 구한 독립운동가들에 대한 충성심과 고마움, 또 자유 대한민국을 위해 목숨을 바쳐 지켜준 UN을 비롯한 세계의 많은 나라들에 대한 감사함, 전쟁의 폐허에서 풀뿌리로 연명하던 시대에서 벗어나 세계 10대 경제 발전 국가로 키워준 할아버지와 아버지 세대에 대한 고마움.

우리 후세들이 이렇게 인간답지 못하게 자란 것은 결국 우리 기성세대의 잘못이라고 봐야 한다. 우리가 역사상 처음으로 누리는 경제 발전에 온 정열을 쏟다 보니 우리의 전통 인성교육이었던 삼강오륜(三綱五倫), 신언서판(身言書判), 퇴계학(退溪學), 주자십회훈(朱子十悔訓) 등은 거의 필요 없는 골동품 정도로 치부해버렸던 것이다.

이렇게 인성교육이 사라진 채로 근 100여 년을 살다 보니 일부 60~70대 이상의 할아버지 할머니 세대는 그나마 도덕과 인륜 정신이 남아 있어서 양심이란 걸 가지고 있지만, 고생 안 시키고 잘살게 만들겠다고 물질과 경쟁 위주로 키운 후세들은 자기만 알고 양심이라는 것이 빈약한 이기주의자들로 변해 있었던 것이다. 이렇게 근세의 발전 과정에서 무언가 잃어버리고 잘못되었다고 느끼기 시작한 것은 얼마 되지 않았다. 가정이 무너져가고 반인륜적이고 사악한 수많은 사건들이 정신을 차릴 수 없이 일어나고 하는데, 상당히 많은 사람들은 그저 세상이 바뀌었다고만 생각한다. 어디서부터 무엇이 잘못되었는지를 알려고 하지도 않는다. 따라서 이러한 사회를 바로잡아야 할 필요성과 용기를 갖지 못한다.

더구나 일제강점기에 우리 한민족의 역사이며 혼인 단군의 홍익인간 관련 사서(史書)를 비롯한 사서 수십만 권이 불태워졌다는 이야기가 있다고 한다. 일본의 극우 세력들이 우리 민족의 얼과 혼을 빼서 열등 민족으로 만들어서 그들의 종으로 만들려 했던 것이다. 일제강점기에 우리 민족에게 가해졌던 별의별 박해들을 보면 그렇게 추측하고도 남음이 있다.

때문에 이렇게 인성교육이 사라진 학교에서는 일진과 같은 폭력 집단들이 독버섯처럼 자라나서 아이들은 왕따 대상을 골라 괴롭히면서도 양심의 가책을 느끼지 못하고, 학생들 간에도 이기적이고 배타심만 늘어나서 선생님들이 아이들을 가르치는 데 너무 힘들어한다. 심지어는 선생을 때리거나 의자를 집어던지는 등 교단의 문제가 보통 심각한 것이 아니다.

어른들은 어떨까? 잘 먹고 잘사는 사람들이 많아졌는데 그 삶이 도덕적이지 못하고 지나치게 이기적이고 사치와 퇴폐의 유혹에 빠져서 욕심과 환락의 극치만 쫓아다니는 사람들이 너무나 많아졌다. 가끔 우리 사회의 잘못된 단면을 이야기하는 분들이 있지만 그냥 시류라고 생각하고 넘겨버리고 만다.

지금 이 글을 쓰고 있는 순간에도 강남의 어떤 가장이 증권을 하다가 망해서 자기 아내와 자식, 가족 3명을 몽땅 죽이고 자신도 죽겠다고 하면서 도망간 사건, 또 강원도 어느 마을에서는 돈 천만 원을 빌려 썼는데 너무 귀찮게 조른다고 형님 동생 하던 이웃 가족을 수면제를 먹여놓고 불을 질러 몰살시킨 끔찍한 사건 등, 너무도 반인륜적인 사건들이 줄을 이어 일어나고 있다.

지금 시점에서 숨을 가다듬고 돌아보면 너무나 많은 문제들이 우리가 사는 울타리 안에서 일어나고 우리 모두가 그 속에 갇혀 있다. 바로 우리를 위태롭게 만들고 있는 '한국병'에 갇혀 있는 것이다. 대한민국은 땅덩어리도 적고, 자원도 없고, 가진 것이라곤 사람밖에 없으니 우리가 치열한 경쟁을 통해서 살아가야 하는 절박한 환경과 운명을 가진 것은 사실이다.

게다가 중국, 일본, 러시아 등 강국의 틈바귀에 끼인 여러 가지로 불리한 여건에 놓여 있고, 그나마도 북쪽에는 공산 세력이 호시탐탐 기회를 노리며 이념 공세를 벌이고 있는 마당이니 우리나라의 환경은 우선 살아남는 것이 우선일 수밖에 없었던 것이다.

이러한 절박한 운명 속에 사람의 가치를 생각하고 가르칠 여유를 잃어버려서 우리도 모르게 '한국병'의 우리 안에 갇혀버린 것이다. 독립과 전쟁 이후에 우리는 그렇게 절박하게 살아왔다. 잃어버린 역사와 전통, 고귀한 사상과 도덕성을 가르치는 인성교육을 뒤로한 채, 우리는 물불 안 가리고 억척스럽게만 살아왔다.

한국병의 근본적인 원인이 근세 역사 속에서 우리가 처한 국제적 안보 환경을 깨닫지 못하고 화합과 단결 대신, 당파싸움과 정권 다툼으로 날을 새다 나라를 송두리째 빼앗겨서 식민지로 전락하고, 그래서 황폐화된 이 땅이 또다시 이념의 실험장이 돼서 온 강토가 전쟁으로 쑥대밭이 되기까지를 우리는 분명히 알고 깨달아야 한다. 우리 국민 모두가 깨닫고 특히 정치를 하는 분들이 깨달아야 한다. 간단히 말해서 가화만사성(家和萬事成)이 안 되면 집안이 망한다는 것을.

그런데 가화만사성이 그냥 저절로 이뤄지는가? 자식들에게 인성을 가르치고 밥상머리 가정교육을 해야 하는데, 우리는 당장 먹고살고 즐기는 데만 정신이 팔려서 그런 것이 왜 필요한지를 모르고 100여 년

이상을 살아왔던 것을! 나 자신이 모르니 자식들을 어떻게 가르치는가. 내가 배우지 못했으니 당연히 모를 수밖에!

그런데 이러한 삶이 우리를 어떻게 만들었을까?

인성의 토양이 황폐화되고 인격은 망가지고 돈과 권력과 물질만이 판치는 세상으로 변하면서, 훌륭한 시민, 훌륭한 학자, 훌륭한 선생. 훌륭한 정치인이 잘 보이지 않고, 학생들을 어떻게 지도해야 할지 힘든 세상이 되어버렸다. 훌륭한 분들이 드러날 수 없는 세상이 되었기 때문이다. 교육에 관해서는 국가와 가정 모두가 허리가 휘고 기둥뿌리가 빠질 정도로 세계 최고로 가르쳤는데 정작 그렇게 배운 아이들은 인간답게 자라나지 못한 것이다. 물질적 가치, 돈 버는 법칙, 현대 과학, 현대 문명만 가르쳤기 때문이다. 그것도 남을 무조건 이기고 쟁취하라고 가르쳤던 것이다.

이 글을 쓰는 사람 자신도 크게 다를 수는 없겠지만, 이렇게 정신이 황폐화된 세태에 어떻게 하면 나 자신도 수신제가를 하면서 좀 더 나은 인격을 쌓고, 나아가 조금이라도 우리 사회에 도움이 되는 일을 할 수 있을까를 고민하다가 배운 것이 부족해 글을 잘 쓸 줄은 모르지만 무언가 표현은 해봐야 되지 않겠나 하는 생각에서 펜을 들어보았다.

글을 쓰기 위해 우리의 민족정신과 도덕성을 지켜 내려온 인성적으로 훌륭한 책들인 여러 고전과 역사책 등을 살펴보면서 《명심보감》, 《논어》, 퇴계 이황 선생의 《자성록》 등을 찾아 읽어보다가 정신이 번쩍 나는 책을 발견했다.

처음 본 책이 바로 《유대인 아버지의 4차원 영재교육》이었다. 이 책은 기독교인이며 미주 총신학대학원을 비롯한 여러 신학대학원을 거치고 유대인 랍비사회에 들어가 유대인들의 인성교육의 성공 비결을 연구한 IQ, EQ 박사 현용수 교수가 쓰신 책이다.

현용수 박사는 현재 그분이 연구하신 인성교육을 가르치는 쉐마교육원 원장으로 열심히 후세들을 가르치면서 《현용수의 인성교육 노하우》, 《탈무드》, 《IQ는 아버지 EQ는 어머니》 등 30권 이상의 책을 썼다.

이분의 강의를 들으셨거나 책을 보신 분들 중 국무총리를 역임하신 이영덕 전 총리, 칼비 대학교 김의환 총장 등 수많은 학계, 종교계 인사들을 비롯해 많은 시민들이 드디어 우리 인성교육계의 방향을 찾았다고 엄청난 찬사를 보내고 있다. 심지어 이분의 강의를 듣고 너무나 감동을 받아서 눈물, 콧물을 흘리고 펑펑 울었다는 분들도 있다.

유대인은 4,000여 년의 역사를 갖고 있지만 2,000년 동안 나라 없이 살았고, 이집트에서 종살이로 400여 년을 살았으며, 약 600만여 명이 나치에 학살당했던 민족이다. 몇백 년만 지나도 그 나라에 살면 그 나라의 민족으로 흡수돼버리고 마는데 그들은 살고 있는 나라의 정서와 문화에 맞게 살면서도 자신들의 조상과 뿌리를 가슴속에 지켜 내려왔고, 또 그 정신과 혼을 잃지 않았다. 또한 하나님의 자손이라는 긍지와 함께 4,000여 년이 지나도 조상의 교훈을 잃지 않고 살아온 민족이다.

더욱 놀라운 것은 전 세계 유대 민족은 약 1,450만 명 정도다. 전 세계 인구의 약 0.2%밖에 안 되는데, 노벨상의 무려 32%를 유대인들이 수상하고, 또 샤피로가 지은 《세계 역사 속에 영향을 미친 유대인 100인》(1994)에 의하면 구약의 모세, 솔로몬, 기독교의 예수, 바울, 공산주의의 창시자 칼 마르크스, 심리학자 프로이트, 화가 샤갈, 상대성 이론가 아인슈타인, 세계적 지휘자 번스타인, 영화배우 커크 더글러스, 국제 외교가 키신저 등이 모두 유대인이라는 것이다.

또 미국의 학계를 선도하는 아이비리그 교수진의 약 40%가 유대인이고, 전미 50대 기업 중 17개가 유대인이 설립하고 경영한 유대계 기업이며, 그 외에도 유대인의 활약상은 이루 헤아리기 어려울 정도로 많다.

우리나라의 교육열은 미국의 오바마 대통령까지 몇 번씩 거론할 정도로 대단하고, 유치원에서부터 대학교까지 인성교육을 내세우지 않는 학교는 드물 것이다. 그러나 추상적인 언저리 교육에 지나지 않는다. 그저 부모에게 효도하고 인사 잘하고 선생님 말씀 잘 듣고, 간단한 예절 정도를 가르치는 것이 우리의 인성교육 수준이었던 것이다. 더구나 유아원에서부터 시작되는 모든 교육이 영어, 수학, 과학 등 현대 지식 교육이나 출세의 목적으로 경쟁적으로 등수를 매기면서 가르치다 보니 인성교육이란 것은 끼어들 자리도 없었다.

나라 전체가 대학 보내기에 목숨을 걸고 부모들은 자식들을 대학까지 졸업을 시켜놔야 최소한 부모노릇을 다했다는 정서였다. 일류 대학을 보내기 위한 부모의 욕심으로 아이들은 밤잠도 못 자고 극도의 스트레스를 받으며 공부를 한다. 생각이 깊고 사고력이 높은 아이들보다 단기적으로 외우기를 잘하는 학생들이 높은 점수를 받고 일류 학교에 들어갈 확률이 높다.

그러니 학교의 정서는 어떻겠는가? 인성교육은 아예 없어지고, 교육 분위기는 치열한 경쟁으로 친구를 이겨야만 되고, 그래서 아이들은 스트레스로 머리가 터질 듯하고 정서적인 인간관계가 이루어질 수 없으니 누군가 왕따를 만들어 괴롭히면서 스트레스를 풀고, 부모를 미워하고 선생님을 존경할 줄 모르고 인성이 사악해진 상태로 지식 기계가 되어 졸업을 하도록 길러졌던 것이다. 부모들은 자식들의 교육을 위해서 모든 것을 다 바쳤는데 정작 자신들의 미래와 노후는 전혀 앞이 보이지 않는다.

그러면 지금 현실은 어떤가? 대학 진학률이 80%를 넘어서 대졸자가 쏟아져 나오는데 받아줄 일자리가 많지 않다. 학업을 마친 학생들도 졸업을 미루면서 대기업 등 좋은 일자리만 찾는다. 유치원부터 치열한 경쟁을 통해 배웠지만 정작 인간으로서 기초적으로 몸을 움직이면서 사는 데 필요한 노동이란 것을 모른다. 집안에 살림도구가 고장이 나도 고칠 줄 아는 아이들이 많지 않고, 일자리가 없으면 우선 아무 일이라도 해야 하는데 할 줄도 모르지만 아예 그런 일은 나하고는 거리가 멀다고 생각한다.

온 나라와 온 가정의 부모가 미래를 위해 후세들을 교육하고 모든 아이들이 힘들게 배웠지만 상당히 많은 대학 졸업생들은 어떤 어려운 조건의 사회나 직장에서도 적응할 수 있는 능력과 의지가 부족한 소위 고등 건달로 자라 있었던 것이다. 더구나 어려서부터 기초 인성교육과 고난교육을 받고 자라지 못했기 때문에 독립 정신과 세상을 헤쳐 나갈 힘이 약하다.

치열한 경쟁 속에 하루에 3~4시간 잠을 자고 공부를 해도 수능 점수를 잘 받아서 상위권 대학에 들어가기 힘든데, 인성공부를 한다는 것은 점수에 관계가 없기 때문에 배울 시간도 없을 뿐 아니라 학교나 학원에서도 아예 가르칠 계획 자체가 없는 것이다. 뿐만 아니라 가정이나 나라에서도 너무 오랫동안 인성교육을 등한히 해온 것이다.

그리고 그 일류 대열에 끼지 못한 사람들은 열등감을 갖고 잘된 사람들을 시기하고 미워할 수밖에 없다. 결국 이것이 '한국병'을 낳은 원인이요 현실이라고 볼 수 있을 것이다. 한국병의 골은 너무 깊다. 여기에 자유민주주의를 위협하고 갈등을 부추기는 급진 이념까지 끼어들었기 때문에 인성 토양은 더욱 황폐화되고 사회는 비인간적인 사건들이 끊임없이 일어나고 있다. 참으로 가슴 아픈 일이다.

이제 와서 드디어 '아하! 우리 교육이 잘못되었구나! 우리가 잘못 살았구나!' 하고 느끼는 사람들이 늘어나기 시작했다. 그런데 이런 잘못된 현상을 느끼는 사람들은 많아졌는데 탄식만 할 뿐이지 그 어떤 방법을 내놓는 사람은 거의 없다. 대체적으로 인성교육이 잘못되었다는 데는 동의를 한다.

어디서부터 무엇이 어떻게 잘못되었는지를 깨닫는 것이 매우 중요하다. 그래서 우리 모두가 그동안 잘못된 과거의 실책을 반성하고 깨달아갈 때, 특히 지도자들이 깨달을 때 우리나라는 조금씩 달라질 것이다. 동물처럼 사는 것이 아니라 진정한 인간으로 사는 법을 배워서 도덕적이고 인격적인 인간으로 살면서 후세들에게 인성교육이 확실하게 이어질 때, 진정으로 인성이 다져진 훈훈하고 행복한 나라와 사회로 발전할 것이고, 그 속에서 우리는 진정한 행복을 찾고 의미 있는 삶을 살 수 있을 것이다.

이제라도 현용수 박사의 연구가 이뤄져서 발표된 것은 얼마나 다행한 일인지 모른다. 유대인들을 모델로 한 인성의 본질과 원리, 그리고 공식을 연구 개발하여 논리적이고 체계적으로 책을 만들어 발표한 것은 세계 최초라고 한다. 우리나라에서 인성과 인성교육을 앞세우는 학교나 교육자들은 많지만 실제로 인성의 본질과 원리를 논리적으로 설명하거나 체계적으로 가르칠 만한 교육서와 학자는 잘 보이지 않는다는 것이다.

"현용수의 인성교육 노하우 전 4권"을 읽어보면 인성이 무엇이고 인성교육이 무엇인지 머리가 시원하게 정리되어 있다. 그리고 어떻게 가르치고 실천을 해야 하는지도 아주 세세하게 제시하고 있다. 단, 유대인들은 하느님이 선택한 유일한 민족이라는 자부심으로 유대교란 종교적 토대가 토라와 탈무드의 수직 교육을 통하여 굳건하게 전수되어 왔기 때문에 그들의 인성교육은 더 탄탄하다. 그래서 앞으로도 계속 자손 대대로 이어질 것이라는 것은 의심의 여지가 없어 보인다.

유대인들의 삶 자체가 종교적이고 유대교가 그들의 삶이고 법이기 때문에 의식을 잘 지키고 철저하게 613개의 율법대로 생활한다. 그래서 종교적, 정신적 토대가 탄탄하게 받쳐져 있기 때문에 앞으로도 유대인들의 인성교육은 탄탄하게 계속될 것이라고 본다.

다만 우리나라같이 다종교를 가진 나라는 종교끼리도 배타적인 선입관을 버리고, 무종교나 유교, 불교, 또는 다른 기독교 교파 등 모든 종파 간에 사랑과 평화와 자비나 배려 등 공통된 종교의 정신과 믿음을 통하여 마음을 비우고 서로 간의 베풂과 배려가 있다면 상당한 효과를 얻을 뿐만 아니라 세계적으로 다종교 국가의 모델이 될 수 있을 것이다. 여기에 종교 간에 서로의 장점을 공유하여 소통하면서 인류의 인성과 인격을 키운다면 지금 중동 지역에서 일어나고 있는 잔인한 종교 전쟁도 언젠가는 끝이 나지 않을까 기대해볼 수 있을 것이다.

인성이란 무엇이고 인성교육이란 무엇인가?

현용수 박사가 개발한 인성의 본질과 원리에 대한 논리에 의하면 '인성'이란 "도덕적 인격을 형성하는 내면적 성품, 성질 또는 성격 및 강한 의지"라고 한다. 또 '인성교육'이란 "도덕적 인격을 형성하는 내면적 성품, 성질 또는 성격 및 강한 의지를 계발하고, 이를 외면적 착한 행실로 나타나게 하는 교육이다."라고 정의해놓았다.

그래서 인성교육은 수직 문화 속에서 수직 교육에 의해 가르치고 배우는 것이고, 그리고 지금 배우고 있는 거의 모든 교육은 수평 문화 속의 수평 교육이라는 것이다. 수직 교육은 EQ(감성)에 해당하고, 수평 교육은 IQ(지식)에 해당한다고 한다.

또 인성을 보편적 인성과 문화적 인성으로 나눴다. '보편적 인성'은 보편적으로 적용되는 인간의 생명이나 자연보호 같은 가치들을 말하고, '문화적 인성'은 넓게는 특정한 종족이나 나라의 문화적 가치들을 말하고 좁게는 어느 지방이나 종교가 갖고 있는 문화적 가치들을 말한다고 한다.

이렇게 논리적이고 체계적으로 깊이 있게 정리되고 개발된 인성교육서는 수평 문화만이 지배하고 있는 현 세상에 커다란 등불이 될 수 있을 것이다. 이는 한국의 인성뿐 아니라 전 세계적으로 급속하게 물질 위주 사회로 변해가면서 수직적인 인간의 가치가 먹을거리와 편리, 재미와 환락 위주로 치우치다 보니 세상이 걷잡을 수 없이 타락하고 인성의 토양은 급속도로 황폐화되어가고, 종교계까지도 이 범주에서 벗어날 수 없다고 하는데 현 박사님의 연구와 교육 논리는 큰 역할을 할 수 있을 것이다.

이는 한국병으로 신음하는 한국을 위해서도 수평 문화만의 함정에 빠진 많은 인류들을 위해서도 얼마나 다행한 일인지 모른다. 현용수 박사의 논리적·체계적 《인성교육 노하우》와 《탈무드》, 《IQ는 아버지 EQ는 어머니》, 《유대인 아버지의 4차원 영재교육》 등의 많은 인성교육 책들과 함께 우리 동양의 수천 년 이어져 내려온 인성교육과 도덕 사상이 담긴 책들인 《명심보감》, 《논어》, 《맹자》, 《중용》, 《퇴계학》 등 고전의 깊이 있는 교훈들을 되살려서 진정한 인성교육이 이뤄질 때 우리 '한국병'은 차츰 치유가 될 것이며 물질적이고 외면적인 얕고 짧은 행복에서 벗어나 내면적이고 사상적 깊이가 있는 길고 높은 행복을 되찾을 수 있을 것이다.

이 책들은 다 같이 우리의 영혼과 정신을 살찌우고 평생을 받쳐줄 초석이며, 컴퓨터의 하드웨어와 같은 것이다. 수직 교육을 통해서 예의, 도덕, 역사, 전통, 사상, 철학, 고전, 종교, 고난교육 등을 배우게 된다.

단, 우리의 전통적인 유교를 통한 한학의 인성교육이나 유대인의 교육의 요소들은 거의 유사하지만, 유대인들의 인성교육을 가르치고 전수하는 방법이 훨씬 체계적이고 조직적이며 생활화하여 세대 차이가 없이 조상으로부터 수직적으로 상통할 수 있도록 교육할 수 있다는 것이 상당한 차이라고 볼 수 있다.

따라서 우리 인성교육도 유대인들처럼 유아기에서 유소년기(3세
~13세 사이)에 가정에서 생활화될 수 있도록 부모의 모범 생활과 밥
상머리 교육을 철저히 하고, 학교와 사회도 지식과 기술교육에 앞서
인성이 같이 자리하고 융합되도록 해야 할 것이다. 특히 국가는 나라
의 튼튼한 미래와 국민들의 삶에 행복의 질을 높이기 위해서도 무엇
보다 중요하다는 인식을 갖고 철저하게 실천하고 모든 지도자들이 모
범을 보이고, 정신 자세와 생활 기준이 되어야 할 것이다.

아울러 공직자나 정치인을 뽑거나 각종 직업을 선택하는 데도 인성
과 인격을 우선시하고 반대로 반인륜적이고 파렴치한 범죄에는 형량
을 보다 강화한다면 분명히 우리가 사는 나라와 세상은 서서히 달라
질 수 있을 것이다.

이러한 결과는 결국 나 자신과 우리 모두에게 되돌아오게 된다. 우
리 사회의 모든 도덕과 질서, 양식은 모두 우리가 만든다. 내 자식을
나만 아는 이기주의자로 길러놓으면 내게 먼저 벌이 주어진다.

생존경쟁의 바쁜 나날 속에서 나 자신을 비롯한 우리 모두가 인성
과 양심을 살리는 인성교육의 체계적인 방법을 모르거나 너무 외면했
기 때문에 우리 세상은 인과응보(因果應報)로 악업(惡業)의 세상이 펼
쳐지고 있지만, 우리가 다 같이 정신 차리고 인성교육을 통해서 내면
적 사랑과 평화, 상생, 배려의 정신을 키운다면 분명히 선업(善業)으로
인한 천국 같은 훈훈한 세상의 나라가 될 것이다.

2015년 10월
편저자 안문환

■ 대한민국을 위태롭게 하는 '한국병'

1. 물질 만능과 인성교육 부재로 인한 진정한 인간성 상실.

2. 나라를 망하게 했던 도를 넘는 권력다툼과 당파싸움의 정치.

3. 배타적 경쟁 교육으로 인한 남이 잘되면 무조건 배 아픈 병.

4. 글로벌 시대에 아직도 우물 안 개구리, 좀스러운 지역감정.

5. 방송, 인터넷, 스마트폰 등의 반윤리적, 퇴폐적 영상 남발로 인한 도덕성
   타락.

6. 국가의 화합과 단결, 그리고 인성을 해치는 표리부동한 흑백논리.

7. 떼거리 이기주의와 배타적 님비 현상.

8. 솔선수범해야 할 지도층의 국가 안보 불감증과 인성 부족.

9. 곳곳에 숨어 있는 부정부패와 한탕주의.

10. 인성과 특성에 상관없이 무조건적인 대학병으로 자립심을 잃은 캥거루
    세대.

■ 모든 답은 인성교육을 되살리는 데 있다

1. 3세~13세 사이의 인성교육이 평생을 좌우한다.

2. 그동안 경제 발전에만 취해서 인성교육을 잊고 살았기 때문에

3. 우리 발전과 행복을 가로막는 한국병이 생겼고,

4. 자살률, 이혼율, 갈등지수는 세계 최악이고

5. 사회는 살벌해지고 행복지수는 최하위권에서 맴돈다.

6. 붕괴되는 가정이 확산되고, 온 사회가 갈등으로 신음하고 있다.

■ 우리 전통 인성교육을 되살리고 성공한
  유대인의 4차원 교육에서 분명한 답을 찾을 수 있다

1. 세계 0.2%의 유대인이 노벨상의 32%를 차지한 비결은?

2. 한반도의 1/10의 면적에 불과한 이스라엘이 수억 명의 아랍에 당당할 수
   있는 힘은?

3. 미국의 경제, 교육, 과학, 금융 등을 유대인들이 움직이는 힘은?

4. 동양의 유학 사상과 유대인들의 인성교육 논리는 비슷하다.

5. 그들은 하느님만을 믿는 유대교로 생활화 무장화되어 있고, 3세~13세
   사이의 유소년기에 가정, 사회, 국가가 밥상머리 교육, 4차원 교육 등으로
   철저하게 인성교육을 가르친다.

6. 반면에 우리 한국은 물질 만능주의와 정권 투쟁에 매몰되어 인성교육을
   외면하여 심각한 '한국병'에 걸려 있다.

■ 우리 대한민국을 생각하며

1. 왜 우리는 일본에 쉽게 먹히고 엄청난 고난을 당했을까?

2. 왜 독립은 되었는데 분단국가가 되었을까?

3. 왜 우리 강토가 이념의 실험장이 되었을까?

4. 왜 우리는 세계에서 갈등이 가장 많은 나라가 되었을까?

5. 왜 우리 가정이 파괴되어가고 있을까?

6. 왜 우리는 세계에서 자살률이 제일 많은 나라가 되었을까?

7. 왜 우리는 이혼율이 가장 높은 나라가 되었을까?

8. 왜 요즘 우리 사회에 도덕심과 예의가 사라지고 배타심만 늘어날까?

9. 왜 요즘 비인륜적이고 폭력적인 사건들이 계속 늘어나고 있을까?

10. 왜 요즘 아이들에게 인성을 가르치기 힘들어졌을까?

11. 왜 복지는 늘어나는데 어려운 사람들은 더 힘들어질까?

• 이 모든 문제들은 한국병과 연결된다.

• 한국병의 핵심은 인성교육 부족에서 기인한다.

• 한국병을 이기려면 인성교육이 필수적이다.

• 일본을 극복하려면 인격과 단결심 등이 일본을 넘어서야 한다.

• 한국의 장단점, 일본의 장단점을 같이 볼 줄 알아야 한다.

• 바닥 서민들에게 불리한 악법들이 우선적으로 개선돼야 한다.

■ 세계 속의 한국인의 긍지

1. 4,300여 년(4339년~2015년)의 역사와 전통을 가지고 있는 나라.

2. 세종대왕의 한글 창제로 11,000여 개의 소리를 표현할 수 있는 독창적인 문자를 가지고 있는 나라.

3. 근세 50여 년에 4,000여 년 한국 역사상 가장 빛나는 발전을 한 나라 (짧은 기간에 기적 같은 경제 발전과 자유민주주의를 달성한 나라).

4. 한국인이 세계에서 IQ가 최고인 나라.

5. 세계 최고(最古)의 금속활자 기술(1377년 고려 우왕 3년)을 가진 나라.

6. 문맹률이 1% 미만인 나라.

7. 음악 수준이 가장 빠르게 발전한 나라.

8. IMF를 가장 빨리 극복한 나라.

9. 세계 TV 시장의 약 40%를 점유한 나라.

10. UN사무총장과 세계은행 총재가 한국인인 나라.

11. 초고속 인터넷 사용률, 사용시간 세계 1위의 나라.

12. 메모리 반도체 생산량 1위의 국가.

13. 매년 세계 여성 골프(LPGA)를 휩쓰는 나라.

14. 세계에서 여자가 제일 예쁘다는 나라.

15. 세계 IT, 스마트폰 1위인 나라.

16. 선박 건조율 1위 국가.

17. 그 밖에 세계 최고-지하철, 인천공항, 1등 상품 600여 개.

18. 월드컵 4강을 이룬 나라.

19. 드디어 초음속 전투기와 잠수함을 생산 판매 시작한 나라.

20. 한국 무역 규모 세계 9번째 1조 달러를 달성한 나라.

선은 작을수록 아름답다 | 한결같이 선한 것을 실천하라 | 악인은 살아남을 수가 없다 | 천지간의 모든 일은 다 응보가 있다 | 모든 일에 하늘을 원망하지 말라 | 효도는 예의와 도덕의 기본이다 | 효도하라, 그러면 받으리라 | 저 처마 끝의 낙숫물을 보라

하라 | 근면하면 천하에 어려움이 없다 | 분노의 감정은 빨리 삭일수록 좋다 | 냉철한 판단으로 모든 일을 다스리라 | 관용함으로써 포용하라 | 원수는 외나무다리에서 만난다 | 참고 또 참으며 조심하고 또 조심하라 | 가르침보다 더한 유산은 없다 | 사랑의 매는 아름다운 교육이다 | 괴로움은 즐거움의 어머니다 | 배우지 않으면 현명할 수가 없다 | 진실을 바탕으로 한 삶은 외롭지 않다

| 개구리는 올챙이 때를 기억하지 못한다 | 모든 일에 인정을 남겨두라 | 마음의 거리를 좁히기는 참으로 어렵다 | 신뢰만이 의심을 없앨 수 있다 | 한쪽 말만 듣는 것은 큰 어리석음이다 | 원수지는 것은 곧 화(禍)를 심는 것이다 | 물이 너무 맑으면 고기가 없다 | 남을 도울 줄 아는 사람이 되어라 | 내가 싫은 것은 남에게도 싫은 것이다 | 결코 부유하고 가난함을 가리지 말라

《명심보감(明心寶鑑)》에서　189

오직 바른 것을 지키고 마음을 속이지 말라 | 탐욕하게 되면 근심이 쌓인다 | 만족할 줄 알면 즐겁다 | 가득 차면 넘치고 겸손하면 얻는다 | 그칠 줄을 알면 부끄러움이 없다 | 분수에 맞으면 세상이 여유롭다 | 은혜를 베푸는 것에 그 뜻이 있다 | 평범한 삶이 가장 아름답다 | 마음이 편안하면 세상이 아름답다 | 아끼는 것이 심하면 낭비가 많다 | 너무 많은 재물은 정신을 흐리게 한다 | 근면함이 부(富)의 첫걸음이다 | 완전한 소유란 어디에도 없다 | 그릇은 가득 차면 넘친다

《탈무드》에서　194

돈 | 사해처럼 저장만 해서는 안 된다

6. 입은 천당과 지옥의 문이기도 하다　196

《명심보감(明心寶鑑)》에서　198

말은 아낄수록 값지다 | 술 취하지 않으면 말이 많을 수 없다 | 총명한 예지를 지킬 수 있는 것은 어리석음이다 | 입을 지키는 것을 병같이 하라 | 현명한 계획이면 후회가 없다 | 분노는 많이 참을수록 좋다 | 참는 것은 모든 행실의 근본이다 | 이야기를 좋아하면 반드시 적을 만난다 | 악인의 험구에 대꾸하지 말라 | 욕설이란 허공에 난 불길과 같다 | 시비의 말은 차라리 듣지 말라 | 시비를 말하는 사람이 바로 시비다 | 훌륭한 말 한마디가 평생을 좌우한다 | 쉬지 않는 그 입을 어찌 막을 것인가? | 뒤에서 하는 말은 믿을 수가 없다 | 어리석은 자가 남을 탓하려 든다 | 입을 다물고 혀를 깊이 감추라 | 입과 혀는 재앙과 근심의 문이다

《탈무드》에서　204

자제력과 혀의 힘 | 술 | 험담 | 돈과 성은 더러운 것이 아니다 | 인간의 가치와 비밀 | 말이 많으면 | 말보다 듣기를 두 배로!

지식을 배우고, 인생에서 지혜를 배운다 | 결점은 고치지 못하더라도 자기 향상을 위한 노력은 계속해야 한다 | 아들에게 일을 가르치지 않는 부모는 아들에게 도둑질을 가르치는 것과 같다 | 어린아이는 두통을 안겨주지만, 크면 심통(心痛)을 안겨준다 | 어리석은 자의 노년은 겨울이지만 현자의 노년은 황금기다 | 노인을 공경하지 않는 젊은 이에게 결코 행복한 노후는 없다 | 교육에 관한 격언 | 남녀 교제에 관한 격언 | 입과 혀에 관한 격언 | 아무리 친한 벗이라도 너무 가까이하지 마라 | 애매한 친구보다는 차라리 분명한 적이 상대하기 낫다 | 낯선 사람의 백 마디 모략보다 친구의 무심한 한마디가 더 깊은 상처를 남긴다 | 교제에 관한 격언 | 사람이 휴일을 만든 것이지, 휴일이 사람을 만든 것이 아니다 | 0에서 1까지의 거리가 1에서 1,000까지의 거리보다 길다

특편_ 현용수의 인성교육 노하우 323
세계 최초로 유대인을 모델로 해서 개발한 인성교육의 원리와 공식

• 발췌 인용 문헌
• 《유대인 아버지의 4차원 영재교육》(IQ, EQ 박사 현용수 지음, 동아일보사)
• 《현용수의 인성교육 노하우》(IQ, EQ 박사 현용수 지음, 동아일보사)
• 《에세이 명심보감》(시인 이규호 편저, 장원출판사)
• 《내 인생의 지침, 논어》(북경대 중문학 박사 동리자 엮음, 김인지 옮김, 파라북스)
• 《탈무드》(마빈 토케이어 지음, IQ, EQ 박사 현용수 편역, 동아일보사)

-제1편-

자성론

대~ 한민국! 짝짝짝 짝짝! 대~ 한민국!

2002년 우리나라에서 열린 월드컵 축구대회 당시 축구장에서 거리에서 사무실에서 안방까지 목이 터지게 울려 퍼진 응원소리다. 지금도 이 소리만 들리면 감동의 여운이 되살아난다. 그야말로 모든 것 다 잊고 대한민국 모든 국민이 하나가 되는 소리다. 대한민국의 응원을 보고 세계 사람들이 놀라고 신기해했다. 어떻게 저렇게까지 하나로 뭉칠 수 있을까? 정말 대단한 나라다! 이때는 여당도 없고 야당도 없다. 보수도 없고 진보도 없고, 잘사는 사람도 못사는 사람도, 전라도 사람도 경상도 사람도 모두가 하나 되어 열광했다.

이렇게 신기할 정도로 단결이 잘되는데, 올림픽이나 월드컵 등 국가대항 큰 경기가 열릴 때는 모두가 애국자이고, 추신수가 미국에서 홈런을 날리고, 유현진이 야구에서 한 승, 한 승 올릴 적마다, 김연아가 올림픽에서 금메달을 딸 때도 모두가 한마음으로 환호하는데, 또 나라가 비틀거리고 숨이 넘어갈 지경이면 또 목숨을 바치는 애국자들인데, 조금만 안정을 찾는가 싶으면 정치에서부터 서로 헐뜯으며 온 나라가 시끄러워지고 온 매스컴들은 국가적, 인격적 관념 없이 싸움거리 만들기에 바쁘다.

대외적인 큰 경기를 할 때만큼 하나 된 우리 마음을 안에서 서로 보듬고 이해하고 배려할 수 있는 인격으로 승화시킬 수 있다면 얼마나 좋을까? 그리고 한편 대외적인 경기라 하더라도 경기의 페어플레이 정신을 살려서 응원 수준도 우리의 인격과 품격을 좀 더 가미할 수만 있다면 우리는 성숙한 대한민국 국민으로 돋보일 것이다. 이러한 성숙함이 안으로 다져져서 우리 국민 서로 간에 신의와 배려가 이루어진다면 우리는 서로가 좀 더 행복한 삶을 살 수 있을 것이다. 특히 정치의 룰에 페어플레이 정신만 살아나더라도 대한민국은 강하고 멋있는 나라가 될 것이다.

잿더미 속에서 50~60년 동안 세계가 놀라는 경제 기적과 민주화를 이뤄서 이제는 살 만하다고 하는데 우리의 깊은 속을 들여다보면 곪아 있는 곳이 너무나 많다. 한 나라가 남북으로 갈라진 것도 모자라서 이념 갈등, 빈부 갈등, 지역 갈등, 심지어 노소 갈등까지 속은 갈가리 찢어져 있다. 세계인들이 우리의 겉과 속을 동시에 들여다보면 더욱 신기해할 것이다. 대한민국의 갈등을 비용으로 따지면 매년 수십조 원이 된다고 한다. 좀 더 화합하지 못하고 서로 배려하지 못하는 우리의 인성과 인격 부족의 손해비용이다.

가화만사성(家和萬事成), 입춘대길(立春大吉)! 새해가 시작되는 봄에 입춘(立春) 날이면 대문에 써 붙이는 모든 가족의 각오이며 교훈이다. 가정이 화목하고 서로 존경해주며 단결이 잘되는 집안은 대길(大吉)할 수밖에 없고, 부부가 자식들한테 모범을 보이지 못하고 매일 싸움질이나 하고 서로가 욕을 하면서 가족 모두가 상처를 받고 갈등에서 벗어나지 못하는 가정은 행복하지도 않고 만사가 잘 이뤄질 수가 없는 것은 자명한 일이다. 마찬가지로 국가도 이러한 가정과 무엇이 다르겠는가?

우리가 왜 이렇게 사는지! 세계에서 자살률이 1등이고, 이혼율이 아시아 1등, 세계 1, 2등이고, 행복지수는 세계 100위권에 머무른다.

교육은 오바마 미국 대통령이 부러워할 정도로 세계 1등인데, 창의력은 뒤떨어져서 미주의 한인 2세가 일류 대학을 졸업하고도 미국 주류 사회에 진출하기가 어렵다고 한다.

어른 아이들 할 것 없이 인간성이 타락하고 도덕성이 떨어져서 부모나 어른들에게 공경심이 없고 예절을 갖추지 않는다. 남과 이웃이 잘 되는 것을 싫어하고 배타적이다.

심지어는 인성이 사악해져서 각종 사기, 질투, 모략 등 속임수만 늘어나고, 돈만이 만능인 세상이 되어 돈이라면 부모형제도 쉽게 죽이는 천인공노할 세상이 되었으니 나라와 사회와 가정이 같이 위험해지고 있는 것이다. 왜 그럴까? 왜 이렇게까지 나라와 사회가 망가져 가고 있을까? 한탄을 해본다.

이제 우리는 깨달아야 한다. 절실하고 깊게 깨달아야 한다.

살아 있는 우리 모두는 잃어버린 100여 년의 세월 속에 산 사람들이다. 우리가 무엇을 잊고 살았는지를 모르기 때문에 스스로 우리의 심각한 문제점을 깨닫지 못하고 있는 것이다.

얼마 전에 로마의 프란치스코 교황이 다녀가셨다. 그분이 오실 때 몸으로 보여준 일성(一聲)이 있었다. 우리 한국 국민의 커다란 문제점을 너무나 잘 알고 행하신 훈계로 보인다. 바로 비행기에 내려서 우리나라에서 가장 적은 차인 '쏘울'을 타고 이동을 하셨다. 그러나 그분이 왜 제일 작고 보잘것없는 차를 타셨는지를 우리나라의 그 많은 언론들이 취재 경쟁을 벌였건만 그 깊은 의미를 바로 우리 국민들에게 전달하는 매체가 없었다. 이것은 바로 우리 언론 매체들도 우물 안 개구리에서 벗어나지 못하고 있다는 증거다.

현재 우리 대한민국은 모든 삶이 물질 이기주의에 매몰되어 우리에게 도덕과 윤리의 가치가 무엇인지도 또 그런 것이 있는지도 모르고 힘들게 살아가고 있어서, 우리 사회가 아주 위험하다는 경고의 메시지로 들리는 것 같다. 요즈음에 비인간적이고 인류을 저버린 각종 사건 사고들을 보면 그냥 탄식만 하고 지나칠 일이 아니다. 이것은 우리나라가 자살률 세계 1위에 이혼율 세계 1, 2위라는 현실과 모두 연결되는 경고요 가르침이다.

우리가 더 성장하고 세계 속에 우뚝 서려면 물질에만 취해서 알게 모르게 온몸 속에 퍼져 있는 한국병 덩어리들을 치료하지 않고서는 안 된다. 우선 우리의 머릿속에서 자신도 모르게 곪아가고 있는 갈등의 병근부터 제거하고 새로운 깨달음을 얻을 수 있어야만 치료의 시작이라고 할 수 있을 것이다. 그러려면 반드시 병적인 고정관념에서 벗어나 변화하려는 나 스스로의 혁신 의지가 강하지 않으면 안 된다. 이걸 고치지 못하면 우리 대한민국은 미래의 희망이 없다. 경제 부강도 우리 삶의 행복도 한국병이 고쳐지지 않고는 인격적으로 도덕적으로 또 경제적으로도 존경받는 선진 대한민국으로 더 발돋움하기는 쉽지 않다.

그러면 대한민국을 힘들게 하는 암근은 무엇인가? 한국병이라는 암근은 대략 10가지로 요약해본다.

• 대한민국을 위태롭게 하는 한국병

1. 물질 만능과 인성교육 부재로 인한 진정한 인간성 상실.
2. 나라를 망하게 했던 도를 넘는 권력다툼과 당파싸움의 정치.
3. 배타적 경쟁 교육으로 인한 남이 잘되면 무조건 배 아픈 병.
4. 글로벌 시대에 아직도 우물 안 개구리, 좀스러운 지역감정.
5. 방송, 인터넷, 스마트폰 등의 반윤리적, 퇴폐적 영상 남발로 인한 도덕성 타락.

6. 국가의 화합과 단결, 그리고 인성을 해치는 표리부동한 흑백논리.

7. 떼거리 이기주의와 배타적 님비 현상.

8. 솔선수범해야 할 지도층의 국가 안보 불감증과 인성 부족.

9. 곳곳에 숨어 있는 부정부패와 한탕주의.

10. 인성과 특성에 상관없이 무조건적인 대학병으로 자립심을 잃
   은 캥거루 세대.

이와 같은 10가지가 우리 모두의 머릿속에 오랫동안 자리 잡은 암균이며 우리 몸의 적이기도 하다. 자기 자신을 죽일지도 모르는 암균을 스스로의 욕심과 질투와 정체성을 잃어버린 무사안일의 관행이 감싸고 보호하고 있는 것이다. 우리가 너무나 오랫동안 잘못된 고정관념에 사로잡혀서 그것이 우리 사회와 대한민국을 힘들게 만드는 암근인지도 모르고 살아온 것이다. 따라서 우리에게 부메랑처럼 되돌아와서 개개인 모두에게 상처를 안겨준다는 것을 모르고, 미움과 질투를 머리와 입에 달고 마치 친구인 양 살아온 것이다.

또한 물질 만능과 무사안일에 취해서 너무도 오랫동안 인성교육과 예의, 도덕은 아예 천덕꾸러기 고물로 취급했던 때문이기도 하다. 수십 년이 지난 이제 서서히 이러한 부작용들이 봇물 터지듯 터져 나오고 있는데, 우리 모두는 무엇을 어떻게 해야 할지 무엇이 잘못되었는지를 가늠조차 못하고 있다. 한국의 병은 너무나 오랫동안 많은 고초를 겪으면서 실패와 고난을 정신적 토대로 삼지 못하고 당장 눈앞에 보이는 물질과 재미 위주의 만족에서 벗어나지 못했기 때문이다.

반면에 유대인들은 2,000여 년 동안 나라 없이 살고 400여 년 동안 종살이를 하고 나치에 600여만 명이나 학살을 당하면서도, 그 엄청난 고난을 그들의 정신 속에 자산으로 키워왔다. 수천 년의 고통과 고난과 역경을 조상 아브라함으로부터 현재까지 그들의 특수한 4

차원 교육인 수직 교육과 수평 교육을 통하여 인성과 종교에 관한 한 본질이 변하지 않고 이어져 내려왔기 때문에 현재 유대인들의 활약상은 상상을 초월하기 때문에 세상에 어떤 유명한 철학자도 과학자도 사상가도 해석하기가 어렵다. 단지 하늘의 뜻이라는 말밖에 하기가 어렵다.

공산주의가 탄생해서 똑같이 잘살게 해주는 이상적인 세상을 만들겠다고 온 세상을 뒤집어놓았다. 그러나 50~60년의 실험을 통해서 수많은 인간이 죽고 그들의 세상은 속과 겉이 다른 가면의 세상임을 알게 되었다. 그중에서도 가장 피해를 본 나라가 바로 우리 대한민국이며 한반도다. 일본의 속국에서 겨우 벗어나 독립을 하자마자 공산주의 세력이 나타나서 한반도를 유린하고 온 나라를 전쟁터로 만들어서 피해를 입지 않은 국민이 없었다. 전쟁과 함께 무너진 것이 인성과 인격이며 예의와 도덕이다.

1600~1800년대는 서구의 과학과 문물이 급속도로 발전하는 시기였다. 당시 일본은 히데요시의 뒤를 이어받아 도쿠가와 이에야스가 일본을 통일하고 임진왜란 때 빼앗아간 우리 사상의 보고(寶庫) 이황(李滉) 선생의 퇴계학(退溪學)에 감화되어 퇴계학을 일본 국가의 통치 이념으로 삼아서 나라를 안정시키는 데 크게 활용하고 수백 년 동안 번영을 구가하였다.

그러나 한편으로 훌륭한 사상가를 모시고 있는 우리 조선에서는 국제 환경이 얼마만큼 위험한 상황에 처해 있는 줄도 모르고 당파싸움과 권력다툼에 매몰되어 관료들은 사화로 날을 새고, 그래서 나라가 약해지니 수시로 주변국의 침략을 당하여 곤욕을 치르고는 했던 것이다.

조선조 말에는 일본이 유럽에서 각종 새로운 무기를 들여다가 전력을 강화하고 조선에 비밀 간첩을 들여보내 조선의 국토를 구석구석

조사하고 조선의 정치 등 모든 상황을 파악하여 전쟁 준비를 하고 있을 때 우리는 무얼 하고 있었을까? 당파싸움으로 민생을 돌보지 않아서 동학란 등 민란이 끊이지 않고 게다가 쇄국정책까지 써서 외국의 문물과 정보를 차단하였으니 당시 조선의 운명은 태풍 앞의 등불에 불과했던 것이다.

섬나라라는 오명을 벗기 위해 절치부심하고 있던 일본에게 당시 조선의 당파싸움과 권력 암투는 절호의 기회를 안겨준 꼴이었다. 수많은 백성들이 목숨을 바쳐 저항을 하였지만 결국 1910년 우리의 자주권을 일본에 넘겨주고 말았다.

36년의 일본 통치 기간 우리 민족은 그야말로 지옥이었다. 2차 대전까지 일으켜 총알받이로 끌고 가서 수많은 우리 민족이 희생됐고 살아 있는 조선인을 생체로 해부 실험을 하는가 하면, 여자들까지 끌고 가서 군 위안부로 학대하는 등 이루 헤아릴 수 없는 곤욕을 치렀다.

일본이 2차 대전에서 패망하면서 우리나라는 독립을 하는가 싶었는데 독립의 기쁨을 누릴 새도 없이 기구하게도 한반도는 남북으로 갈라지게 되었다. 북에는 공산정권이 들어서고 남한에는 1948년 대한민국 민주 정부가 수립되었다. 그 후 1950년 6월 25일 북한 공산군이 쳐내려와서 온 나라는 전쟁으로 폐허가 되었고, 수백만의 국민이 죽고 거의 전 국민이 이재민이 되었다. 그때 미국이 주도한 유엔군이 도와주지 않았다면 한반도는 완전히 지옥 같은 세상이 되었을 것이다. 지금의 북한의 폭력 정치를 생각하면 소름이 끼친다. 다행히 자유 대한민국이 자리를 잡으면서 우리 민족은 폐허 속에서 살려고 발버둥을 쳤고, 50~60여 년 동안 경제 발전과 민주화의 기적을 이뤄냈다.

60여 년의 불안한 평화 속에 이룩한 경제 강국 대한민국! 우리의 근세 역사다. 그러나 불행하다고 느끼는 사람들이 아직도 훨씬 많은 대한민국, 무엇이 문제이고 어떻게 살아가는 것이 정답인가?

살아남는 것이 최선이었던 우리의 슬픈 근세 역사-그 역사에서 우리의 자화상을 찾고 깨달아서 미래의 교훈으로 삼아야 할 것이다.

3~4살부터 유아원에 보내고 곧이어 영어 학원, 중국어 학원, 피아노 학원, 태권도 학원-이제는 태아 교육에서부터 시작하여 태어나자마자 치열한 생존경쟁에 내몰린다. 대학 입학률이 80% 이상이라고 하니 우리나라는 교육열이 대단한 국가다. 특히나 어머니들의 교육열과 적극성이 대한민국을 이만큼 성장시키는 데 큰 공헌을 한 것은 부정할 수 없다.

무슨 짓을 하든 자식들만큼은 고생시키지 않고 출세시키고 편안히 살게 하려고 우리 부모들은 죽을 고생을 다하면서 모든 것을 바쳤다. 그리고 자식의 교육에 대부분의 부모가 할 수 있다면 맹모삼천지교(孟母三遷之教)를 실천한 것이다.

그런데 경제 발전 40~50년이 지난 지금 사랑하는 우리 아이들의 현실은 어떤가? 하나둘만 낳아서 사람답게 잘 기르자고 부모가 아무리 살기가 힘들어도 왕자와 공주같이 키웠다. 그랬더니 우리 왕자와 공주는 어른이 되어서도 왕자와 공주처럼 살려고 한다. 부모와 국가, 사회에 감사할 줄 모르고 저만 아는 이기적이고 배려할 줄 모르는 인간이 되어 있었다. 어려운 환경을 이기고 온갖 고생을 하면서 키워놨더니 자기 집 환경과 부모가 창피하다고 생각하고 있다.

지금 와서 부모들과 어른들이 한탄을 한다. 자식들을 아이들을 잘못 가르쳐놓았다고! 그렇다, 부모와 어른 세대가 잘못 가르쳐놓은 것이다. 부모가 자식을 어떻게 가르쳐야 하는지를 몰랐던 것이다. 부모들도 부모로서의 교육을 받지 못하고 어른이 되어버렸으니까. 국가나 사회도 초기 인성교육이 얼마나 중요한지를 깨닫지 못하고, 거의 모두가 좋은 대학을 나와서 좋은 직장을 갖고 돈을 잘 버는 것을 최대의 목표로 삼았고 그렇게 하는 것이 부모가 자식을 위해서 가장 잘하는 일이라고 생각했고 또 의무라고 여겼던 것이다.

그러나 문제는 자식들이 일생을 살아가는 데 가장 필요한 사람 됨됨이 교육, 다시 말하면 인성교육을 아예 제쳐놓았던 것이다. 사람이 살아간다는 것은 태어나서 죽을 때까지 결국 사람과 사람의 관계이다. 부모와의 관계, 부부간의 관계, 부모 자식, 형제간의 관계, 사제, 친구, 이웃, 직장 등 모두가 인간관계에서 이루어진다. 이러한 관계에서 만약에 인간 나름의 도덕과 예의, 질서가 없다면 그것이 동물의 세계와 무엇이 다르겠는가?

우리는 이렇게 인간으로서 살아가야 할 귀중한 것을 잊어버리고 약육강식 동물처럼 살려고 했던 것이다. 삼강오륜(三綱五倫)을 비롯한 수많은 교재들이 거의가 인성을 키우고 인격을 다듬는 우리 선조들의 귀중한 교육이었다는 것을 우리 현대인들은 물질 만능주의에 묻혀서 고루하게 치부해버렸던 것이다.

온고지신(溫故知新). 우리가 여기서 더 깊이 더 멀리 더 넓게 돌아다봐야 할 것은 '근본적인 문제가 무엇이었는가?'이다. 조선조 당시 나라가 망해가는 줄도 모르고 지나친 당파싸움은 관성처럼 이어졌고, '설마 나라가 망하겠나?'라는 당장의 이익과 권력만을 추구하는 무사안일의 관료, 정치인들 때문에 나라는 망했고, 그것이 현재까지 연결된 것이다.

그래서 우리나라의 오랜 역사의 흔적과 사료들이 모두 사라지고 일본이 우리나라를 지배하면서는 거의 모든 문화재를 다 가져갔다. 게다가 조선의 역사적 긍지를 없애기 위하여 엄청난 사료들을 가져가거나 불태운 걸로 추정된다. 그래서인지 단군조선 개국 초기의 자세한 사료들은 상당히 미약하다.

유대인들은 어떤가? 그들은 2,000년간이나 나라를 잃었지만 그들의 신앙과 뿌리를 잃지 않았다. 하느님에게 선택된 민족이라는 유대주의 선민사상에 후천적 인성교육을 철저하게 시킴으로써 전 세계의 0.2% 밖에 안 되는 소수민족인데도 불구하고 전 세계 노벨상의 30% 이상을 유대인들이 차지했다. 또 놀라운 것은 미국의 시사 주간지 《타임》이 20세기에 온 인류에 가장 큰 영향을 끼친 사람을 뽑았는데, 그중에서 또 4인을 선택했다. 과학의 아인슈타인, 사상의 칼 마르크스, 심리학의 프로이트, 진화론의 찰스 다윈이 뽑혔다. 찰스 다윈만 영국인이고 나머지는 모두 유대인이었다. 그리고 1999년 12월 31일자 커버에 아인슈타인을 20세기 인류에 가장 많은 영향력을 끼친 사람으로 실었다.

그러면 우리나라와 유대인은 무엇이 다른가? 답은 간단하다.

이스라엘은 우리나라와 비슷한 4,000년 이상의 역사를 갖고 유대교라는 단일 종교의 국가로 과거의 쓰라린 역사를 교훈으로 삼아 철저한 인성교육을 바탕으로 국가의 화합과 단결을 이루었고, 우리는 그 반대로 당파싸움을 일삼아 국민들을 사분오열(四分五裂)하게 해서 시기 질투에 증오심을 키우는 잘못된 속성과 분열이 계속되었다고 봐야 한다.

그래도 한편 대한민국은 근세 100여 년 동안 혹독한 시련을 겪고도 세계 속에서 10대 경제 강국이 되어서 올림픽, 월드컵, G20 등 세계적인 행사들을 치러내며 통신과 IT, 반도체, 조선, 철강 등 많은 부문에서 세계 강국이 되어 있고 정치도 대한민국 민주 국가로 재탄생해서 상당한 발전을 이뤄낸 것은 자긍할 만한 일이긴 하다. 50여 년 전 세계에서 가장 가난한 국가에서 이만큼 이뤄낼 수 있었던 것은 우선 가난에서 벗어나야 한다는 애국적인 지도자의 희생적인 신념과 이를 믿고 적극적으로 화합하고 따라준 국민들이 있었기에 대한민국 근세 역사에서 놀라운 신화를 만들어낸 것이다.

우리나라에서 열린 월드컵과 올림픽, 그리고 IMF 위기 때를 되돌아보면 우리가 화합과 단결이 이뤄지기만 하면 엄청난 힘과 열정으로 전 세계를 놀라게 하고 어떤 어려움도 이겨낼 수 있다는 것을 우리 스스로 자랑스럽게 가슴속에 간직해야 하겠다. 그렇다면 대한민국이 가야 할 길은 도덕과 지혜를 바탕으로 좀 더 각성하고, 인성과 창의 교육으로 화합하고 단결하는 길밖에 없다.

나아가 온 국민의 덕성을 키워서 전 세계의 인류가 평화롭게 살 수 있는 길을 국가의 목표로 삼아 꾸준히 노력해야 할 것이다.

안중근 의사가 목숨을 던져놓고 동양평화론을 주장했던 이유를 우리는 다시 헤아려야 한다. 우리나라는 나라의 크기나 위치상으로 보아 세계를 힘으로 이끌고 리드할 수 있는 국가는 아니다. 역사를 돌아보더라도 우리나라는 항상 이웃나라의 눈치를 보며 살면서도 안에서는 우물 안 개구리가 되어 지나치게 패당으로 갈려 싸움으로써 스스로 나라의 힘을 약화시켜왔다.

조선조 중기 당파싸움으로 사화가 자주 일어났던 시기에 퇴계 이황 선생은 경(敬) 사상과 인본주의(人本主義)를 바탕으로 한 퇴계학(退溪學)을 일으켜서 나라의 지도자들이 각성하게 하려고 솔선수범하고 갖은 노력을 다하였다. 그리고 율곡 선생께서는 왜의 침략 위험을 경고하고 군을 강화하자고 주장하였지만 정치인들은 퇴계와 율곡의 경고를 묵살해서 결국 얼마 안 되어 임진왜란을 당하고 임금은 피란을 가고 백성들은 7년간이나 온갖 곤욕을 치렀고 나라의 역사 유물과 문화재 등은 모두 일본 사람들에게 빼앗기거나 소멸되어버렸던 것이다.

현실의 대한민국을 깊이 진단해보면 몸은 갖은 고난을 이기고 체력 단련을 해서 튼실한 것 같은데 내부 정신을 들여다보면 많은 문제를 안고 있고 혼란스럽다. 정신이 문제가 생기고 타락하면 몸도 망가지는 것은 상식에 속한다. 꽤 오랫동안 경제적으로 발전하고 평화를 누리고 살아오는 동안 얼마 지나지도 않았는데 우리는 그 쓰라린 과거를 잊고 건망증을 지나 망각증 환자가 되어가는 느낌이다.

지금 현재 북쪽에서는 폭정 세력이 공산화 통일을 하겠다고 벼르고 있고, 세계 경제는 점점 치열한 경쟁을 넘어서 보이지 않는 패권 전쟁을 벌이고 있는 이때 우리 내부는 또다시 당파싸움이 전 국민화되어서 화합하지 못하고 치졸하게 싸우고 있다.

가장 큰 문제는 바로 정치다. 이 모든 불화는 정치에서 비롯된다.

특히나 국회 정치는 국민들을 너무나 짜증 나게 한다. 우리나라가 처한 여러 가지 우려되는 시급한 상황들을 내팽개친 채 대선이 끝난 지 거의 2년이 가까워가는데 아직도 정권 다툼만 하고 있는 것이 우리 국회다. 국민들에게 도덕적으로나 인격적으로 민주적 정치의 모범과 페어플레이 하는 모습을 보여주어야 하는데, 오히려 국회는 거꾸로 국민들을 분열시키고 짜증 나게 한다.

민주주의라는 것이 연구와 토론을 거쳐 신사다운 페어플레이를 해서 다수결의 원칙을 적용하여 결론을 낸다는 것은 우리 초등학생도 다 안다. 그리고 국회라는 데가 민주주의의 모범을 보이는 최고 기관이라는 것을 국민들 모두가 다 아는데 정작 국회의원들은 잊고 있는 것 같다. 현재 국회의원들은 모든 안건을 당리당략에 얹어놓고 각가지 투쟁을 벌여야 애국을 하는 양 알고 있는 것 같다.

이러한 서로의 충돌을 막는답시고 선진화 법이라는 것을 만들었지만 이것은 오히려 민주주의 원칙을 무시하고 국회 의결을 더 어렵게 만드는 결과를 낳았다. 우리나라 정치의 수준과 여야의 생리상 다수결의 원칙도 잘 안 되고 있는데, 의결의 비율을 높여서 통과시키는 선진화법이 잘 될 리 없다. 당리당략을 떠나 순수하게 국가와 국민을 중심에 놓고 연구, 토론하여 순수하게 다수결의 원칙대로 의결을 거친다면 그것이 바로 민주주의가 아닐까? 다수결의 원칙을 외면하고 극단적인 투쟁을 일삼는 것은 언제나 정권이라는 것이 안건에 덧칠이 되기 때문이라고 본다. 그리고 각 국회의원들이 자기 지역과 자기 당의 볼모가 되기 때문이다.

북쪽에서는 이러한 정권투쟁으로 아귀다툼만 하는 우리의 정치 갈등을 이용하고 있고, 남쪽에서는 일본 우익이 과거에 우리에게 한 짓은 묵살한 채 날로 커져가는 한국의 위상이 못마땅하여 독도 문제를 비롯한 여러 가지로 우리를 괴롭히면서 한국이 무너져 내리기를 은근히 바라고 있는 느낌이다. 국내적으로는 국방, 경제, 일자리 등 수많은 문제들이 산더미처럼 쌓여 있는데 국회라는 데가 길목에 버티고 앉아서 국민의 피땀 어린 세금만을 축내면서 갈 길을 막고 있는 것이다.

더 큰 문제는 이 정치인들이 정권 싸움에만 눈이 어두워져서 대한민국이 갈가리 찢어져가고 있다는 것을 모르거나 외면하고 있다는 것이다. 우리 과거의 역사가 피비린내 나는 당파싸움으로 날을 지새우다가 외침을 당해서 갖은 고역을 당하다가 백성들의 희생과 애국정신으로 겨우 명맥을 유지한다 싶으면 또 싸우고 그러다가 결국은 나라를 빼앗긴 그 처절하고 절대로 잊어서는 안 되는 그 역사를 되풀이하고 있는 것이다.

현재 대한민국은 경제 발전과 물질 만능주의에만 너무 정신이 팔려 모든 사람과 집단들이 이기주의로만 치달아서 국가와 사회와 가정에서 도덕(道德)과 예의(禮義)가 사라지고 인성(人性)이 메말라서 우리 사회가 엄청난 혼란에 처해 있다는 현실을 직시하시고, 우리 국회가 자라나는 아이들을 위해서 멘토가 되어주고 모범을 보여주기를 간절히 빌어본다.

자식이 부모를 죽이는 사건이 다반사로 일어나고, 별의별 지능화된 사기로 인해 너무나 많은 선량한 사람들이 사기에 걸려서 일생을 망치고, 극도로 문란해진 성질서(性秩序)와 성폭력(性暴力), 도박과 마약이 상품화되어 돈 버는 수단으로 이 사회를 어지럽히고 있다.

우리 가정에선 부모와 자식 간의 소통과 가정교육이 사라지고 도덕과 예의는 무시된 채 오직 공부만 강요해서 자식들을 지식 기계로 만들어놓았다. 자식들을 위해서는 무슨 일이든지 마다 않고 뼈 빠지게 가르쳐놓으니까 상당히 많은 자식들이 고마움이란 걸 모른다. 도덕이 사라진 잘못된 교육의 결과다.

자신을 그만큼 희생하고 고생해서 키워준 부모에게도, 자기 목숨을 희생해서 대한민국이라는 훌륭한 민주 국가를 만들고 지켜주신 선열들에게도, 전쟁으로 잿더미가 된 폐허 속에서 못 먹고 굶주리면서도 자식들과 나라를 위해서 피와 땀으로 모든 것을 바치신 부모와 할아버지 세대에 대해서도, 또 우리나라가 독립할 수 있게 도와주고 6·25전쟁 때도 엄청난 희생을 치르면서 현재의 대한민국을 존재하게 한 UN과 세계의 많은 국가에도, 고마워할 만한 양심과 상식이 없는 사람이 너무나 많다. 어른도 아이도 사람노릇이 무언지 모르고 살아온 것이다.

왜 그럴까? 친구를 누르고 이웃을 밟고 치열한 경쟁에서 이기는 이기주의만 가르쳤으니까! 이제 빈껍데기만 남은 부모들이 한탄을 한다. 자식을 잘못 가르쳤다고! 부모는 남은 인생 살길이 막막한데 돈 안 준다고 떼쓰고. 재산 미리 물려주지 않는다고 협박하고!

우리는 물질문명에 맛을 들여서 오랜 기간을 스스로 속아왔다. 최선을 다해 일해서 잘살기만 하면 된다. 나는 고생하고 살았지만 자식들은 고생 안 시키고 행복하게 살게 하겠다. 그러나 40~50여 년이 지난 지금의 현실은 어떤가? 너무나 슬픈 현실이다. 자식들이 부모의 재산을 가지고 치졸하게 싸우거나 법정다툼을 벌이는 꼴불견은 너무나 많아서 우리 사회의 슬픈 현실이 되어 있고, 심지어는 돈이나 재산 때문에 자식이 부모를 협박하는 패륜아들이 양심의 가책을 못 느끼는 세상이 되어버렸다.

부모들의 피와 땀으로 고생을 모르고 곱게 키운 고학력 청년들이 쏟아져 나오는데 전체의 80% 정도나 된다. 국가와 사회가 아무리 발버둥을 쳐도 일자리 문제를 해결하기 어려운 것은 당연한 일이다. 왜냐하면 그 청년들이 거의 대기업이나 고급의 일자리만 찾으니 이 사회의 일자리 균형은 불균형일 수밖에 없다. 중소기업이나 좀 힘들고 고단한 일자리와 기초 기술이 필요한 일자리에는 일손이 부족해서 외국인들이 대부분을 차지한다. 고학력으로 취업이 안 되는 청년들은 고등 건달이 될 수밖에 없다. 당장 그 외국인들이 없으면 우리나라 산업의 기초가 흔들린다.

젊은이들이 현실의 어려움과 자신의 실정에 맞춰서 어떤 일이라도 해낼 수 있는 마음의 자세가 필요하다. 성공한 사람들이 갖은 고생과 어려움을 극복하고 경험을 하였기 때문에 성공할 수 있었다는 것을 교훈으로 삼아야만 한다. 젊어서 고생은 일부러 사서도 한다고 하지 않던가? 돈을 내면서까지 견디기 힘든 극기 훈련을 하는 것은 자신을 스스로 단련하고 마음 다짐을 하면서 게을러지거나 타성에 젖는 것을 경계하기 위해서인 것이다.

우리나라같이 자식을 위해서 온갖 것을 다 바치는 사람들은 드물다. 하지만 우리가 스스로 속고 살아온 것이다. 사랑스럽기만 한 우리 자식들이 태어나 커가는 과정에서 가정이나 학교나 국가와 사회에서 그들이 일생을 살아가야 할 기본 인성교육과, 온고지신(溫故知新)을 필요로 하는 한국의 과거 역사를 교훈으로 삼아 세계를 내다보는 국가관 교육과, 고생과 고통을 이겨낼 수 있는 극기(克己) 교육 없이 부모의 과보호 속에 주입식 교육으로 마치 콩나물처럼 길러져온 것이 반세기나 지나서야 이제 느껴지는 것이다.

게다가 치열한 경쟁으로 이웃과 친구를 딛고 올라서야 하는 배타적인 교육 시스템만으로는 좋은 인성과 사회에서 같이 살아가는 극기력(克己力)이 엉망일 수밖에 없다. 교육과정이 학생들에게 상생(相生) 정신과 인성은 사라지고 스트레스만 쌓이게 해서 결국은 퇴폐(頹廢)와 게임 중독 등으로 아이들을 몰아넣는 결과를 낳게 된 것이다.

우리나라 자라나는 아이들에게는 각종 퇴폐의 유혹이 너무나 많다.

우리 기성 어른 세대에도 윤리(倫理)와 도덕(道德), 신의(信義)라는 것이 사라지고, 기성세대 자체가 조금 살게 되었다고 퇴폐에 빠져서 어른들이 자식이나 손녀 같은 아이들에게 부끄러움도 없이 섹스를 요구하거나 진한 Y담을 거침없이 해대면서도 양심의 가책을 느끼지 못한다.

특히나 젊은 아이들에게 엄청난 영향을 끼치는 언론 방송이나 인터넷 등은 갈수록 자극적으로 바뀌고, 요즘의 스마트폰에서는 포르노 같은 퇴폐 영상들이 촌음으로 퍼 날라지는데 어른들마저 부끄러워할 줄도 모르고 절제를 하지 못하니 도덕 교육마저 사라져가는 아이들 세계에 어떤 영향을 끼칠지는 뻔한 노릇 아닌가?

게다가 속이 훤히 들여다보이는 사회주의 이념에 중독된 사람들까지 각종 위선과 괴변으로 국민들의 화합을 해치고 건전하고 정상적인 가치관의 사회를 해치고 있으니 지금 대한민국의 가정, 사회, 국가가 모두 위험에 빠져 있는데도 사람들은 지배욕, 소유욕, 명예욕, 환락욕에 빠져서 우리 사회 현실이 무엇이 잘못되었는지를 깨닫지 못하고 있는 것이다.

수천 년의 역사 속에서 우리 인간들의 아픔을 해결하기 위하여 성현들께선 자기희생을 통하여 인간 삶의 진리를 터득하여 사람들에게 제시하셨다.

예수 그리스도께서는 가난하고 병들고 힘없고 죄지은 사람들에게 하느님의 구원을 제시하고 스스로 희생물이 되어 인간을 구제하고자 하셨다. 석가모니 부처님께서는 모든 사람의 추앙을 받는 왕자의 신분임에도 불구하고 고통 속에서 헤어나지 못하는 중생들을 구제하기 위하여 왕궁에서 출가하여 걸인처럼 생활을 하면서 구도를 하여, 드디어 인간의 모든 것은 우리 인간이 가지고 있는 12처(處)인 안이비설신의(眼, 耳, 鼻, 舌, 身, 意-눈, 귀, 코, 입, 몸, 의지)와 색성향미촉법(色, 聲, 香, 味, 觸, 法-보고, 듣고, 냄새 맡고, 맛보고 말하고, 몸으로 느끼고, 머리로 생각하고)에 의한 연기(緣起)에서 이루어지기 때문에 그 선악의 업행(業行)에 의해서 보답(報答)의 업이 이루어진다고 깨달으셨고, 그래서 인간에게 범천(梵天-하느님)을 생각하기에 앞서 우선 여기까지 깨닫는 방편을 먼저 터득하라고 길을 제시하셨다.

공자와 맹자께서는 당시 혼란스러운 현실을 바탕으로 세상을 파악하여 인의예지신(仁義禮智信)을 중심으로 한 예의(禮義)와 도덕(道德)을 갈고닦고 가르치고 수양함으로써 인간 생활의 질서가 바로잡히고 평화로운 세상이 된다는 것을 강조하셔서 우리 인간이 살아가면서 지키고 행하여야 할 근본 도리를 제시하셨다.

우리 조상님 중에도 나라의 안녕과 백성의 삶을 위해서 사신 정신적인 지주들이 많이 계시다. 백성들의 쉽고 편안한 소통을 위해서 한글을 만드신 성군-세종대왕, 왜국의 침입을 꿋꿋이 막고 양심과 도덕적인 삶과 죽음으로 모범을 보여주신 성웅-이순신 장군, '경(敬)' 사상의 실천과 인간의 행동규범 사상의 진리(眞理)인 이(理)와 기(氣)를 중심으로 한 퇴계학(退溪學)을 탐구(探究)하셔서 후배들에게 교육시키고 실천하게 함으로써 국가 지도자들의 도덕과 교육정신에 커다란 영향을 주었고, 또한 퇴계학이 일본으로 건너가서 도쿠가와의 일본 경영과 부흥에 커다란 영향을 끼쳤던 퇴계(退溪) 이황(李滉) 선생과, 성리학자(性理學者)이면서 그 당시의 당파싸움인 붕당정치(朋黨政治)를 종식시키려고 애를 쓰신 율곡(栗谷) 이이(李珥) 선생, 또 조선조 후반에 지금과 같이 당쟁으로 싸움만 일삼던 시기에 백성들의 실생활을 걱정하고 실학(實學)의 이념과 실천을 제시하며 근검생활의 모범을 보이셨던 성호(星湖) 이익(李瀷) 선생, 빈고의 고통 속에서도 청렴생활의 신조를 잃지 않고 우리의 역사를 가장 고증적으로 정리하신 순암(順菴) 안정복(安鼎福) 선생, 고통받는 백성들을 위하여 《목민심서(牧民心書)》를 지도자들의 지도서로 만드신 다산(茶山) 정약용(丁若鏞) 선생 등은 우리나라의 정신적인 선현(先賢)들이시다. 특히 정약용 선생의 《목민심서》는 베트남으로 건너가서 베트남에서 가장 존경받는 호지민의 지도 이념에 큰 영향을 끼쳤다고 한다.

근대사에서는 흥사단(興士團)을 만들어 일으킨 우리 대한민국의 정신적 지주 도산 안창호 선생을 빼놓을 수 없다. 도산 선생께서는 그동안 우리 민족이 긴 역사에서 겪은 뼈아픈 문제들을 간파하시고 힘의 논리를 주장하셨다. 단결의 힘, 도덕의 힘, 지식의 힘, 금전의 힘, 인격의 힘, 이렇게 현실적으로 갈구(渴求)되는 것들을 설파하시고, 이러한 힘을 키우기 위해서는 무엇보다 덕성을 가진 개인의 인격을 강조하셨다. 품격 높은 개인의 인격은 집을 짓는 데 반드시 필요한 단단한 벽돌과 같은 것이고, 따라서 덕성을 지닌 인격은 나라를 강하고 튼튼하게 하는 데 반드시 필요하다고 하신 것이다. 이분들 외에도 많은 훌륭한 분들이 계심을 역사를 통해서 알 수 있다.

수백, 수천 년이 지난 지금도 그분들의 훌륭한 정신과 교훈을 받들어서 각 종교와 사상으로 발전되고 세상의 많은 사람들이 향기롭고 평화롭게 같이 살아가는 데 지대한 영향을 끼치고 있다.

그러나 한편으로 일부 종교 간에는 수천 년의 세월이 지나면서 본래 성현들의 기본 정신인 인간 사랑과 평화의 정신은 무시한 채, 각 종교 간에 편향된 시각과 아집으로 집단화 세력화하여 결국 수많은 계파로 갈라지고, 계파 간에는 세력 다툼으로 변질되어 심지어는 서로 간에 살육 전쟁까지 일어나 엄청난 사람들이 희생되는 슬픈 역사를 만들기도 하였다. 그리고 아직까지도 중동의 일부 종교는 종교인답지 않은 잔인한 전쟁을 계속하면서 세상의 평화를 파괴하고 심지어 수천 년 문화재까지 파괴하고 있다.

하지만 대부분의 종교인들은 신앙을 통하여 세상을 밝게 하고 어렵고 힘든 사람들을 보살피고 사랑하며 세상을 평화롭게 하는 데 소금과 기름 역할을 하고 있다. 특히 존경을 받는 우리나라의 종교인으로서는 김수환 추기경, 이태석 신부, 성철 스님, 법정 스님, 만해 선생 등 많은 분들이 세상과 나라를 위하여 모범을 보이시고 헌신하신 분들이다.

근세에 와서 많은 국가가 모든 사람들의 뜻을 고루 반영할 수 있는 민주주의 국가로 발전하면서 이러한 갈등의 원인이 되는 불평등과 갈등 등을 민주화로 치유하고자 우리 인간 세상을 좀 더 평화롭고 합리적인 공생 사회로 이끌려는 노력을 보이고 있지만 아직도 국가와 개인의 지나친 이기주의는 전 인류적 도덕과 양심이 풀어야 할 숙제다.

우리가 이러한 사회에 살면서 과거와 현실의 온고지신(溫故知新)으로 나 자신을 깨우칠 수 있다면, 지나친 욕심과 비교 박탈감을 내려놓을 수만 있다면 내 마음에 안정과 행복의 씨앗인 도(道)를 찾을 수도 있다고 생각된다. 공자가 마음이 편안하면 "나물밥에 물 마시고 팔을 베고 눕더라도 그 속에 즐거움이 있다."라는 교훈과 같이 나름대로 새로운 즐거움을 찾을 수도 있을 것이다.

당장 코앞에 닥친 고통과 불행들 앞에서 무슨 부처님 같은 깨달음을 생각해볼 수 있겠느냐고 항변할 수도 있겠으나 가장 밑바닥에 내려앉았을 때 모든 마음을 내려놓는다면 시간이 지나면서 조금씩 깨닫는 것이 느껴지고 희망도 생길 것이다. 물론 어떻게 할 수도 없는 불가항력적인 사정들이 너무나 많다. 하지만 우리 속담에 "하늘이 무너져도 솟아날 구멍이 있다."라는 말이 있지 않은가?

더욱이 우리 한국이 완전히 폐허가 된 황무지에서 얼마 안 되는 짧은 기간에 놀랄 만한 발전과 민주화가 이뤄진 것을 생각해보면, 우리가 의식(意識)을 고치고 힘을 합쳐서 그동안 부족했던 인성교육(人性教育)과 인격소양(人格素養)에 힘쓰고 지도자들이 모범을 보인다면, 얼마든지 대한민국이 화합과 단결로 행복한 나라를 이루고, 나아가 세계를 평화롭게 리드할 수 있는 도덕성과 리더십을 발휘할 수 있는 국가와 국민이 될 것이다.

▶ 한국 교육의 문제점과 대안

한국의 이혼율은 매년 올라가서 세계 1~2위를 다툰다고 하고, 자살률 역시 세계 1위라고 하니 기가 막힌 일이다. 고개 숙인 남편과 가출하는 아내, 방황하는 자녀들.

이 책에서는 한국의 남성들이 여성들이 변한 만큼 변하지 못하고 있다고 지적한다. 우리의 아버지들이 수긍을 하지만 그러나 정작 아버지들은 어떻게 달라져야 하는지 방법을 모른다. 아버지들을 가르칠 교육이 없기 때문이다. 있다고 해도 추상적인 주장이나 좋은 아버지의 예화를 이야기해주는 것이 고작이기 때문이라고 한다.

IQ가 세계 최고이고 공부에 관한 한 그렇게도 자녀들을 혹사하면서도 우리는 정작 우수한 인물을 많이 배출하지 못하고 국가 사회는 늘 행복하지 못하고 불안하다. 무엇이 문제인가?

역대 노벨상 수상자들의 30% 이상이 유대인이다. 프로이트와 샤갈, 상대성 이론가 아인슈타인, 세계적 지휘자 레너드 번스타인, 국제외교가 키신저, 영화감독 스필버그 등이 유대인들이다.

또한 유대인들은 19세기 중반부터 월스트리트를 세계 금융의 중심지로 키워냈으며, 미국 3대 방송사와 5대 메이저 영화사를 모두 설립했거나 인수했다. 그리고 전 미국의 50대 기업 중 17개가 유대인의 기업이며, 미국의 학계를 선도하는 아이비리그 교수진의 약 40%가 유대인라고 한다. 그 외에도 법조계와 의학, 교육, 문화계 등 많은 분야에서 미국 사회의 각 분야를 주도하고 있다.

이러한 유대인들과 우리의 현실의 차이는 엄청나다. 우리는 인격과 지혜를 무시한 채 지식만을 주입식으로 가르쳐온 근시안에 머물렀고, 유대인들은 통일된 성결적(聖潔的) 종교 아래 4,000여 년 이상 뚜렷한 지혜의 가르침과 생활 율법이 이어져 내려왔던 것이다. 그리고 모든 사람이 그 가르침과 율법을 늘 창의적으로 연구하고 토론하고 실천하면서 후세들을 교육해왔던 것이다.

▶ 유대인은 자녀에게 무엇을 가르치나?

유대인은 4,200여 년간 한반도 1/4 크기의 가나안 땅 이외는 차지해본 적이 없다. 그나마 수없이 외침에 시달리고 남의 나라에 잡혀가 혹독한 노예 생활도 여러 차례 했다. 그런데도 그들이 21세기까지 세계를 뒤흔드는 힘은 어디에서 나오는가? 그들에게 육을 다스리는 신본주의 사상이 있기 때문이다. 그래서 유대인은 토라 교육에 민족의 사활을 건다.

• 토라란? 토라에는 3가지 뜻이 담겨 있다. 첫째, 모세가 저술한 모세오경(창세기, 출애굽기, 레위기, 민수기, 신명기)을 말하고, 둘째, 전체 구약성경, 즉 모세오경에 성문서 및 선지서를 더한 것, 셋째, 넓은 의미에서 《탈무드》를 포함한 유대인 교육 전체를 말한다.

• 《탈무드》란? 기원전 500년경 학사 겸 제사장인 '에스라'가 '토라'와 '장로의 유전'을 유대인의 종교교육의 내용으로 체계화하여 《탈무드》의 씨앗을 틔우고 토라에 주석을 다는 방법을 연구하였다. 유대인들이 바빌론 포로 시기에 율법을 해석하여 타락한 유대인들이 실생활에 적용할 수 있도록 하고 이를 발전시켜 후대에 전한 것이다.

▶ 유대인의 4차원 영재교육에서 답을 찾아본다

제4차원 영재교육-지혜(wisdom) 계발

제3차원 영재교육-슈르드(shrewd, 영리함, 현명함) 계발.

제2차원 영재교육-질문식과 탈무드 논쟁식(Talmudic Debate) IQ 계발.

제1차원 영재교육-일반 학교의 세상 학문 교육.

▶ 높은 단계에서 낮은 단계로 가르친다-종교가 다르거나 없더라도 충분히 적용할 수 있는 교육 방법이다.

• 4차원 교육: 유대인들은 지식교육을 시키기에 앞서 인생을 살아가면서 어려운 문제가 생길 때마다 그 문제를 해결할 수 있는 능력을 기른다.

• 3차원 '슈르드' 교육: 세상을 살면서 악인의 올무에 걸리지 않음으로써 피해를 보지 않고, 선과 악을 구별하는 순발력을 길러 죄를 멀리함으로써 재앙을 피할 수 있게 한다.

• 2차원 교육: 질문식과 탈무드 논쟁식의 IQ 개발로 무한한 상상력과 함께 자기계발이 이루어지도록 만든 토론식 프로그램이다.

• 1차원 교육: 학교에서 배우는 지식 위주의 교육으로 IQ 테스트 측정이 가능하고 4, 3, 2차원의 교육을 받은 후에 교육을 받기 때문에 훨씬 쉽게 공부가 가능하다.

▶ 실패를 기념하라

유대인은 역사적으로 패배한 날이나 굴욕적인 날을 기념하는 보기 드문 민족이다. 유대인은 종종 패배의 천재라고 불린다. 왜냐하면 유대인은 패배를 기억하는 것으로부터 힘이 생겨난다고 믿기 때문이다.

다른 민족은 승리의 날만 기념하고 실패한 날을 기억조차 하지 않으려고 한다. 그러나 실패를 잊어서는 안 된다고 말하는 것은, 실패가 너무나도 귀중한 교훈이기 대문이다. 실패만큼 좋은 학교는 없다.

유월절은 축하하는 날이지만 유대인들이 이집트에서 400년간 노예로 살며 학대받고 모욕당한 체험을 마치 어제의 사건인 것처럼 이야기한다. 유월절에는 한국인들이 설날 음식을 만들어 먹듯이 유대인도 몇천 년 동안 똑같은 음식을 만들어 먹고 있다.

유월절 식탁에는 쓴 나물, 고난의 떡이라는 '마짜'라는 빵, 그리고 단단하게 삶은 달걀이 나오고, 마지막에는 승리를 의미하는 '아라챠'라는 술을 마신다. 이러한 음식물은 상징적인 의미를 갖는다. 달걀은 삶으면 삶을수록 단단해지기 때문에, 인간도 고난에 부딪힐수록, 패배를 거듭할수록 강해진다는 의미가 포함되어 있다고 한다.

성공만을 기억하는 자는 또다시 실패한다. 성공은 사람의 마음을 해이하게 하고 방심하게 만든다. 반면 실패는 사람을 긴장시키고 경계하게 만든다. 실패는 좋은 스승이다. 모처럼 배운 것을 잊어버려서는 안 된다. 인간은 체험을 통해 배워가는 것이다.

진정한 의미의 실패는 똑같은 실패를 두 번 되풀이하는 것을 말한다. 한 번의 실패는 부끄러울 것이 없다. 그러나 두 번 똑같은 실패를 한다면 부끄러워해야 할 일이다. 그래서 실패는 과거로 돌려보내고, 성공은 미래라는 공간으로 불러들여만 한다. 실패의 교훈을 바탕으로 미래에서는 실패를 반드시 제거해야 한다.

《명심보감(明心寶鑑)》에서

▶ 과거는 미래의 거울이다

미래를 알고 싶다면 먼저 지난 일을 살펴보라.

欲知未來(욕지미래)인댄 先察已然(선찰기연)이니라.

▶ 다가올 일은 칠흑의 어둠 속에 싸여 있다

지나간 일은 밝은 거울 같고 미래의 일은 어둡기가 칠흑과 같다.

過去事(과거사)는 明如鏡(명여경)이요 未來事(미래사)는 暗似漆(암사칠)이니라.

▶ 그대 내면을 거울에 비춰 보라

밝은 거울은 모습을 살필 수 있고 지난 일로는 지금을 알 수 있다.

子曰(자왈) 明鏡(명경)은 所以察形(소이찰형)이요 往古(왕고)는 所以知今(소이지금)이니라.

*子(孔子): 중국 주(周)나라 때의 학자이며 교육자이다. 이름은 구(丘), 자는 중니(仲尼)이며 유교의 조종을 이루었다. 노나라의 창평향에서 출생하여 재상을 지냄. 시경, 서경, 춘추 등을 정리했고, 삼천 제자에게 시(詩), 서(書), 예(禮), 악(樂)을 강론했다.

▶ 옥은 다듬어야 그릇이 된다

옥은 다듬지 않으면 그릇을 만들지 못하고 사람은 배우지 않으면 도를 알지 못한다.

禮記(예기)에 曰 玉不琢(옥불탁)이면 不成器(불성기)하고 人不學(인불학)이면 不知道(부지도)니라.

*禮記: 유교의 경전인 오경의 하나로 주례(周禮), 의례(儀禮)와 함께 삼례라 불린다. 고례

(古禮)에 관한 이론 및 실제를 기록, 편찬한 것으로 49편으로 이루어졌다.

※ 배워서 알기를 사랑해야 한다. 억지로 배우는 것이 아니라 배
운다는 것에 애착이 가야 한다. 그러나 그것보다 더 높은 단계
는 배우고 깨닫는 것에 무한한 즐거움을 느끼는 것에 있다. 깨
달아가는 진리에서 즐거움을 발견할 수 있다면 그것은 참으로
인생을 통달한 사람이다.-논어.

▶ 깨달음은 사람을 아름답게 한다
사람이 고금을 통하지 못한다면 말과 소에게 옷을 입혀놓은 것
과 같다.
韓文公(한문공)이 曰人不通古今(인불통고금)이면 馬牛而襟裾(마
우이금거)니라.

*韓文公: 당나라의 문인으로 당송팔대가(唐宋八大家)의 제일인자. 유교를 숭상하고 불교
와 도교를 배척했다. 문공은 그의 시호이다.

▶ 배운 사람은 이루지 못할 것이 없다
집이 가난하더라도 가난 때문에 배움을 폐해선 안 되고, 집이
부유하더라도 부유함을 믿고 배움을 게을리해선 안 된다. 가난
하지만 부지런히 배운다면 뜻을 펼 수 있고, 부유하지만 부지런
히 배운다면 명성을 떨칠 수 있다. 오직 배운 자만이 세상에 드
러나는 것을 보았고, 배운 사람이 이루지 못하는 것을 보지 못했
다. 배움이란 곧 사람의 보배이며 배운 사람이란 곧 세상의 보배
인 것이다. 그러므로 배우면 곧 군자가 되고 배우지 않으면 소인
이 된다. 후에 배울 사람은 마땅히 배움에 힘써야 한다.
朱文公(주문공)이 曰 家若貧(가약빈)이라도 不可因貧而廢學(불

가인빈이폐학)이요 家若富(가약부)라도 不可恃(불가시) 富而怠學(부이태학)이니라. 貧若勤學(빈약근학)이면 可以立身(가이입신)이요 富若勤學(부약근학)이면 名乃光榮(명내광영) 하리니 惟見學者顯達(유견학자현달)이요 不見學者無戒(불견학자무계)이니라. 學者(학자)는 乃身之寶(내신지보)요 學者(학자)는 乃世之珍(내세지진)이라 是故(시고)로 學則乃爲君子(학즉내위군자)요 不學則爲小人(불학즉위소인)이니 後之學者(후지학자)는 宜各勉之(의각면지)니라.

* 朱文公: 남송(南宋)의 대유(大儒) 주자를 말한다. 성리학(性理學)을 집대성했으며 저서로는 《시집전(詩集傳)》, 《사서집주(四書集註)》, 《근사록(近思錄)》, 《소학(小學)》 등이 있다.

▶ 배움은 스스로를 값지게 한다

배운 사람은 벼와 같고 배우지 않은 사람은 쑥과 같다. 벼는 나라의 좋은 양식이고 세상의 큰 보배다. 쑥은 밭 가는 이가 싫어하고 김매는 이가 귀찮아한다. 후일 벽을 마주한 듯 답답할 때 뉘우치지만 그때는 이미 늦었다.

徽宗皇帝曰(휘종황제왈) 學者(학자)는 如禾如稻(여화여도)하고 不學者(불학자)는 如蒿如草(여호여초)로다. 如禾如稻兮(여화여도혜)여 國之精糧(국지정량)이요 世之大寶(세지대보)로다. 如蒿如草兮(여호여초혜)여 耕者憎嫌(경자증혐)하고 鋤者(서자) 煩惱(번뇌)로다. 他日面墻(타일면장)에 悔之己老(회지기로)로다.

* 徽宗皇帝: 북송(北宋)의 8대 임금.

-제2편-
내 탄생의 축복

"응아!" 부모님의 사랑의 열매로 세상에 내가 태어난다. 우주의 오묘한 기를 받아 아름다운 지구상에 인간으로 태어난 것이다. 누구나 열 달 동안 부모의 뼈와 살을 빚은 아픈 사랑 속에 귀하게 태어난다. 한 가정의 삶에 아이의 탄생은 축복과 환희의 귀한 순간이다. 그러나 그 사랑의 열매를 키우고 가르치고 사람노릇을 하게 하기까지는 수십 년이 걸린다. 세상에 자랑스러운 자식을 만들려고 부모들은 온갖 것을 다 바친다.

우리 인간이 인간으로 태어난 것은 알고 보면 하늘의 별 따기만큼이나 어렵고 축복을 받은 생명이다. 우리가 상상하는 우주에는 무한한 별들이 있고 그 무한한 별들 속에 지구라는 별은 우리가 관측하는 한계 내에서는 지구와 같은 아름다운 별은 없다. 사람들은 천국을 상상으로 이름답게 수놓지만 지구의 아름다움은 현실이다. 나 자신은 눈에 현실로 보이는 아름다운 지구상에 태어난 것이다. 지구상에 펼쳐져 있는 모든 것들이 별로 쓸모없는 것들이라면 사람들이 그렇게 욕심을 부리고 차지하려고 하지 않을 것이 아닌가?

이 지구 속에는 종류를 헤아리기 힘든 동식물이 살고 있다. 우리 인간도 동물에 속하지만 완전히 차원이 다르다. 식물들은 어느 자리에 태어나면 그 자리에서 수명이 다할 때까지 주어진 환경만을 이용해서 최선을 다해서 산다. 동물은 식물과 달리 이동할 수 있는 다리나 날개를 가지고 있어서 식물보다는 훨씬 유리하게 살고 있다. 그러나 동식물들은 우리 인간이 가지고 있는 지혜와 웃음이라는 것이 없다.

하지만 식물이나 동물도 자세히 보면 각기 독특한 아름다움과 특성을 가지고 살아가고 있다. 어떻게 보면 나름대로 아름다움을 창조해내는 재주를 가지고 다른 모든 자연들과 어우러져서 그야말로 자연스럽게 살고 있는 것이다.

그렇다면 그 동식물들이 하느님의 손길에 의해 만들어졌을까? 아니면 우주(宇宙)의 순리인 음양오행(陰陽五行)에 의해서 진화된 것일까?

짧은 소견으로 우문우답(愚問愚答)을 해본다. 하여간 우리 인간은 이들을 자연과 함께 보면서 그 각각의 아름다움과 오묘함에 감탄한다.

우리 인간도 태어날 때는 식물이나 동물과 같이 각기 다른 환경에서 태어난다. 하지만 인간은 지혜(智慧)를 통한 도(道)를 가지고 있어서 자기의 노력 여하에 따라 자기가 원하는 것을 이룰 수도 있고 가치 있는 삶을 살 수도 있다. 바로 이 도(道)라는 것은 하늘과 땅을 통하고 우주의 섭리와 통하고 있다고 봐야 한다.

그 지혜(智慧)를 갈고닦기에 따라 크나큰 우주를 내 생각에 담을 수도 있고 그 지혜를 어떻게 활용하고 노력하느냐에 따라 행복하게 살 수도 있고 불행하게 살 수도 있다. 또 배운 지식을 지혜롭게 쓰지 않으면 동식물보다도 불행하게 느끼며 살 수도 있다.

우리 인간은 살아 있다는 것 자체가 커다란 축복임을 느껴야 할 것이다. 나보다 행복하게 사는 다른 사람들과 비교하고 자신이 처한 어려움을 비관하다가 이 아름다운 하늘과 땅 사이에 내가 존재한다는 것을 잊어버리고 슬퍼하거나 삶을 포기하는 우(愚)를 범하기도 한다.

슬픔과 고통이라는 것은 애초에 주어진 환경과 신체적 병고에도 있겠지만, 더 큰 고통은 거의 인간끼리의 관계에서 비롯되고 또 그것은 지나친 욕심과 질투에서 태어나는 경우가 대부분이다.

우리가 열심히 지식을 쌓고 그 지식을 지혜롭게 닦아서 지성인이 되면 깨달음의 길에 들어서는 것이고 드디어 진정한 인간으로 태어난 행복을 음미하게 될 것이다. 비록 성현(聖賢) 같은 깨달음은 못할지라도 내가 현실의 많은 상황들을 깨닫고 나 자신이 세상을 살아가는 데 많은 어려움들을 이기고 인생의 즐거움과 행복을 찾을 수도 있을 것이다.

물론 우리의 삶이 힘들고 괴롭고 어렵지 않다면 일찍이 성인(聖人)들께서 나타나지도 않았을 것이다. 우리 인간의 문제들을 해결하기 위해서 성인들께서 자신들을 희생(犧牲)하면서까지 인간들이 괴로움에서 벗어나서 행복한 길을 가는 길을 제시하셨다. 그 외에도 수많은 현인들과 사회 봉사자들께서 가난하고 병들고 힘든 사람들을 위해서 헌신하고, 또 세상의 평화를 위해서 세상을 사신 분들이 많이 계셨기 때문에, 우리 현대인들은 그 옛날 사람들보다 훨씬 안정되고 평화롭게 살고 있다는 것을 느끼고 깨달아서 고마워해야 한다.

그러나 우리 인간의 진화가 빨라지고 과학이 발전하면서 상당한 부류의 사람들은 욕심이라는 것이 절제도 모르고 남을 배려할 줄도 모르고 끝이 없어졌다. 세상을 지배하려는 권력욕, 가졌으면서 더 가지려는 소유욕, 세상에 태어나서 수단과 방법을 가리지 않고 이름을 남기겠다는 명예욕, 말초신경의 극치만을 찾아서 음란 퇴폐에 도박하고 마약을 일삼는 환락욕! 그렇게 절제를 모르는 일부 몇 퍼센트의 극단적인 사람들이 온 세상을 어지럽히고 때로는 전쟁까지 일으킨다.

그러나 한편 생각해보면 사람은 욕심이라는 걸 빼놓으면 인간이 아니다. 욕심 자체가 삶이기 때문이다. 그 욕심 때문에 인간 세상은 날로 발전하면서도 그 욕심 때문에 수많은 갈등을 낳고 다툼을 낳고 나아가 전쟁으로까지 이어진다. 그 욕심의 크기만큼 스스로도 큰 상처를 받고 파멸로 가기도 한다. 이런 현상을 강제적으로라도 조절하기 위하여 법(法)이 만들어지고, 또 한편으로 인간의 양심에 의지하기 위하여 도덕(道德)과 예의(禮儀)가 가르쳐진다. 세상이 급속도로 발전하면서 경쟁은 더욱 치열해지고 법(法)은 더 복잡해지고 사람들은 더 많은 다툼과 고통에 신음한다. 사람의 인성(人性)은 갈수록 악화(惡化)되고 예의도덕(禮儀道德)은 생존경쟁(生存競爭)에 묻혀버렸다. 그래서 현재의 사람들은 더 혼란스럽고 더 고통을 받는다.

그래서 석가모니 부처님께서는 사람이 살아간다는 것을 일체 고(苦)라고 하지 않았던가? 그러나 많은 현인(賢人)들은 기쁨과 행복은 고통 속에서 태어난다는 것을 말씀하셨다. 슬픔과 고통이 없는 세상이면 기쁨과 행복만이 느껴지는 완전한 천국이 될 수 있을까?

하지만 인간의 양심(良心)을 기본으로 한 인성(人性)이 예의(禮儀), 도덕(道德), 신의(信義)로 무장되어 있다면 일생을 살아가면서 얼마든지 슬픔과 고통을 극복하고 기쁨과 행복으로 충만한 삶이 더 많아질 것이다. 행복과 불행은 마음먹기에 따라 또 내가 닦은 인성과 인격에 따라 크게 달라질 수도 있으니까.

그리스도는 인간 사랑으로 하나님의 말씀을 대신하셨고, 공자는 모든 선악(善惡)에는 하늘의 응답이 있다고 하셨고 석가모니는 선업(善業)은 선과(善果)로 악업(惡業)은 악과(惡果)로 보답을 받는다고 인과응보(因果應報)를 말씀하셨다. 특히나 퇴계 이황 선생께서는 주자학(朱子學)에 심취하셔서 이(理)-사단(四端)과 기(氣)-칠정(七情)을 인간 행동의 도덕규범(道德規範)으로 논(論)하시면서 理[측은(惻隱), 수오(羞惡), 시비(是非), 사양(辭讓)之心]는 하늘(天)과 사람(人)이 일관(一貫)하는 선(善)의 도덕규범(道德規範)으로서 기(氣)[희로애락애오욕(喜怒哀樂愛惡慾)]를 통한 인간의 선악적(善惡的)인 행동을 제도(濟度)해야 하고 그러한 정신을 평생 마음에 담고 살기 위한 경(敬) 사상의 실천을 지도자들에게 요구했던 것이다. 이는 우리가 사람으로서 어떻게 살아가야 하는가를 제시하신 것이다.

그래서 우리나라 옛날 선비들께서 존경받던 시절에는 우리 교육의 거의 80~90%가 삼강(三綱)[군위신강(君爲臣綱), 부위자강(父爲子綱), 부위부강(夫爲婦綱)]과 오륜(五倫)[부자유친(父子有親), 군신유의(君臣有義), 부부유별(夫婦有別), 장유유서(長幼有序), 붕우유신(朋友有信)] 등 도덕과 예의, 질서에 대한 교육을 중심으로 한 인성(人性) 교육과 인격(人格) 교육이었던 것이다. 그래서 살기는 어렵더라도 인간미가 넘치고 서로 배려하는 훈훈한 사회를 이룰 수가 있었고 한때 우리나라가 동방예의지국(禮儀之國)이라는 존경을 받기도 하였다.

지금 세상은 경쟁이 심한 힘든 세상이긴 하지만 많은 호기심과 즐거움과 기쁨, 그리고 옛날보다는 행복할 거리가 많은 세상이다. 수많은 가지가지 일들이 있고 어떤 어려움이라도 이겨내고 받아들일 마음의 자세만 되어 있다면 살 만한 세상이다. 그러나 반면에 그렇게 즐겁고 행복할 거리는 우리가 살아가는 데 꼭 필요한 예의와 도덕을 저만치 밀어내고 있는지도 모른다.

내가 가지고 있는 지혜와 환경만으로도 나를 깨닫고 열심히 산다면 비록 불행한 환경 속에서라도 기쁘고 행복한 마음을 찾을 수 있을 것이다. 또 세상은 늘 그렇게 불행 속에서만 살게 내버려두지 않게 하는 것이 틀림없는 하늘의 도(道)라는 것을 과거 현인(賢人)들의 말씀과 많은 사람들의 긴 삶을 통하여 분명히 알 수 있다.

더불어 성현(聖賢)들의 인간 사랑 정신을 깨닫고, 우리 인간 모두가 평화롭게 공생하기 위한 도덕과 질서로 근본(根本)이 되는 인성(人性)으로 자신을 무장하려고 노력한다면 또 보다 많은 사람들이 그렇게 살아가는 세상이 된다면 그야말로 우리 세상은 좀 더 아름답고 살기 좋은 세상이 될 것이다.

　그리고 항상 고마운 마음을 간직하고 내가 사랑하는 마음을 가질 때 행복은 늘 기다리고 있을 것이다. 우선 나를 세상에 태어나게 해주신 부모님에게, 또 형제자매 가족들에게, 자주 웃으며 인사하고 지내는 이웃들에게. 감사할 곳을 찾으면 너무나 많고 스스로 행복해진다.

　※미래학의 거장 짐 데이토(미국 하와이 대 교수)는 미래 사회 인류가 갖춰야 할 윤리는 삼강오륜(三綱五倫)이며, 삼강오륜이 바로 미래 사회 인류의 나침판이라고 하였다.

　근대 사회에서 개인의 자유와 권리는 보장됐지만 책임과 의무가 사라진 지금 시대에 인류에 화합을 가르치는 유학(儒學)이 필요하다고 하였다.

《명심보감(明心寶鑑)》에서

▶ 하늘의 뜻에 거역하지 말라

하늘의 뜻에 순종하는 사람은 살고 뜻에 거역하는 사람은 망한다.

孟子曰(맹자왈) 順天者(순천자)는 存(존)하고 逆天者(역천자)는 亡(망)하느니라.

* 孟子: 전국시대 추(鄒)나라 사람으로 이름은 가(軻)이고 자는 자여, 또는 자거이다. 공자의 사상을 발전시켜 유교를 후세에 전하는데 크게 영향을 끼쳤다.

▶ 하늘의 그물은 빠져나갈 수가 없다

오이씨를 심으면 오이를 얻고 콩씨를 심으면 콩을 얻는다. 하늘의 그물은 한없이 넓어 엉성한 듯 보이지만 그 무엇도 새어 나갈 수 없다.

種瓜得瓜(종과득과)요 種豆得豆(종두득두)니 天網(천망)이 恢恢(회회)하여 疎而不漏(소이불루)니라.

▶ 하늘의 마음이 곧 그대의 마음이다

하늘의 들으심은 너무나 고요하여 소리가 없다. 푸르디푸른 저 어디에서 찾을 것인가? 또한 높지도 멀지도 않으니 모두가 사람의 마음속에 있는 것을.

康節邵先生曰(강절소선생왈) 天聽(천청)이 寂無音(적무음)하나니 蒼蒼何處尋(창창하처심)고 非高亦非遠(비고역비원)이라 都只在人心(도지재인심)이니라.

* 소강절(邵康節): 송(宋)나라 사람으로 염계(廉溪), 장횡거(張橫渠)와 같이 송학의 선조로

일컬어진다.

▶ 악명(惡名)은 하늘이 그 기세를 덮는다

만약 선하지 못한 일을 하여 세상에 이름을 떨친 자가 있다면, 사람은 비록 그를 해치지 못하더라도 하늘이 그를 죽이고 만다.

莊子曰(장자왈) 若人(약인)이 作不善(작불선)이면 得顯名者(득현명자)는 人雖不害(인수불해)나 天必戮之(천필육지)니라.

*莊子: 기원전 4세기 중국 전국 시대의 사상가로 도가 사상의 중심인물이며 이름은 주(周)이다. 유교의 인위적인 예교(禮敎)를 부정하고 자연으로 귀의할 것을 주장하였다.

▶ 하늘은 그대 마음의 고향이다

하늘에 죄를 얻으면 빌 곳이 없다.

子曰 獲罪於天(획죄어천)이면 無所禱也(무소도야)니라.

▶ 모든 선악에는 응답이 있다

착한 일을 하는 사람에게는 하늘이 복을 내려 보답하고 악한 일을 하는 사람에게는 하늘이 화를 내려 보답한다.

子曰 爲善者(위선자)는 天報之以福(천보지이복)하고 爲不善者(위불선자)는 天報之以禍(천보지이화)니라.

▶ 선은 작을수록 아름답다

한(漢)나라의 소열황제가 죽으면서 후주(後主)에게 조칙을 내려 말했다. 선(善)이 작다고 하여 하지 않아서는 안 되며 악(惡)이 작다고 하여 쉽게 해서는 안 된다.

漢昭烈(한소열)이 將終(장종)에 勅後主曰(칙후주왈) 勿以善小而不爲(물이선소이불위)하고 勿以惡小而爲之(물이악소이위지)하라.

▶ 한결같이 선한 것을 실천하라

하루라도 선(善)한 것을 생각하지 않으면 모든 악(惡)한 것들이
스스로 일어난다.

莊子曰(장자왈) 一日不念善(일일불염선)이면 諸惡(제악)이 皆自起(개
자기)니라.

▶ 악인은 살아남을 수가 없다

악한 마음으로 가득 차게 되면 하늘이 반드시 베어버린다.

益智書(익지서)에 云하였으되 惡鑵(악관)이 若滿(약만)이면 天必誅
之(천필주지)니라.

* 益智書: 송(宋)나라 때 저작한 책 제목.

※ 운명은 우리를 행복하게도 불행하게도 만들지 않는다. 다만 그
재료와 씨앗을 우리에게 제공해줄 뿐이다.-몽테뉴.

▶ 천지간의 모든 일은 다 응보가 있다

뛰어난 묘약도 원한에 사무친 병은 고치기 어렵고, 뜻밖에 생
기는 재물도 운이 닿지 않으면 부자가 될 수 없다. 일을 생기게 하
고 나서 일이 만들어지는 것을 그대는 탓하지 말 것이며, 남을 해
치고 나서 남이 나를 해치는 것을 그대는 화내지 말라. 하늘과
땅 사이에 모든 일은 다 응보가 있다. 멀리는 자손에게 있고 가까
이는 자기 자신에게 있다.

梓童帝君垂訓(재동제군수훈)에 曰 妙藥(묘약)도 難醫冤債病(난의원채
병)이요 橫材(횡재)도 不富命窮人(불부명궁인)이라. 生事事生(생사사생)

을 君莫怨(군막원)하고 害人人害(해인인해)를 汝休嗔(여휴진)하라 天地
自然(천지자연)이 皆有報(개유보)하니 遠在兒孫近在身(원재아손근재신)
이니라.

* 梓潼帝君: 도가에서 문창부(文昌府) 및 인간의 녹적(綠籍)의 일을 맡은 신(神)이다.

※ 지금 나는 죽는다. 그리고 사라진다. 이렇게 당신은 말하리라.
그리하여 단숨에 무(無)로 돌아간다. 영혼도 육체와 똑같이 죽
어 없어진다. 그러나 인과(因果)의 결합점은 되살아난다. 나 자
신이 그 결합 점에 얽혀 있는 것이다. 그러므로 그 결합점이 나
를 창조해줄 것이다. 나 자신이 영원히 되돌아오는 인과의 일부
다.-니체.

※지식은 애써 공부하는 자에게, 부유함은 조심성 있는 자에게,
권력은 용감한 자에게, 하늘나라는 덕행이 있는 자에게 있다.
-프랭클린.

▶ 모든 일에 하늘을 원망하지 말라
꽃은 졌다가 피고 피었다가 다시 진다. 비단옷을 입었지만 다
시 베옷으로 갈아입게 된다. 호화로운 집이라 해서 언제까지나
부귀할 것도 아니며, 가난한 집이라 해서 언제까지나 적막하지는
않다.
사람을 부추겨 올린다 해도 하늘까지 오르는 것은 아니며 사람
을 밀어뜨린다 해도 깊은 구렁텅이까지 떨어지지는 않는다. 그대
에게 이르노니 모든 일에 하늘을 원망하지 말라. 하늘의 뜻은 사
람에게 후하거나 박함의 차별을 두지 않는다.
花落花開開又落(화락화개개우락)하고 錦衣布衣更換着(금의포의갱환

착)이라. 豪家未必常富貴(호가미필상부귀)요 貧家未必常寂寞(빈가미필상적막)이라. 扶人未必上靑霄(부인미필상청소)요 推人未必塡溝壑(추인미필진구학)이라. 勸君凡事莫怨天(권군범사막원천)하라. 天意於人無厚薄(천의어인무후박)이니라.

▶ 효도는 예의와 도덕의 기본이다

아버지 나를 낳으시고 어머니 나를 기르시니, 애달프다 부모님이시여! 나를 낳아 기르시느라 애쓰시고 수고로우셨네. 그 은혜 갚고자 하느니 드넓은 하늘처럼 끝이 없네!

詩曰(시왈) 父兮生我(부혜생아)하시고 母兮鞠我(모혜국아)하시니 哀哀父母(애애부모)여 生我劬勞(생아구로)삿다. 慾報之德(욕보지덕)인댄 昊天罔極(호천망극)이로다.

* 詩(詩經): 중국 최고의 시가 총집. 공자가 편찬하고, B. C. 11세기에서 B. C. 7세기까지 약 500년간의 시가를 모은 것이다.

▶ 효도하라, 그러면 받으리라

자신이 어버이에게 효도한다면 자식 또한 나에게 효도한다. 자신이 어버이에게 효도하지 않는다면 자식 또한 나에게 어떻게 효도할 수 있겠는가?

太公(태공) 曰 孝於親(효어친)이면 子亦孝之(자역효지)하나니 身旣不孝(신기불효)면 子何孝焉(자하효언)이리오.

* 太公: 주(周)나라 초기의 현자로 낚시질을 하다가 문왕(文王)에게 기용되었으며 문왕이 죽은 후 그의 아들 무왕을 도와 주(周) 왕조를 창건했다.

▶ 저 처마 끝의 낙숫물을 보라

효도하고 순종하는 사람은 또한 효도하고 순종하는 자식을 낳을 것이며 어버이의 뜻을 거스르는 사람은 또한 어버이의 뜻을 거스르는 자식을 낳을 것이다. 믿기지 않는다면 저 처마 끝의 낙숫물을 보라. 방울방울 떨어져 내림이 조금도 어긋남이 없도다.

孝順(효순)은 還生孝順子(환생효순자)요 五逆(오역)은 還生五逆子(환생오역자)라. 不信(불신)커든 但看簷頭水(단간첨두수)하라. 點點滴滴(점점적적) 不差移(불차이)니라.

※ 아아 내 아들들이여! 그대가 만약 부모의 은혜를 느끼지 않는다면 그대의 친구가 될 사람은 아무도 없을 것이다. 왜냐하면 부모의 은혜를 느끼지 않는 사람에게는 친절을 베풀어도 아무 의미가 없음을 알기 때문이다.-소크라테스.

※ 여명에의 인사 카리다사의 시(詩)
보라, 오늘은 생명이다. 생명의 생명.
오늘의 짧은 행로에는
너의 존재의 모든 진실과 현실이 담겨 있다.
성장의 기쁨 행동의 영광 화려한 성공
어제는 꿈에 지나지 않고 내일은 환상일 뿐
그러나 충실하게 지낸 오늘은
어제를 행복한 꿈이게 하고
내일은 희망의 넘친 환상이게 한다.
그대여 보라. 오늘을 인식하라! 하여 여명에의 인사를 하라.

▶ 선과 악

지구를 휩쓸었던 대홍수 때, 세상의 갖가지 동물들이 노아의 방주로 몰려들어 구해주기를 애원했다. 이때 선(善)도 급히 방주로 달려왔으나, 노아는 '선'이 배에 오르는 것을 허락하지 않았다. 노아는 "나는 짝을 갖춘 자만을 태운다."고 말하며 냉정하게 '선'을 박대했다.

그래서 '선'은 다시 숲으로 돌아가 자신의 짝이 될 상대를 찾았다. 마침내 '선'은 '악(惡)'을 데리고 배로 돌아오게 되었다. 이때부터 '선'이 있는 곳에는 반드시 '악(惡)'이 있게 되었다고 한다.

▶ 나무 열매

어떤 노인이 정원에다 나무를 심고 있었다. 그때 그곳을 지나던 나그네가 노인에게 물었다.

"노인장께서 언제 그 나무에 열매가 열리리라고 생각하십니까?"

"아마 70년쯤 후면 열리겠지요."

노인이 대답하자 나그네가 또 물었다.

"노인장께서는 그때까지 살아 계실 수 있겠습니까?"

그러자 그 노인이 대답했다.

"아니오. 그때까지 살 수는 없겠지만 그래도 그런 게 아니라오. 내가 태어났을 때 우리 집 과수원에는 많은 과일이 열려 있었소. 그것은 내가 태어나기도 전에 내 부친께서 나를 위해 심어놓으신 것이었지. 나도 아버님과 똑같은 일을 하고 있는 것이라오."

▶ 6일째

성경에 의하면, 세계는 제1일, 제2일, 제3일의 차례를 따라 만들어져서 6일째 되는 날에 완성되었다고 한다. 그 마지막 날인 6일째 되는 날에 만들어진 것이 바로 인간이다.

《탈무드》에 의하면, 한 마리의 파리조차도 인간보다 먼저 만들어졌다는 사실을 생각하면, 인간은 결코 오만해질 수가 없다. 이것은 인간이야말로 자연에 대하여 정말로 겸손한 마음을 가져야 한다는 것을 가르쳐주는 것이다.

▶ 시간은 생명

시간은 돈보다도 훨씬 귀중한 것입니다. 또 이 두 가지는 전혀 비슷하지도 않고 공통점도 없습니다. 왜냐하면 돈은 저축할 수 있지만 시간은 저축할 수 없으며, 한번 잃어버린 시간은 되돌려 받을 수 없기 때문입니다. 남에게 시간을 빌릴 수도 없습니다. 그리고 인생이라는 은행에 앞으로 얼마의 시간이 저축되어 있는지 알 수도 없습니다. 그러므로 '시간은 돈이다.'라는 말은 아주 틀린 말입니다. '시간은 생명이다.'라고 해야 맞습니다.

"소년은 부모가 생각하고 있는 것보다 3년 빨리 어른이 됩니다. 그리고 자신이 그렇게 되었다고 생각하는 2년 후에 진정한 어른이 됩니다. 여러분도 마찬가지입니다."

"인생에서 돈, 술, 여자, 시간은 도가 지나쳐서는 안 되는 것입니다. 처음에 세 가지는 누구든지 아는 일이지만, 맨 나중의 시간에 대해서는 별로 신경을 쓰지 않습니다. 무심코 쓸데없는 일에 시간을 흘려보내기 쉬우니까요."

-제3편-
세계 속에서 한국의 나를 보자

1. 동양 3국 속의 한반도
-이제 동양 평화의 주도자가 되자

한국의 역사와 문화는 중국과 한국 일본으로 이어지는 불가분의 관계에 있다. 한반도는 지형적 입장에서 살펴볼 때 4,300여 년의 긴 역사 내내 중국의 영향을 크게 받을 수밖에 없었다. 정치 안보적인 측면에서는 항상 거대 대륙 중국의 움직임을 주시할 수밖에 없었고, 사상과 문화적으로도 중국 춘추전국시대의 인의예지신(仁義禮智信)을 중심으로 한 공자(孔子)의 도덕철학과, 송나라 주자[朱子(朱熹)]의 성리학(性理學)을 받아들여서 퇴계(退溪) 이황(李滉)과 율곡(栗谷) 이이(李珥), 주자학의 선구자 안향(安珦) 등 많은 유학자들이 배출되어서 우리나라의 지도 이념으로 정착되어왔다. 불교 역시 중국을 통해 들어왔고 천주교도 자생적으로 발생했다지만 그 서적들은 역시 중국을 거쳐서 들어오게 되니 그야말로 중국은 떼려야 뗄 수 없는 관계였다고 볼 수 있다.

일본은 역시 우리 한국과의 지리적인 요건에서 크나큰 영향을 받지 않을 수 없었다. 고구려, 신라, 백제, 가야 등 3국 시대에 오랜 전쟁으로 패망한 나라에서 많은 유민들이 가장 가까운 일본으로 건너갈 수밖에 없었고, 그 뒤 고려 시대와 조선 시대에도 정권 다툼 과정에서 상당히 많은 사람들이 일본으로 건너갔으리라고 추정된다.

한편으로 1,600여 년 전 백제의 왕인박사가 천자문, 논어(論語) 등 유학(儒學)을 가르치고, 도자기 제조공, 대장공 등을 일본에 보내어 아스카 문화를 일으켰고, 불교가 전파되었으며, 조선시대에는 퇴계학이 일본으로 건너가서 일본에서 많은 퇴계학자들이 배출되고 도쿠가와 이에야스가 일본 지도 이념으로 받아들여서 일본을 안정시키고 부흥시키는 데 대단한 역할을 하였다. 그래서 도쿠가와는 일본 최고의 지도자로서 존경을 받고 있는 것이다.

이러한 관계에도 불구하고 수천 년의 역사 동안 우리 한반도는 중국 대륙과 일본 섬나라에 끼어, 중국에서는 수, 당, 거란 등의 수많은 침략으로 상당한 괴로움을 당하였고, 일본은 역사적 고마움을 외면한 채, 대륙 정복의 야욕으로 침략을 일삼아서 늘 곤욕을 치러왔다.

현재 우리가 남북 분단이 되어서 힘들어하는 것도 궁극적으로 따지고 보면 일본에 나라를 빼앗긴 후유증으로 국력이 쇠약해진 것이 원인이고, 더 큰 원인은 우리 지도자들이 우리나라가 처한 지리적 환경에서 나라의 위험과 안보를 망각하고 당파싸움과 세력 다툼을 일삼은 것이 가장 큰 원인이라고 볼 수 있을 것이다.

우리는 이러한 한국의 지정학적 위치에서의 불리한 점을 인식하고, 또 근세 역사에서 우리가 잘못하고 소홀히 한 점들을 철저하게 깨달아서 다시는 똑같은 전철을 밟지 말아야 할 것이다. 그러자면 우리 국민 모두가 항상 세상을 보는 안목을 키워서 가지고 있어야 하고, 특히 정치인들이 큰 눈을 갖고 늘 깨어 있어야 하리라고 생각된다. 그리고 미래를 이끌어갈 어린 세대에게 올바른 국가관과 역사, 전통, 사상 등 인성교육을 시키고, 숨 가쁘게 돌아가는 전 세계의 변화하는 상황에 현명하게 대처할 수 있는 능력을 키워줘야 할 것이다.

그러자면 국가의 내실을 다져서 힘을 키우는 동시에 국민의 인격 수준과 도덕 수준을 더 연마하고 높여서 정신적으로 세계를 평화로

리드할 수 있는 국민과 국가가 되어야 할 것이다. 그렇게 되면 세계에서 존경받는 대한민국 국민이 되고 세계 평화를 이끌어가는 나라로서 역할을 할 수 있을 것이며 그러면 주변국들과도 평화로운 이웃으로 살아갈 수 있을 것이다.

세상이 모든 사람을 배려하고 평화로운 세상을 만들어가려는 민주주의가 완성될 때 인간 세상에 평화가 올 것이며 또 그렇게 돼야만 한다. 그리고 이제는 전 세계의 모든 국가들이 각성하여 그동안 인간의 개발로 인해 급속도로 망가져가고 있는 지구의 환경을 살리는 데도 우리가 앞장서서 적극적으로 활동할 때 세계의 리더국이 될 수 있을 뿐 아니라 한국의 안전과 자연환경, 산업 발전에도 기여할 것이며 세계 평화를 리드할 수 있는 지름길도 될 수 있으리라고 생각된다.

대한민국의 평화는 대한민국 사람인 우리가 만들어나가야 한다. 기나긴 시달림의 역사를 끝내려면 동양 평화를 이끌어내야 할 것이다. 중국이 경제적으로 크게 발전하면서 미국이 중국을 견제한다. 그러나 중국의 커가는 대세는 막기가 힘들다. 그동안 세계의 평화와 질서를 미국이 주도해오면서 미국이 많은 출혈을 하고 힘이 들었음에도 불구하고 상당히 많은 적을 만들기도 하였다.

중국이 머지않아 미국과 대등한 국가가 되면 서로가 힘겨루기를 할 게 아니라 평화와 환경 등 지구촌의 많은 문제들을 해결하는 데 서로가 협력을 할 수 있을 것이다. 그렇게 되면 미국도 힘을 덜게 될 것이며 우리나라로서는 북한 문제를 풀어가는 데도 훨씬 수월하리라고 본다.

바로 이 동양의 평화를 주도하는 데 우리 한국이 역할을 충분히 할 수 있을 것이다. 이제는 어차피 강대국 간의 힘의 전쟁은 서로가 망하는 길이요 인류가 망하는 길이다. 그렇다면 서로가 평화로운 선의의 경쟁으로 세계를 이끌어가는 수밖에 없다.

남북통일을 전쟁 없이 민주적이고 평화롭게 또 경제적으로 큰 충격을 덜 받고 이루어내려면 반드시 미국과 중국의 협력이 필요하고 그러려면 미국과 중국이 새로운 세계 평화시대를 여는 협력이 절대로 필요하다. 이러한 분위기가 필요한 시기가 온 것도 같다.

　통신과 과학, 무기 등 각종 개발 속도가 빨라지면서 지구촌은 서로 간에 초속으로 소통이 되면서 협력과 경쟁을 하고 있는 반면 또 한편으로는 세계 곳곳에 위험의 단초가 도사리고 있어서 어느 순간 예상치 못한 전쟁이나 불상사가 터질지도 모르는 시대에 우리는 살고 있다. 특히 우리 한반도는 세계에서 가장 위험이 도사리고 있는 지역임에도 불구하고 정작 이 속에 살고 있는 우리는 60여 년의 불안한 평화의 관성에 젖어서 그 위험에 둔감해져 있는 것이다.

　이러한 위험성을 미(美), 중(中)을 비롯한 세계적 지도자들은 느끼고 있을 것이다. 우리는 이 세계적 위험성이 바로 우리 코앞의 일임을 절실하게 느끼고 스스로 우리의 생존권에 대해서 해결책을 강구해야 한다는 사실을 절실하게 깨닫지 않으면 안 된다. 그러자면 우선 정치권이 먼저 국가 안보의 문제에 대해서는 정권욕과 정권 투쟁을 넘어서지 않으면 안 된다.

2. 현 민주주의의 맹점

인간 세상이 부족 단위로 시작해서 국가 단위로 발전하면서 주로 힘을 바탕으로 한 왕권시대를 거쳐 왔다. 그 나라의 왕이 어느 정도 능력이 있고 훌륭하며 백성을 생각하느냐에 따라 백성들의 삶의 행복지수가 좌우되었다고 생각된다. 세상이 진화하면서 백성들의 언로가 커지고 개방되면서 불만과 요구사항을 다양하게 표출하게 되고 민주주의가 탄생한다. 또 다 같이 잘살게 해주겠다는 공산주의, 사회주의가 탄생하였다.

공산주의나 사회주의는 인간의 속성인 욕구를 너무 가볍게 본 것이 근본적인 문제이고 그 이념을 실행하기 위해서는 폭력이 동원돼야 한다는 데 큰 문제가 있는 것이다. 똑같이 잘살게 하겠다는 이론은 그럴듯하지만, 그 이념을 실행하는 주도권을 쥔 세력들이 자기들의 주도권을 이용해서 또 자기들만의 욕심을 채우기 위해서 온갖 권력과 재산권을 쥐고 백성들을 노예처럼 부리고 통치한다는 것이다.

50여 년의 실험을 통해서 그 커다란 문제점들이 다 드러났다. 옛 소련이 48년의 사회주의 통치를 자진 폐기했고, 유교사상의 종주국인 중국도 사회주의 이론만으로는 국민들을 먹여 살릴 수 없다는 확신 아래 등소평이 개인 재산권을 부분 인정하는 자본주의를 부분 도입하였다.

그리고 이미 다 잘 알다시피 북한은 공산, 사회주의도 아니다. 지구 상에서 가장 가난한 국가가 되었고, 국민들의 재산의 자유는 물론 통행, 언론 등 자유를 빼앗은 폭력 세력일 뿐이다.

그러면 현실의 민주주의는 완전한 것인가? 문제가 상당히 있다.

17~18세기에 일부 군주나 종교의 봉건주의(封建主義)를 타파하고 민주주의를 탄생시킨 곳이 그리스를 비롯한 유럽이다. 국민 다수의 많은 의견을 수렴하여 충분한 토론을 거치고 나서 다수결의 원칙으로 정책을 결정하는 민주주의가 가장 합리적인 국가 통치수단이긴 하다.

그러나 민주주의 국가에서 정권을 잡으려면 다수 국민의 표를 얻어야 하는데 국가의 살림 역량에는 관계없이 갈수록 복지에 대한 요구가 무리하게 늘어나다 보니 정권을 잡으려는 세력은 경쟁적으로 국가 재정에 무리가 가는 공약을 내세운다. 빚을 내서라도 공약을 한 각종 복지를 실행해야 하고, 선거가 있을 때마다 또 더 많은 복지를 내세워야 정권을 잡을 수 있다. 많은 국민들은 그 단맛에 맛을 들여서 국가 재정이 거덜 나더라도 복지 혜택을 줄이기는 어렵다.

여기에 지역 이기주의, 집단 이기주의까지 겹쳐서 많은 편 가르기가 일어나서 올바른 민주주의를 실행하지 못하고 있다.

물론 민주주의라는 것이 힘없고 가난한 많은 서민들을 고루고루 보살필 수 있는 정치 체제로 지금까지 나온 정치 시스템 중에서 가장 훌륭한 제도이긴 하다. 하지만 민주주의를 먼저 도입한 그리스를 비롯한 유럽의 예에서 보듯이 상당히 심각한 문제점들이 노출되고 있어서 늦게 시작한 우리는 이러한 부분들을 보완하고 수정해서 좀 더 선진화된 앞서가는 민주주의 제도로 개선할 필요가 있는 것이다.

민주주의를 먼저 실행한 그리스를 비롯한 유럽의 여러 국가에서는 국가의 재정이 파탄이 나기 시작해서 나라 경제가 엉망이 되어 국가는 부도가 나게 되었다. 결국 구제 금융으로 나라 살림을 꾸려가야 하게 되니 실업자가 넘쳐나고 서민들은 더 어려움에 빠지게 된다. 엄격히 따지고 보면 현 민주주의 시스템은 결과적으로 국가 부도로 이어질 가능성이 많은 구조로 되어 있는 것이다.

뒤늦게 자의 반 타의 반으로 민주주의에 동참한 대한민국도 복지 속도가 너무 빨라져서 2013년에는 국가 전 예산의 약 30% 정도가 복지 예산으로 책정되어 있다. 이것도 모자라서 여야 정당들은 국가 재정 역량에는 아랑곳없이 복지로 정권 쟁탈전을 벌이고 있다. 그렇다고 국가 재정을 걱정하면서 표를 행사하는 국민은 소수에 불과하다. 나에게 당장 이익이 돌아와야 그쪽으로 표를 찍어준다.

이러한 심각한 구조의 맹점을 해결할 수 있는 곳은 법을 만들고 뜯어고치는 국회가 유일한데, 이미 민주 선진국이 이러한 맹점의 본보기를 보여주고 있는데도 불구하고 우리 국회는 나라가 부도가 나든 말든 표를 의식한 복지 더해주기 경쟁을 벌이고 있으니, 우선 선거 시스템을 탓해볼 수밖에 없다. 알면서도 고치지 못하는 것은 우리 국회 시스템이 정권 다툼을 할 수밖에 없는 구조이기 때문이다.

그렇다면 지금의 제도에 문제가 있는 것이다. 문제는 선거의 구조와 제도에서 찾아야 하지 않을까 싶다. 가장 대표적인 것이 국회의원의 선출 방법이다.

국회의원은 국가를 중심으로 모든 정책을 논(論)해야 하는데 당에서 내세우고 지역 지방에서 뽑다 보니 바른 정책이 아니라 무조건 당에 충성을 해야 하고, 또 자기 지역에 무엇을 해주겠다고 공약을 해야만 표를 얻고 당선이 된다. 그래서 국가와 국민들을 위해서 만들어져야 할 정책들이 국가의 이익과는 상관없이 당의 수만큼으로 쪼개져서 모든 정책이 당파싸움과 정권 다툼의 싸움거리로 변질되고, 또 자기 소속 지역의 표를 계산한 지역 이기주의에 매몰되어서 지역 간 싸움장이 되니 결국 국회라는 데는 늘 싸움장이 될 수밖에 없는 것이다. 그렇다고 충분한 토론을 거쳐서 다수결의 원칙을 적용하는 것도 아니다. 자기 당의 입맛에 맞지 않으면 거리로 나가거나 힘겨루기로 민주주의 행사를 막는다.

그리고 나라를 운영하는 모든 법을 국회에서 만들다 보니 우리나라 국회의원들의 특권은 상상을 초월한다. 각종 궤변과 막말을 하고 폭력을 휘둘러서 국가 지도층으로서의 도덕성과 물을 흐리고 법을 어겨도 웬만큼 큰 사건이 아니면 국회의원을 제재하고 감시할 방법도 기구도 없다.

이와 같은 국회의원의 선거구조와 제도를 바꾸지 않는 한 앞으로도 국회는 국민들을 위한 정책 토론장이 아니라 자기들 정권 쟁투를 위한 싸움장이 될 뿐이다. 이러한 국회의 잘못된 구조에 따라서 국민들도 거의 고정적으로 두세 쪽으로 갈라져 있으니 국민의 화합이 어렵고 국가는 힘이 약해질 수밖에 없다.

당에서 국가 정책들을 연구하고 파악해서 창의적인 안들을 만들어서 내놓는 데 열중하는 것이 아니라 상대 당 흠집 내기나 헐뜯기에만 온 힘을 쏟고 있는 것이 너무나 치졸해 보인다. 결국 정권욕이라는 것이 눈앞을 가리고 있어서 앞이 어두워지고 사리분별이 잘 안 되는 것으로 보인다. 국민들의 눈높이나 인격 수준보다도 더 떨어진 곳이 국회다. 국민들을 화합이 아니라 패로 갈라놓는 진원지가 바로 국회라는 곳이다.

이러한 결과는 결국 국민들의 피해로 돌아온다. 국민들도 여당 편, 야당 편으로 거의 고정적으로 갈라지고, 이 편 가르기는 우리 사회에 나쁜 습성으로 고착화되어 어떤 모임에서도 으레 편이 갈라져서 티격태격 싸우면서 많은 스트레스를 받는다. 사람들은 우리 국회가 하는 행태를 그대로 배우는 모양이다.

국회에서 다뤄지는 수많은 각각의 안들은 모두가 다른 성격과 전문성을 가지고 있다. 그런데 어떻게 당의 의견만으로 나눠질 수 있는 것인가? 이것은 비민주적이다. 같은 당이라도 당내에서 의견이 달리 나오는 것은 당연하다. 다만 어느 당에서 가장 합당하고 올바른 정책을 많이 내놓아서 다수의 지지를 받느냐가 돼야 하는데, 수많은 안들이 정권 다툼으로 연결되는 것이 우리 국회의 심각한 고질병인 것이다. 그래서 존경받아야 할 국회의원들이 각종 저속한 별명으로 지탄을 받고 있는데, 이는 결국 우리가 스스로에게 욕을 하고 있는 셈이다.

그러면 어떻게 해야 하는가? 이런 맹점을 해결할 수 있는 묘책이 없을까? 가장 중요한 것은 선거구조와 제도를 지금의 맹점을 혁신할 수 있는 제도로 바꿔야 하리라고 본다. 문제점이 있는 제도를 혁신하지 않으면 앞으로도 우리 국회에서 모범적인 민주주의를 보여주고, 도덕적이고 페어플레이 하는 국회의 모습을 보여주기는 힘들 것이다. 우리나라가 민주화되면서 국가의 모든 사업의 안건들이 거의 국회를 통과해야만 실행할 수 있는 구조로 되어 있다 보니 우리 국회는 늘 싸움장이요 당의 투쟁장이 될 수밖에 없고 국민들은 국회에 대해서 불신을 넘어 국가 발전의 걸림돌로 생각하고 있는 것이다.

우리나라가 50여 년 동안 경제의 기적을 이루면서 발전하기까지 기업들은 전 세계를 상대로 갖은 노력을 통해서 세계를 품어 안는 동안 우리 국회는 우물 안 개구리가 되어 권력 잡기 투쟁에만 매달려서 국가 발전의 걸림돌로 국민의 미움을 받고 있는 것이다.

그러면 어떻게 바꿔야 할까? 우선 국회가 지나친 정권 다툼장이 되고 지역 이기주의화되는 원인을 제거해야만 할 것이다. 그러자면 지금의 총선 구조를 아예 폐기하고 새로운 틀을 짜야만 하리라고 본다. 우선 국회의원의 50% 정도를 당에서 해방을 시키는 것이다. 당과 지역의 눈치를 보지 않고 순수하게 대한민국과 국민들만을 의식하고 일할 수 있도록 하는 것이다. 그래서 50%는 각 분야의 인격을 갖춘 전문가들로 후보 등록을 해서 대선 때 전국구로 뽑도록 한다. 그런데 중요한 것은 어느 지역이나 어느 당에도 구애받지 않고 순수한 무소속으로 일할 수 있도록 헌법에 명시를 한다는 것이다. 그래서 국정을 연구하고 토의하며 법을 만드는 데 있어서 국가와 국민만을 위해서 일할 수 있도록 제도적으로 뒷받침을 하는 것이다. 그리고 나머지 50%를 당 소속으로 해서 국회의원 모두를 대선과 함께 전국구로 뽑는다. 그리고 국회의원의 임기를 대통령 임기와 같이한다. 이렇게 하면 선거비용도 줄일 수 있을 뿐 아니라 이중으로 겪는 선거로 인한 국민들의 혼란을 크게 줄일 수 있을 것이다.

지금의 국회의원들 중에도 전문가들이 있긴 하지만, 많은 국회의원은 그렇지 못하다. 나라의 법을 만드는 데에는 우리 국가, 사회, 가정뿐 아니라 지구촌이 돌아가는 상황까지 세세하게 살피고 법을 만들고 관리할 수 있는 높은 인격의 기술자가 반드시 필요한 것이다. 우리 5천만 국민이 사용하고 지켜야 할 법을 만드는데, 눈앞에 권력이 앞을 가리고 있으면 꼭 필요한 시기에 제대로 된 법을 만들기는 어렵다는 것을 현 국회가 생생하게 보여주고 있지 않은가?

그리고 반드시 덧붙일 것은 국회가 창의적이고 도덕적이며 모범적인 국회 활동을 하고 있는지? 또 각 의원들이 그와 같이 잘하고 있는지를 감시할 수 있는 국민 감시 기구를 만들어서 국회의원 선거와 동시에 같이 뽑아야 할 것이다. 그래서 국회 감시위원들은 순수 명예직으로 보수가 없이 그때그때 활동비만 제공받는 제도로 만드는 것이 좋지 않을까 생각된다. 그리고 국회 감시 활동을 하다 보면 현실 민주주의의 맹점과 국회의 문제점들이 하나하나 드러나서 효과 있는 개선이 충분히 이뤄질 수 있으리라고 여겨진다.

이렇게 국회를 혁신하면 당과 지역의 볼모가 되어서 허구한 날 투쟁

일변도의 국회 모습은 달라질 수 있고 다음과 같은 장점이 있을 것이라고 본다.

첫째는 당적이 없는 50%의 순수한 전문가들은 순수하게 국가 발전을 위한 연구에만 매진할 것이며, 각종 안건을 상정하고 토론할 때 당을 떠나서 국가와 국민을 중심으로 두고 하게 될 것이며,

둘째는 국회에서 지나친 세력 다툼이 힘을 잃게 되어 당권 싸움이 국가와 국민을 위한 정책 경쟁으로 바뀌게 될 것이고,

셋째는 우리나라의 고질병인 지방색이 줄어들어서 정치로 인해 갈라지는 국민들의 쓸데없는 스트레스가 줄어들 것이다.

넷째는 정치인들의 싸움이 줄어들면 현재 북한의 위협이 상존해 있고, 주변 국제 정세마저 미국, 일본과 중국의 세력 다툼으로 상당히 어려움을 겪고 있는 이 시기에 국민들의 화합과 단결이 이루어질 수 있을 것이고, 이렇게 나라가 단결이 되면 국가의 안보가 더 튼튼해질 것이고 국회가 창의적으로 바뀌면서 경제 발전과 일자리 문제도 탄력을 받을 것이다.

다섯째, 정치인들에게 큰 부담으로 작용하는 복지 공약의 남발이 줄어들어서 국회의원들이 보다 순수하게 국가 차원에서 일을 하게 될 것이며, 또한 도덕적이고 인격을 갖춘 국회의원들로 거듭나서 존경을 받는 지도자로 거듭날 수 있으리라고 기대할 수 있을 것이다.

동지 여러분! 우리에게는 강인한 정신과 불굴의 의지가 있습니다. 솔직하지 못하고 거짓이 많은 국민으로 망하지 않은 국민이 어디 있으며, 거짓이 많은 채 부흥하는 나라가 어디 있습니까. 그런 국민, 그런 나라는 이 지구상에 하나도 없습니다. 더구나 남의 나라를 강탈하고, 남의 나라 국민을 노예로 삼는 나라는 반드시 멸망할 것입니다. 준비 없는 계획이 있을 수 없고, 즉흥적으로 벌이는 운동은 성공할 수 없습니다. 우리에게는 철저하게 준비하고 분명하게 실천해 나아가는 계획된 의지, 철저한 준비가 부족하다는 결점이 있습니다. 우리나라가 일본에게 강탈당한 것도 바로 그런 결점의 결과입니다. 한 번 잘못한 일은 오래오래 남습니다. 그 잘못을 고치고 다시 일어서야 합니다. 그러기 위해서 우리는 오늘 여기 모였습니다.

동지 여러분! 우리 조국을 망하게 한 것은 이완용만이 아닙니다. 나에게도 그 책임의 일단이 있다고 생각합니다. 우리 민족 우리 국민들이 저마다 망국의 책임을 느끼고 망국의 한을 삼키며 그 책임을 가슴 깊이 느껴야 합니다. 그런 생각, 그런 깨달음을 가지는 국민들이 많으면 많을수록 조국 광복의 길은 빨라질 것이고 새로운 희망의 날이 성큼 밝아올 것입니다.

생각이 같다고 해서 성격도 나와 같다고 여기지 말고, 또 나와 같아지기를 바라지 마라. 매끈한 돌이나 거친 돌이나 다 제각기 쓸모가 따로 있는 법이다.

나는 강한 힘은 건전한 인격과 화합 단결에서 나온다는 것을 확신한다. 그러므로 인격 훈련과 단결 훈련 이 두 가지를 청년 여

러분에게 간절히 요구하는 바이다. 우리 사회가 왜 이렇게 차가운
가? 훈훈한 기운이 없는 것은 서로 사랑하며 믿는 마음이 부족하
기 때문이다. 다 함께 존경하고 믿는 마음으로 빙그레 웃는 세상
을 우리 함께 만들고 서로 손잡고 웃으면서 나가자.

※ 우리는 우리가 나라를 빼앗겼을 당시 우리 민족의 자존심을
　일깨워준 탁월한 선각자 안창호 선생의 독립운동 연설을 되새
　겨본다. 미국 로스앤젤레스 동쪽 리버사이드 시에는 세계적인
　민족 지도자의 동상 3개가 우뚝 서 있다. 그 동상은 인도의 간
　디, 미국의 루 터 킹 목사, 한국의 안창호 선생의 동상이다. 세
　계적으로 추앙받을 만큼 훌륭한 리더십과 탁월한 영도력을 보
　여준 인물로서 국가와 민족을 구별하지 않고 선정하여 건립한
　것이다.

-제4편-
국가 만년대계 인성교육

1. 인성교육과 인격수양

이제 가장 절실(切實)하고 중요한 것은 인성(人性) 교육이다.

지금까지의 성공은 절반의 성공이다. 그동안 나라를 빼앗겼던 36년, 독립의 기쁨도 잠시, 다 같이 잘살게 해주겠다는 허울 좋은 속임수 아래 6·25 남침을 당해서 온 나라가 잿더미로 변했던 처절한 나라-대한민국! 그 잿더미 속에서 초근목피로라도 생명을 유지해서 살아남는 것이 최선이었다. 쌀밥은 사치였고 보리밥, 조밥이라도 굶지 않고 먹을 수만 있다면 부자였다. 그렇게 굶주린 허리를 졸라매고 모두가 죽을힘을 다해 일을 했고, 국민들도 박정희 대통령의 경제개발 5개년 계획과 새마을운동의 시작으로 조금씩 힘을 얻어 용기를 내었다. 그렇게 40~50여 년 먹는 것이 해결되고, 이제는 남보다 잘살고 부자가 되는 것이 최대의 목적이고 목표였다.

그래서 돈 좀 벌고 집이라도 사면 너무나 기뻐서 으쓱거렸고, 여기에 더 돈을 벌어 땅이라도 사고 자가용을 사면 남을 사선으로 보면서 으스댔다. 그렇지 못한 사람들은 그렇게 돈을 많이 벌고 으스대는 사람들이 부럽기도 하지만 시기와 질투의 대상이 되었다. 우리는 황무지 속에서 아무렇게나 자라난 길고 짧은 들풀이었다.

우리가 36년 동안 나라를 빼앗기고 전쟁을 겪으며 산 지 약 100여 년! 우리의 아름다운 전통이 무너지고 예의와 도덕이 사라졌다. 인성이 망가지고 인격이 초라해졌다. 그 고고하던 선비 정신은 간 데가 없다. 일본이 우리를 지배하면서 우리 민족의 기를 말살시키고 자기들의 종처럼 부려먹으려 했고, 정신 나간 일부 아전들은 여기에 아부하면서 나라를 갖다 바쳤다. 독립은 되었는데 또다시 정권 다툼에 나라는 반 동강이 나고, 다행히 자유민주주의 대한민국을 지켜내고 죽기 살기로 온 국민이 일해온 결과 이제는 경제적으로 어느 정도 성공한 대한민국이 되었다.

그런데 왜 우리 대한민국이 그렇게 힘들어할까? 자살률이 세계 1위이고, 이혼율도 세계 1, 2위라고 하니 우리가 사는 것이 행복하지 않다는 것이다. 물질적으로 살아가는 마음의 수준과 기준은 상당히 높아졌는데 이를 맞추고 따라가려니 너도 나도 힘들다. 사회적 가치관이 물질과 명예, 권력, 유행 등에 맞춰져서 예의와 도덕, 배려심에 대한 가치관이 사라진 살벌한 세상으로 변했기 때문이다.

그래서 높아진 물질, 명예, 유행 등에 따른 삶의 수준에 못 미치는 많은 사람들은 숨이 차게 허덕거릴 수밖에 없다. 대부분의 사람들이 상대방의 잣대를 이 기준에 들이대고 사람을 평가하기 때문이다.

도덕심이 높고 원칙을 지키는 지도자나 스승, 또는 청렴결백하고 충성스러운 관료 등은 지금의 사회 분위기로 볼 때 무능력한 인간으로 취급되기 십상이다.

그러니 지금과 같이 도덕심과 원리원칙이 사라지고 물질과 돈의 가치만이 설치는 세상에선 훌륭한 인물을 찾기가 어려운 것이다.

또 돈을 많이 벌어 부자가 됐다 하더라도 이 사회가 보는 눈은 그렇게 부드럽지가 않다. 무조건 시기와 질투의 대상이 되기도 하고, 많은 사람들은 부정의 연결고리가 있을 것이라고 믿는다. 우리의 경제 성장 과정에서 민관(民官)을 가릴 것 없이 여러 관계에서 부정부패가 너무나 많았고, 지금도 그 고리가 남아 있기 때문이다.

사람이 인간답게 살아야 할 도덕과 예의가 사라지고 인성교육이 사라지다 보니 세상이 이렇게 변한 것이다. 그렇게 되니 가정과 사회의 질서가 무너지고 이기심만 판치는 세상이 된 것이다. 교육도 치열한 경쟁 논리로만 가르치니 무조건 남을 이기고 눌러야만 존재의 가치가 있다고 생각한다.

인성교육이 사라지니 양심과 정직성이 같이 사라지고, 남을 배려할 줄 모르고 자기 조절 능력이 떨어져서 절제할 줄 모른다. 보이스피싱, 스미싱 등, 별의별 사기가 극성이고, 성문화의 타락으로 인한 퇴폐와 마약, 게임 중독, 그야말로 악(惡)의 천국이요, 도덕의 난세(亂世)가 되어간다. 그렇게 세상이 타락해가는데도 이것이 시류고 현 세상의 가치라고 착각하는 정신 빠진 사람들이 늘어나서 오히려 난세를 한탄하고 걱정하는 사람을 바보로 취급한다.

이제 인성교육도 이상(理想) 교육만으로는 안 된다. 유대인들처럼 철저한 가정의 밥상머리 교육에서부터 4차원 교육(유대인의 특수한 교육 방법)이 절대적으로 필요하다. 그들은 아버지 교육을 통해서 영적인 인성교육(쉐마 교육)을 시키고, 어머니는 사랑과 정서(EQ)를 가르친다. 토라와 《탈무드》를 가르치면서 서로 질문하고 토론하고, 613개의 율법과 수천 개의 율례를 지키고 실천하도록 이상 교육과 실천 교육을 같이 한다.

우리가 그들의 교육을 본받아야 할 이유는 결과로 나타난다. 거듭 이야기하지만 전 세계 1,500여만 명밖에 안 되는 인구로 노벨상의 30%를 그들이 수상할 수 있다는 것만 갖고도 그들의 인성교육 시스템을 본받지 않을 수 없다.

맹자(孟子)가 항산항심(恒産恒心)[백성들의 배를 채우는 것과 도덕을 실천하는 것]이 정치의 요체라고 강조했듯이 백성들에게 먹을 것이 있어야 윤리 도덕이 나온다고 했는데, 우리나라가 역사상 그 어느 때보다 국가의 위상이 올라가고 국민들의 삶이 여유로워지다 보니, 상당히 많은 국민들은 이웃을 돌아보고 나라의 안녕을 생각하면서 다 같이 행복하게 살려고 노력하고 있다. 그리고 치열한 경쟁과 높은 교육 덕분에 경제는 물론, K-팝을 비롯한 문화와 체육 등에서 세계에 자랑할 만한 기업과 인물들이 많이 탄생해서 우리 국민들을 즐겁고 자랑스럽게 하고 있다.

하지만 한편으로 우리나라의 현실을 깊이 살펴보면 아직 어두운 구석도 너무나 많다. 세계에서 자살률이 1위로 하루 평균 약 29명이나 자살한다고 하고, 행복지수는 2012년 말 기준으로 148개국 중 100위권 전후라고 한다. 도덕(道德)과 신의(信義)가 사라져가고 최소한의 양심을 내팽개친 각종 사기와 파렴치범들이 판치는 무서운 세상이 되어가고 있다. 심지어는 제 부모를 죽이는 존속 살인을 하고도 양심에 부끄러움이 없는 사탄 같은 인간들이 같은 세상에 살고 있는 것이다.

돈이라는 것이 모든 것에 앞서는 만능이 되다 보니 돈을 위해서 양심을 팽개친 지는 오래되었고 갖가지 상상할 수 없는 지능들을 동원한 각종 사기와 유혹들이 너무나 많아서 지금 세상에서 이러한 유혹에 당하지 않고 살 수 있는 것 자체가 어려운 형편이다.

어쩌다 이렇게까지 양심이 사라진 세상이 되어버렸을까?

가장 큰 원인은 우리나라에 자원이라고는 인력 자원밖에 없다 보니 무조건 치열한 경쟁과 개발을 통해서 돈을 벌고 부를 창출하는 것만이 최선의 길이요 최고의 가치라고 생각했던 것이다. 그렇게 해서 극히 짧은 기간에 상당한 성과를 이룬 것은 사실이지만 같이 살아가야 할 예의와 도덕 그리고 서로 간에 배려(配慮)하고 법과 질서를 지키고 인화(人和)할 수 있는 참다운 인성의 가치가 동반해주지 않았기 때문에 우리의 삶은 고단하고 힘든 것이다.

그러다 보니 학교에서는 친구를 이겨야 내가 살아남고, 사회에서는 남이 잘되는 것을 막아야 상대적으로 내가 득을 보고, 정치에서는 상대방을 무조건 끌어내려야 내가 권력을 쥐고, 그래서 우리 사회에 '사촌이 땅을 사면 배가 아프다.'는 고질병까지 생겨난 것이 아닌가! 참으로 가슴 아픈 현실이다.

이 병은 근본적으로 우리나라의 화합을 해치고 나라를 약하게 만들며 결국 우리 국민들 모두를 불안하게 만들고, 불행을 가져다줄 뿐이다. 그러면서 점점 갈수록 비인간적이고 비양심적인 치졸한 사람들이 세상에 판치면서 우리 모두를 불행의 구덩이로 이끌어가고 있는 것이다.

우리는 근세 100여 년 동안 사람의 기본 가치인 인성과 인격에 대해서 잊고 산 듯하다. 조선조 후반에 민생과 안보의 위기에는 아랑곳없이 계속해서 이어져온 당파싸움과 왕가의 권력싸움으로 결국은 나라를 일본에 빼앗겼고, 일본은 우리 민족의 기를 말살시키기 위하여 우리나라 전 강토를 유린하고 파괴하면서 5,000여 년 우리 역사의 유물들을 모두 훔쳐 갔고 40여 년 동안 별의별 잔인한 방법으로 우리 민족을 괴롭혔다.

그렇게 비인간적인 일본이 2차 대전에 미국의 원자탄 두 방에 패망하면서 겨우 독립을 했는가 싶었는데, 공산 세력의 침략으로 온 나라는 또다시 전쟁의 쑥대밭이 되어버렸다. 아직도 남북으로 갈라진 북쪽에서는 실패한 이념을 권력의 도구로 붙잡고 있는 것이 현실이다.

근세 100여 년 동안 오직 살아남기 위한 몸부림으로 공생(共生)의 기초인 예의 도덕(禮儀 道德)과 함께 우리나라의 아름다운 전통인 배려의 마음이 사라지고 극단적인 이기주의만 팽배해진 것이다.

다시 정리해보면 첫째는 좁은 강토에서 우물 안 개구리처럼 당파싸움과 권력싸움에만 몰두해서 나라를 약하게 만들어서 드디어는 나라를 빼앗긴 것이었고, 두 번째는 지나친 이기주의에 눈이 멀어서 상생(相生)의 근본인 예의, 도덕, 배려(禮儀, 道德, 配慮)의 정신을 잃어버린 것이었고, 세 번째는 경제의 기적으로 물질의 달콤함에만 취해서 자식 세대(世代)에까지 경쟁 이기주의만을 가르치고 남을 배려하는 인성(人性)과 예의교육(禮儀敎育)을 시키지 않고 무시해버린 것이 큰 원인이었다고 볼 수 있다. 그동안 물질 풍족의 달콤함에 취해서 얼마나 미련하게 살아왔는지를 지도자들을 비롯한 우리 모두가 깨닫지 못하고, 잘살기만 하면 모든 것이 해결될 것이라고 악착같이만 살아왔던 것이다.

그래서 사람의 잣대가 인성과 인격이 얼마나 훌륭하고 사회의 법과 질서를 잘 지키며 사회를 위해 얼마나 공헌을 했느냐에 있는 것이 아니라, 그 사람의 직분이 얼마큼 높은가, 집이 얼마나 큰가, 자가용은 얼마나 좋은 차를 타느냐, 재산을 얼마큼 많이 가지고 있느냐로 평가하는 세상이 되어버렸다.

다행히 도덕과 예의가 무너진 사회 환경 속에서도 상당히 많은 사람들은 자신이 맡은 자리에서 우리 한국이 처한 현실이나 사회적 병폐 등을 걱정하면서, 스스로 인격이나 품위를 잃지 않고 최선을 다하여 맡은 바 책임을 다하고 있다. 또 상당히 많은 사람들이 예의와 질서를 지키려고 노력하고, 어려운 사람들을 위하여 봉사에 나서고, 희생정신을 발휘함으로써 우리나라 우리 사회를 훈훈하게 만들어준다. 이런 분들이 상당히 계시기 때문에 그나마 우리나라와 사회가 무너지지 않고 견디고 있는 것이다.

지금 세계는 경제전쟁 시대에 돌입해 있다. 우리나라가 50여 년 동안 4,000년 역사상 유례가 없는 경제 발전을 해왔는데, 이제는 중국을 비롯한 많은 나라들이 경제 발전에 눈을 떠서 앞으로는 경제 발전이 과거보다 힘들어질 것이다. 이제부터는 우리나라에 인성과 인격의 성장이 경제 성장과 같이 가줘야만 할 것이다. 그래야만 세계 속에서 한국인에 대한 인식이 달라지고, 한국의 위상과 한국 제품의 브랜드 가치도 따라서 올라갈 것이다.

우리에게 절박한 것이 질 높은 인성교육이다. 그러려면 세계에서 유일하게 인성교육도 경세도 과학도 성공한 유대인들에게서 배우는 길이 좋은 방법이라고 생각된다. 다행히 너무나 고맙게도 한국의 인성교육을 위하여 유대인들의 인성교육 시스템을 연구해서 세계 최초로 논리적인 인성교육 노하우를 개발하신 IQ, EQ 박사 현용수 님의 교육 시스템에서 큰 도움을 받을 수 있을 것이다. 20여 년 이상을 유대인 랍비 사회에 들어가셔서 그 어려운 도전들을 극복하고 그분들의 인성교육의 노하우를 논리적이고 체계적으로 규명하고 연구하셔서 세계 최초로 발표하신 현 박사님께 감사를 드리지 않을 수 없다.

▶ 한국 가정의 문제점

• 한국의 아버지들은 자녀의 교육을 여자에게 미뤄왔다. 가정은 여자가 책임진다고 교육받아왔기 때문이다. 아버지들은 돈만 벌어다 주면 책임을 다했다고 생각해왔다.

• 이혼율이 세계 1~2위를 다툴 정도로 높아서 가정이 불안하기도 하고, 여성들이 남성에 대한 부정적인 인식 때문에 싱글 마더에 대한 선호도가 높아지고 있다는 것이다.

• 청소년(15~24세) 자녀 중 부모와 같이 살고 있는 청소년의 60.1%가 "아버지와 대화가 부족하다."고 한 반면 "어머니와의 대화는 71.1%가 만족한다."고 한다. 또 한국의 부부들은 5쌍 중 1쌍꼴로 심각한 부부 갈등을 겪으면서도 자식 때문에 결혼을 유지한다고 한다(국민일보, "의무는 NO! 권리는 OK!… 간 큰 얌체족 늘어난다", 2006년 2월).

• 우리의 가정관이 잘못되었다. 한국의 중년 남성들은 어려서부터 이런 말을 들으며 자랐다. '영웅호걸은 술과 여자를 좋아한다' '퇴근 후 일찍 들어가는 사람은 무능한 사람이다' '아내는 일주일에 한 번씩 때려줘야 한다' '남자는 뭐니 뭐니 해도 돈만 벌어다 주면 그만이다' 이러한 말들을 술좌석에서 자랑이라고 늘어놓는다. 아직도 이러한 시대에 뒤떨어진 사고를 가지고 있

는 기성세대들이 상당수가 있다.

- 이러한 남성상을 가진 사람들은 아무리 고위직에 올라도 삐뚤어진 습관을 버리지 못한다. 검사 출신 국회의원이 폭탄주를 마시고 옆 자리의 여기자를 함부로 만져놓고도 대수롭지 않게 생각한다(동아일보, 2006년 2월).

- 가정에서 어머니나 자녀들이 아버지로 인해 아픈 상처를 갖게 되는 경우가 많다. 그 이유는 아버지를 가르칠 뚜렷한 교육 내용인 아버지 신학이 없기 때문이다. 따라서 아버지들이 자녀들을 어떻게 교육을 해야 할지 모른다는 것이다. 그 이유로는
첫째, 가정에서 이상적인 아버지의 역할 모델을 보고 자라지 못했기 때문이다.
둘째, 가정과 학교에서 아버지의 역할에 대한 최소한의 교육도 받은 적이 없기 때문이다.
셋째, 교회에서는 가정이나 교회에서 아버지 역할을 가르쳐줄 아버지 신학이 없기 때문이다.

- 자녀가 제대로 된 부모의 가르침을 받지 못하고 자라면 심리적, 육체적으로 문제가 생기고 인간관계와 사회성, 지능 개발에도 문제가 발생한다. 따라서 부정적 결과는 바로 그들이 속한 사회의 문제점으로 나타난다. 때문에 건강한 가정을 만드는 일은 건강한 사회를 만드는 가장 기본적인 과제다.

- 가정은 사람을 만드는 공장이다. 불량품이 아닌 고품격 자녀를 만들기 위해 가정이란 공장은 어떻게 구성돼야 할까? 가정은

아버지와 어머니 그리고 자녀, 세 부분으로 구성되어 있다. 기하학적으로 삼각형은 안전하고 안정된 형태다. 아버지는 사상, 힘, 권위의 상징이며, 어머니는 사랑, 정서, 동정의 상징이고 자녀는 희망의 상징이다.

• 현대 한국 학교에서는 제자는 없고 선생으로부터 단순 지식만을 전수받는 학생만 있다. 더 안타까운 것은 현대를 사는 교사들도 제자들에게 스승으로서 삶의 모본이 되는 모습을 점점 보이지 못하고 있다는 점이다. 그저 단순히 얄팍한 지식만을 팔아먹는 교사로 전락하고 있는 것이다.

• 한국은 가정이나 학교, 사회에 마땅히 있어야 할 권위가 실종되면서 엄청난 혼돈 속에 있다. 가정에서는 부모의 권위가, 학교에서는 선생의 권위가, 사회에서는 상사의 권위가 군대에서는 상관의 권위가, 나라에서는 대통령의 권위가 위기를 맞고 있다 (중앙일보, "뒤집힌 윤리 꼬리 물어", 1994년 11월).

▶ 유대인 가정의 교육

• (아버지의 4가지 역할)
히브리어로 아버지를 아바(אבא)라고 한다. 아바의 의미는 네 가지다.
첫째, 공급자(Supplier). 자녀에게 일용할 양식을 공급할 경제적인 능력이 있어야 하고,
둘째, 보호자(Protector). 자녀를 외부의 위험으로부터 보호해줄 힘이 있어야 하고,

셋째, 인도자(Guider). 자녀를 옳은 길로 인도해주어야 하며,

넷째, 교육하는 자 또는 훈계하는 자(Instructor). 자녀를 하나님의 형상을 닮도록 교육시킬 수 있어야 한다.

- 유대인들의 조상은 아브라함이다. 아브라함과 이삭의 관계가 스승과 제자 사이가 된 것처럼 이삭과 야곱의 관계도 스승과 제자 사이가 되어서 부자와 사제 관계를 수천 년 대물림하는 데 성공하여 현재까지 살아남은 것이다.

- 한국의 부모들이 자녀에게 쏟는 정성은 세계가 놀랄 정도다. 그런데 왜 정성을 쏟은 만큼 좋은 열매를 거두지 못하는가? 그것은 자녀에게 어떤 정성을, 왜, 어떻게 쏟느냐에 따라 악한 열매를 거두느냐, 선한 열매를 거두느냐가 결정된다는 사실을 모르기 때문이다.

  자녀에게 세속적인 수평 문화를 심으면 악한 것을 거두게 되고, 깊이 생각하게 하는 수직 문화와 하나님의 말씀을 심으면 선한 하나님의 백성을 거둘 수 있다.

- 참다운 부자관계는 유대인처럼 아버지가 자녀를 가르쳐 사상적, 문화적, 언어적 및 생활 방식에서 세대 차이가 없는 스승과 제자가 된 아버지와 아들 사이를 가리킨다.

- 가정에서 권위 있는 아버지가 되려면 투철한 사상과 인격을 가지고 있어야 한다. 매사에 가족을 보호할 수 있는 힘을 길러야 한다. 이것은 권위 있는 아버지의 의무다. 특히 아버지는 단지 돈만 벌어들이는 일벌레가 아님을 명심해야 한다.

오늘날 한국이 나라를 빼앗기고 전쟁을 겪으면서 가정과 사회의 질서가 파괴되고, 나아가 도덕과 윤리의 파괴로 이어지면서 가정의 질서와 아버지의 권위도 땅에 떨어진 것이다.

• 가정에서 아버지의 권위는 누가 세워주어야 하는가? 가장의 동반자인 어머니 몫이다. 아내가 남편의 권위를 무시하면 자녀들도 아버지의 권위를 무시한다. 권위가 무시되면 아버지는 한없이 무력해진다. 가장이 힘을 잃는 순간 가정교육은 무너지기 마련이다. 오늘날 가장다운 가장을 만나기 어려운 이유 중 하나가 아내가 남편의 권위를 인정하지 않고 끝없이 도전하기 때문이다. 고개 숙인 남자. 얼마나 비참한 일인가?

• 권위와 권위주의는 다르다. 흔히 한국 가정에서 벌어지는 논쟁의 초점은 남성의 '권위주의적 사고방식과 행위'다. 권위주의적 아버지 때문에 아픔을 겪는 가족이 적지 않다. 분명히 없어져야 할 관습이다. 자녀들이 탈선하는 이유도 알고 보면 아버지의 잘못된 권위주의적 행위 때문인 경우가 많다. 미국에서 오랫동안 교도소 사역을 해온 빌 그레이스는 이렇게 말했다.
"전 여러 해 동안 교도소 수감자들과 지내오면서 자신의 아버지를 미워하지 않는 사람은 한 사람도 보지 못했습니다."

• 한국은 자유민주주의가 도입되면서 잘못된 권위주의가 지탄의 대상이 됐다, 누구나 이구동성으로 권위주의를 타파하자고 외쳤다. 그러나 언론은 개혁이라는 기치 아래 '권위'까지도 매도했다. 그러자 문제가 생겼다. 권위주의를 청산하려다 건강한 법질서를 세우는 '권위'까지 무너뜨렸기 때문이다. 한국은 '권위'

가 실종된 상태다.

- 하나님께서는 남자와 여성을 동등하게 창조하셨지만, 각자의 역할에는 차이를 두셨다. 이것이 하나님의 창조 원리이며 그 원리를 잘 지킬 때 가정은 천국이 된다. 남녀평등을 부르짖으며 남성을 '적'으로 간주하는 것은 아버지와 어머니의 역할 '차이'를 '차별'로 혼동하기 때문이다.

▶ 유대인 식탁의 예절교육

- 유대인의 바른 예절은 식탁에서부터 훈련된다. 아무리 오랜 시간 절기를 지켜도 옷매무새가 흐트러지지 않는다. 유대인은 자녀를 '들사람'으로 키우지 않고 장막에서 길들인 자로 키운다.

- 유대인 교사에게 요구되는 가장 큰 덕목은 '인내'로서 그들은 "쉽게 화를 내는 사람은 남을 가르칠 수 없다."고 가르침을 받는다.

- 그들은 어떻게 해서 대인 관계에서 분노를 절제할 줄 알고 좋은 식탁 예절을 갖출 수 있게 됐을까? 간난아이 때부터 철저한 교육을 받기 때문이다. 이렇게 반복적으로 훈련을 받은 아이는 성장하여 10대가 된 뒤에도 흐트러지지 않고 규칙적인 생활 습관을 갖게 된다.

- 어느 나라 아이들이 식당에서, 성전인 교회에서 시끄럽게 떠들고 돌아다니는가? 바로 우리의 자녀들이다. 이는 아이들의 잘못

이 아니라 부모가 어려서부터 교육을 시기지 않았기 때문이다.

- 유대인의 절기 교육은 자녀들에게 고유의 수직 문화를 심어주는 역할을 한다. 유대인의 역사의식, 삶의 철학, 사상, 종교의식, 전통, 공동체의식 등이 뼛속까지 배게 되는 것이다.
원래 한국도 수직 문화가 강한 나라였다. 엄격한 절기 행사와 제사 의식 및 가문을 위한 유교교육이 있었기 때문이다. 그러나 이 모든 것이 허례허식으로 매도당하고 사라져가고 있어서 안타깝다.

- 자녀를 가르칠 때도 일방적인 강압이 아니라 지혜를 써서 스스로 따라오게 한다. 지혜교육은 고도로 머리를 쓰게 하는 교육이다. 그들은 민족 공동체 교육을 할 때도 자녀 스스로 생각하고 결정하게 하여 잊지 않도록 한다.

- 아버지의 질문에 내가 만족할 만한 답을 드리지 못해도 아버지는 화를 내거나 큰 소리로 야단을 치지 않았다. 절기 때에는 온 가족이 충만한 기쁨의 표정으로 일관한다. 부정적인 이야기도 금하고 긍정적이고 좋은 이야기만을 하도록 노력한다. 따라서 자녀나 남을 비방하기보다는 그들의 장점만을 이야기한다.

- 유대인 자녀들은 등 따습고 배부른 세상을 찾아 나갔다가도 다시 유대인 공동체로 돌아온다. 현재 고난을 당한다고 해도 자신의 부모 같은 분들이 없음을 깨닫기 때문이다.

- 한국인 아버지들은 아내와 자녀들을 힘으로 눌러 따라오게 하

는 스파르타식 방법에 익숙하다. 그러나 아버지가 경제적, 육체적 힘이 있을 때는 이 방식이 통하는 것 같지만 그 힘이 떨어지면 가족들로부터 '왕따'를 당한다. 유대인 아버지들이 지혜로써 아내와 자녀들을 감동시켜 자신을 따르게 하고 존경을 받는 것과 대조적이다.

- 한국의 기성세대는 권위주의적 환경에서 자란 세대다. 부모가 가정에서 지나치게 권위적이고 엄하기만 하면 어떤 부작용을 낳는지 살펴본다.

첫째, 아버지 혼자 말하고 자녀에게는 조용히 듣기만을 강요하는 식이다. 이렇게 하면 자녀들은 아버지의 힘에 눌려 배우는 척하지만 마음으로 따르지 않는 형식적인 교육이 되기 쉽다.

이러한 교육 방법은 자녀 스스로 공부하고자 하는 자발적인 동기 유발을 막을 뿐 아니라 창조적인 추리 능력이나 논리적인 능력을 계발하는 데 도움을 주지 못한다. 이런 방식이 계속되면 교육 자체에 거부반응을 일으키게 되며 성장해서는 가정을 등지게 된다. 그러므로 존경을 바탕으로 만들어지는 상하의 질서와는 거리가 멀다.

둘째, 권위주의적 교육은 자녀를 분노하게 하고 낙심하게 만든다.

부모가 자녀를 너무 심한 말로 꾸짖으면 자신을 무가치한 사람으로 여기고 인생을 포기하게 될 수도 있다는 말이다.

한국의 아버지들 중에는 아무 생각 없이 가족들에게 마음에도 없는 폭언을 하는 경우가 있다. 물론 말하는 사람이야 실제 자신의 마음은 그렇지 않기 때문에 대수롭지 않게 여길지 모르지만 당하는 사람은 다르다. 특히 어린 자녀일수록 큰 상처를 받고 가출하는 등 인생을 자포자기할 가능성이 크다.

세치 혀가 칼보다 무섭다. "혀의 폭언은 보이지 않는 살인일 수 있다(성경의 말씀)."

설사 자녀가 실수를 했다고 하더라도 용서하고 용기를 북돋아 주는 아량이 필요하다. 이는 부모에게 폭언을 하는 행위를 절제하는 지혜의 삶이 필요함을 말한다.

셋째, 권위주의적 방식은 부모가 자녀를 이유 없이 화나게 만들어 부모에 대해 원한을 갖게 할 수 있다. 부모가 야단칠 때 주먹으로 때리고 발로 차거나 인격적인 모욕을 가하면 자녀는 마음에 상처를 받고 원한이 맺힌다. 그렇게 되면 자녀가 힘이 약할 때는 부모의 말을 듣는 것 같지만 커서는 부모에게 원수를 갚는 무례한 행동을 할 수도 있다.

삼성생명부설 사회정신건강연구소에 따르면, 6개월 동안 전국 병원과 상담소의 상담 사례 2만 2,000여 건을 분석한 결과 1,800여 건이 자녀가 부모를 폭행한 경우임이 밝혀졌다. 심지어 부모에게 앙심을 품고 자신을 때린 어머니의 손을 자르거나 아버지에게 무릎을 꿇고 사죄하라고 협박한 청소년도 있었다. 그 외에도 대학교수가 자기 아버지를 살해한 사건, K대 2학년생이 형과 자신을 차별하는 아버지를 살해하여 8토막으로 자른 뒤 비닐 백에 담아 쓰레기통에 넣다가 체포된 사건(조선일보, 2000년 5월 23일 보도) 등이 이런 유형이다.

▶ 사랑의 매란 무엇인가?-성서적 배경

첫째, 부모가 자녀를 사랑하기 때문이다.

"부모가 자식을 초달하지 못하는 것은 그 자식을 미워함이다 (잠 13: 24)." 자녀가 장차 잘못될 것을 뻔히 알면서도 묵인하는 것은 자녀를 미워하는 것으로밖에 달리 생각할 수 없다는 뜻이다.

둘째, 아이의 미련한 버릇을 쫓기 위함이다.

아이의 마음에는 미련한 것이 얽혀 있기 때문에 멀리 쫓아낼 수 있는 방법이 바로 징계하는 채찍이라고 하나님께서 알려주셨다는 것이다. 부모가 아이를 키우는 데에는 미련한 버릇을 고치기 위하여 '징계의 매'가 꼭 필요하다는 것이다.

솔로몬은 "채찍과 꾸지람이 지혜를 주거늘 임의로 하게 버려두면 그 자식은 어미를 욕되게 하느니라(잠 29; 15)."라고 말했다. '채찍과 꾸지람'은 자녀를 훈계하여 지혜를 주고 어미를 욕되지 않게 하기 위하여 꼭 필요한 것(The rod correction)이란 뜻이다. 즉 징계를 받지 않고 자란 아이는 경건한 자녀가 갖추어야 할 지혜를 얻지 못한다는 뜻이다.

"강아지가 의자에 오르는 것을 내버려두면 나중에는 식탁에까지 오른다(Tokayer.《탈무드》, 1989, p. 234)." 즉 아버지는 공의, 어머니는 사랑을 상징하므로 자녀교육도 공의와 사랑으로 균형을 이루어야 한다.

셋째, 자녀의 영혼을 음부에서 구원하기 위함이다.

자녀를 정말 사랑한다면 자녀들이 세상의 것을 얻는 데 관심을 기울이기보다 자녀의 영혼을 구원하는 것을 먼저 생각해야 한다.

넷째, 부모가 평안과 기쁨을 얻기 위함이다.

"네 자식을 징계하라. 그리하면 그가 너를 평안하게 하겠고, 또 네 마음에 기쁨을 주리라(잠 29; 17)." 이것은 장차 사랑의 매가 가져올 열매를 말한다. 매를 맞고 자란 자녀들이 커서 효자가 되어 부모의 노후를 평안하게 해주고 기쁨도 가져다준다는 뜻이다. 반면 잘못을 해도 오냐, 오냐 하며 공의 없이 사랑만으로 키운 자녀들은 장차 멋대로 성장하여 부모에게 불안과 근심을 가져다준다는 뜻이다.

"매 끝에 효자 난다."

한국에도 이런 속담이 있다.

사랑의 매는 가정에서뿐만 아니라 학교에서도 필요한데, 현대 사회는 이것을 무조건 금지하기 때문에 학생들이 교사들에게 방자하게 행동하여 제대로 된 교육을 하기 힘든 경우가 많다.

부모의 '채찍과 꾸지람'은 그 자체가 나쁜 것이 아니고 이를 남용할 때 나쁜 것이다. 그러므로 부모가 자녀를 양육하기 위해서는 이를 효과적으로 사용하는 지혜와 훈련이 필요하다.

▶ 효과적인 사랑의 매

첫째, 사랑의 매는 언제 필요한가?

자녀가 부모의 권위에 도전하여 고의적으로 불순종하는 행동을 할 때 때려주라고 권한다(Dobson, 1992, p. 66). 인성교육이 잘된 자녀는 부모가 사랑의 매를 든다고 해도 자신을 미워하는지, 사랑하는지를 잘 분간한다. 따라서 매 맞을 짓을 했다는 것을 아는 자녀는 매를 맞게 되면 안도감을 느끼고, 오히려 자신의 충동을 억눌러주는 효과에 감사하게 된다.

어린 자녀는 종종 일부러 부모의 권위에 도전해 매 맞을 짓을 한다. 이럴 때에 한번 자녀에게 지면 다시 부모의 권위를 회복하기 힘들다(Dobson, 1992, pp. 18~30). 따라서 부모는 자녀에게 마땅히 행할 길을 가르쳐, 늙어도 그것을 떠나지 않도록 해야 한다(잠 22; 6).

둘째, 사랑의 매의 강도는 어느 정도여야 하는가?

사랑의 매를 들 때에는 잘못하면 아픔이라는 벌을 받는다는 것을 아이가 완전히 깨달을 수 있도록 때려야 한다. 물론 이는 아이에 따라 각각 다르게 적용해야 한다. 부모에게 칭찬받기를 원하여 부모를 기쁘게 해드리려고 노력하는 아이는 부모의 화난 얼굴만 보아도 뉘우친다(Meier, 1988. p. 218). 또 무조건 매가 좋은 것만은 아니다. "자녀들을 나무랄 때는 한 번만 호되게 꾸짖어야 한다. 잔소리처럼 계속 나무라면 좋지 않다(Tokayer, 《탈무드》, 1988a, p. 78)."

셋째, 사랑의 매를 드는 방법이다.

먼저 부모가 자녀에게 감정적으로 매를 들지 말아야 하며, 매를 들기 전에 자녀의 잘못을 지적해주고 벌을 주어야 한다. 아무리 부모라도 어린 자녀를 인격적으로 대하라는 말이다. 그리고 중요한 것은 부모가 매를 드는 것 자체가 일종의 사랑의 표현임을 자녀에게 알려야 한다는 것이다.

넷째, 오른손으로 벌을 주고 왼손으로 껴안으라.

매를 든 뒤에는 자녀에게 분을 품지 말고 꼭 자녀와 화해를 하라는 것이다. 유대인들은 부모에게도 하나님처럼 공의와 사랑이 함께 있다는 것을 보여주려고 한다고 한다. 벌을 주고, 그다음에 사랑으로 껴안으면 자녀가 원한을 품을 리 없다. 오히려 부모를 더 공경하게 된다는 것이다. 여기에서 또 한 가지 중요한 것은 부모와 자녀 간에 의사소통이 가장 잘되는 때가 자녀를 징계한 직후라는 사실을 기억해야 한다는 점이다(Dobson, 1992, pp. 34~35).

▶ 사랑의 매가 필요한 연령과 시기

1) 사랑의 매는 어릴수록 효과가 있다.

정신과 의사인 마이어 교수에 의하면, 사랑의 매는 어릴수록 효과가 있다고 한다. 그 교수에게는 고집 센 아들이 있었는데 그 아들을 두 살 때까지 매로 버릇을 가르친 결과, 세 살 때부터는 아버지가 회초리만 가지러 가는 것만 봐도 울었다고 한다. 그래서 세 살 이후부터는 매가 필요 없었다는 것이다. 그때는 이미 아이 에게 부모에 대한 '사랑, 존경, 순종' 등 전반적인 태도가 잘 형성 되었기 때문이다(Meier, 1988, pp. 218~219).

'세 살 버릇이 여든까지 간다.'라는 한국의 속담이 있다. 제임스 돕슨은 실제 고집 센 아이를 다루려면 15개월에서 18개월 사이 에 매를 들기 시작하는 것이 가장 효과적이라고 권한다(Dobson, 1992, p. 66).

"아이들이 어렸을 때에는 엄하게 꾸짖어 가르치되, 다 자란 뒤 에는 작은 일로 꾸짖지 말라(Tokayer, 《탈무드》, 1992, p. 78)."라고 《탈무드》는 가르치고 있다.

2) 사랑의 매는 13세 이전에 필요한가?

《탈무드》의 견해는 이렇다.

"죄악은 태어날 때부터 이미 인간의 마음에 싹터, 인간이 성장 함에 따라 점차 강해진다. 마음속에 들어 있는 악의 충동은 열세 살에 접어들면 점점 선의 충동을 누르고 강해져간다(Tokayer, 《탈 무드》, 1989a, p. 82)."

유대인들은 자녀가 태어나면 12년 동안 토라(하나님의 말씀)를 가르쳐 말씀 맡은 자로 만든 다음, 13세에 성년식을 치른다. 그래 서 하나님의 율례와 법도로 인간다운 인간을 만든다는 것이다.

인간의 마음속에 있는 죄악의 속성은 "처음엔 여자처럼 연약 하지만 그대로 두면 힘센 남자처럼 강해지고 만다. 처음엔 거미 줄처럼 가늘지만 나중에는 배를 묶어두는 밧줄처럼 굵어진다. 처

음엔 손님처럼 겸손하지만 그대로 두면 대신 주인 행세를 한다
(Tokayer,《탈무드》, 1989a, p. 82)."

3) 사랑의 매는 아이가 잘못한 순간 들어야 한다.
　부모는 자녀에게 사랑의 매를 들 때에 꼭 일관성을 유지해야
한다. 항상 선악의 구분에 대한 일관성이 있어야 하고 그에 대한
보상과 꾸중을 할 때도 일관성이 있어야 한다. 만약 자녀가 너무
예쁜 나머지 장난처럼 매를 들면 아이의 버릇을 더 나쁘게 들일
수 있다.
　여기에서 우리는 사랑의 매가 초등학교 때까지는 효과가 있지
만 중학교 이후, 즉 13세 이후에는 역효과를 가져올 수 있음을 명
심해야 한다. 우리가 분명히 알아야 할 것은 자녀의 외모는 부모
를 닮을지 모르지만, 내면적 사상과 행위는 가르친 사람을 닮는
다는 사실이다.

※결론적으로 유대인 아버지의 교육에서 우리는 다음 4가지를
　배울 수 있다.
　첫째, 자녀에게 토라(영적 인성교육)를 가르치는 시간을 가장 귀
　하게 여기는 진지함이다.
　둘째, 그들의 인성교육과 예절교육은 식탁에서 이루어진다.
　셋째, 귀납적 질문식 교육 방법(inductive method).
　넷째, 자녀의 교사이자 아버지로서의 친근하고 부드러운 자세.

▶ 까다로운 가정교육은 자기훈련이다
　정통파 유대인들은 "첫째 청결한 생활, 둘째 정직한 생활, 셋째
내핍 생활, 넷째 근면한 생활, 다섯째 남을 돕는 생활"이 몸에 배

어 있다. 이 다섯 가지 요소는 성경적 삶의 기준들이기도 하지만 그 국가가 얼마나 선진국인가를 가늠하는 척도로 쓰일 수 있다.

현용수 박사가 경험했던 여러 대학 중 유대인의 '랍비신학대학'에서 있었던 경험으로, 시험을 치르는데 한 번은 한 학생이 다른 주로 떠나야 하는데 비행기 시간 때문에 다른 학생들보다 먼저 시험을 치러야 했다. 담당 교수는 그 학생에게 문제를 주고 옆방에서 혼자 시험을 치르게 했다. 물론 그곳에는 감독관도 없고, 그 학생의 가방도 있었다. 하지만 몰래 책을 꺼내 봤다거나 하는 부정행위는 일어나지 않았다.

이렇게 철저한 가정교육을 받고 자란 유대인은 게토(유대인만 살도록 격리된 지역)에서 해방되자 자신들의 세상을 만난 듯 과학과 경제, 의학, 문학 및 예술 등 모든 분야를 삽시간에 장악했다. 그들의 급격한 성공은 이방인의 질투를 받기에 충분했다. 유대인들이 언론 등에 자신들의 성공 사례가 드러나지 않도록 노력하는 이유가 여기에 있다. 작은 성공도 드러내 자랑하고 싶어 하는 타민족과는 대조적이다. 사실 한국도 경제 성장을 너무 과도하게 국내외에 자랑하여 미국이 일본 수준으로 한국의 무역을 제재하게 만들었다. "한국은 샴페인을 너무 일찍 터트렸다(1998년 보도)."라는 외신 보도에 부끄러움을 느껴야 한다.

▶ 어떤 아버지가 좋은 선생의 자격이 있는가?

유대인 가정에서 아버지가 자녀의 좋은 선생이 되려면 모든 면에서 모범이 되어야 한다. 선생은 학생보다 앞서야 좋은 선생이다. 좋은 선생의 자격은 첫째, 영적인 사람이어야 한다. 말씀과 기도에 충실하여야 한다. 둘째, 아내와 자녀 앞에서 인격적인 사람이어야 한다. 도덕과 윤리 면에서 모범이 되어야 한다. 셋째, 세상에서도 훌륭한 사회인이어야 한다. 가장이 가정과 사회에서 부끄러운 행동을 하면 자녀 앞에서 떳떳하지 못하다. 아버지가 자녀를 가르치기 시작하면 아버지가 먼저 영적으로, 인격적으로 변하기 시작한다.

자녀를 가르치기 위해서는 아버지 자신이 더 열심히 공부하지 않을 수 없기 때문이다.

어느 한국 할아버지의 지혜로운 교육 방법 하나를 소개한다.

"나는 농촌에서 초등학교를 다녔습니다. 집안에는 아주 지혜로운 할아버지가 계셨습니다. 할아버지는 내가 초등학교 때부터 학교만 다녀오면 불러 세우시고 '00야, 이 할애비는 무식해서 현대 학문을 하나도 모른다. 그러니 네가 오늘 배운 것을 나에게 가르쳐주지 않으련?' 하고 부탁하셨습니다. 그때부터 나는 할아버지에게 내가 그날 배운 것을 모두 가르쳐드리기 시작했지요. 할아버지는 그때마다 '우리 손자 참 똑똑하구나.' 하시면서 칭찬해주셨습니다.

그런데 나중에는 할아버지에게 더 많은 칭찬을 듣고 싶어, 학교 수업이 끝나면 아예 집으로 곧바로 들어가지 않고, 근처 뒷동산에 올라가 그날 배운 것을 철저하게 복습하면서 할아버지에게 가르칠 교안을 작성하기 시작하면서 나의 성적은 뛰어나게 향상되었고, 이런 습관이 지금까지 항상 공부하며 연구하는 학자가 되었지요."

어느 노교수의 이야기입니다.

▶ 유대인은 왜 나이 많은 교사를 원하나?

유대인은 교사의 질을 따질 때 지식보다는 그 교사의 인격적, 신앙적인 성숙을 더 귀하게 여기기 때문이다.

"젊은 교사에게 배운 사람과 나이 든 교사에게서 교육받은 사람은 어떤 차이가 있을까? 젊은 교사에게 배우는 것은 마치 설익은 포도를 먹고 방금 저장한 포도주를 마시는 것과 같고, 나이 든 교사에게 교육받은 사람은 익은 포도를 따 먹으며 오래된 포도주를 마시는 것과 같다(Cohen, 1995, p. 176)."

- 젊은 사람은 세상적 신학문에 능통할지 모르나 묵직하고 완숙한 인격과 사상은 부족하다. 세상 학문은 수평 문화이고 사상은 수직 문화다. 유대인은 수평 문화인 세상 문화도 수용하지만 그 세상 학문을 담는 그릇인 사상을 더 중요하게 여긴다. 수직 문화인 사상이 올바로 되어 있을 때 세상 학문도, 권력도, 물질도, 명예도 충분히 소화할 수 있기 때문이다. 인간의 인격 성장은 갑자기 되는 것이 아니고 오랜 연륜과 경험을 요하기 때문이다. 인간이 진리를 발견하고 이를 소화하여 습관화하는 데에도 오랜 시간이 필요하다.

《명심보감(明心寶鑑)》에서

▶ 덕행(德行)은 가장 값진 유산이다

돈을 모아 자손에게 물려주더라도 그 자손이 반드시 그것을 지킨다고 할 수 없으며, 책을 모아 자손에게 물려주더라도 그 자손이 다 읽는다고 볼 수 없다. 남모르는 가운데 음덕(陰德)을 쌓아서 자손을 위한 계책을 삼는 것만 못하다.

司馬溫公曰(사마온공왈) 積金以遺子孫(적금이유자손)이라도 未必子孫(미필자손)이 能盡守(능진수)요 積書以遺子孫(적서이유자손)이라도 未必子孫(미필자손)이 能盡讀(능진독)이니 不如積陰德於冥冥之中(불여적음덕어명명지중)하여 以爲子孫之計(이위자손지계)니라.

* 司馬溫(1019~1086): 본명은 사마광(司馬光), 중국 북송(北宋)의 학자.

▶ 지혜로운 삶은 가꾸기에 달려 있다

군자에게는 세 가지 경계해야 할 것이 있다. 연소할 때에는 혈기가 정해지지 않았기 때문에 여색을 경계해야 하고, 장성하여서는 혈기가 왕성하기 때문에 남과 싸우는 것을 경계해야 하고, 노년에 들어서는 혈기가 이미 쇠퇴하기 때문에 물욕을 탐하는 것을 경계해야 한다.

子曰(자왈) 君子有三戒(군자유삼계)하니 少之時(소지시)엔 血氣未定(혈기미정)이라 戒之在色(계지재색)이요 及其壯也(급기장야)하여는 血氣方剛(혈기방강)이라 戒之在鬪(계지재투)요 及其老也(급기노야)하여는 戒之在得(계지재득)이니라.

▶ 남의 용서를 받는 사람이 되지 말라

대장부는 남을 용서할지언정 남의 용서를 받는 사람이 되어서
는 안 된다.

景行錄(경행록)에 云(운)하였으되 大丈夫(대장부)는 當容人(당용인)
이언정 無爲人所容(무위인소용)이니라.

* 景行錄: 책 제목으로 착한 행실을 기록한 송나라 때의 저작이나 실전되었다.

▶ 모든 선행을 사랑하고 기뻐하라

남에게 비난을 받더라도 화내지 말며 남에게 칭찬을 받더라도
기뻐하지 말라. 남의 악을 듣더라도 맞장구치지 말며 남의 선을
들으면 나가서 화답하고 함께 기뻐하라. 그 시는 다음과 같다.

선한 사람 보기를 즐겨 하고

선한 일 듣기를 즐겨 하며

선한 말을 즐겨서 쓰고

선한 뜻 행하기를 즐겨 하라.

남의 악을 들으면

가시덤불을 등에 진 것같이 하고

남의 선을 들으면

난초를 몸에 지닌 것같이 하라.

康節邵先生曰 聞人之謗(강절소선생왈 문인지방)이라도 未嘗怒(미상
노)하며 聞人之譽(문인지예)라도 未嘗喜(미상희)하며 聞人之惡(문인지
악)이라도 未嘗和(미상화)하고 聞人之善則就而和之(문인지선즉취이화지)
하고 又從而喜之(우종이희지)니라. 基詩(기시)에 曰 樂見善人(낙견선인)
하며 樂聞善事(낙문선사)하며 樂道善言(낙도선언)하며 樂行善意(낙행
선의)하고 聞人之惡(문인지악)이어든 如負芒刺(여부망자)하고 聞人之善

(문인지선)이어든 如佩蘭蕙(여패난혜)니라.

* 邵康節(1001~1077): 송(宋)나라 사람으로 염계, 장횡거와 같이 송학의 선조라 일컬어진다.

▶ 근면하면 천하에 어려움이 없다

근면은 값으로 따질 수 없는 보배이며 근신은 몸을 보호하는 부적이다.

太公曰(태공왈) 勤爲無價之寶(근위무가지보)요 愼是護身之符(신시호신지부)니라.

▶ 분노의 감정은 빨리 삭일수록 좋다

분노를 삭이기를 불 끄듯이 하고 욕심 막기를 물 막듯이 하라.

近思錄(근사록)에 云(운)하되 懲忿(징분)을 如救火(여구화)하고 窒慾(질욕)을 如防水(여방수)하라.

* 近思錄: 보물 제262호로 1370년에 중간(重刊)된 성리학 독본이다.

▶ 냉철한 판단으로 모든 일을 다스리라

많은 사람이 미워하더라도 반드시 살펴볼 것이며 많은 사람이 좋아하더라도 반드시 살펴보아야 한다.

子曰(자왈) 衆(중)이 惡之(오지)라도 必察焉(필찰언)하며 衆(중)이 好之(호지)라도 必察焉(필찰언)이니라.

▶ 관용함으로써 포용하라

모든 일을 너그럽게 대하면 그 복은 저절로 두터워진다.

관용한다는 것은 너그럽게 용서하거나 받아들이는 마음을 일컫는다. 그 마음은 아름답다. 그것이 자연의 마음이다. 자연은 언제나 인간을 너그럽게 용서하거나 받아들여주었다. 자연의 질서를 파괴하고 환경을 열악하게 오염시켜도, 자연은 항상 인간을 관용으로 대했다. 사람도 그런 자연적인 심성을 지닌다면 그 복은 참으로 두터워질 것이다.

萬事從寬(만사종관)이면 其福(기복)이 自厚(자후)니라.

▶ 원수는 외나무다리에서 만난다

은혜와 의리를 널리 베풀어라. 사람이 살아가노라면 어디에서건 만나지 않으랴! 원수와 원한을 맺지 말라. 좁은 길에서 만나면 피하기 어려우니라.

景行錄(경행록)에 曰 恩義(은의)를 廣施(광시)하라. 人生何處不相逢(인생하처불상봉)이랴. 讐怨(수원)을 莫結(막결)하라. 路逢狹處(로봉협처)면 難回避(난회피)니라.

▶ 참고 또 참으며 조심하고 또 조심하라

참고 또 참으며 조심하고 또 조심하라. 참지 못하고 조심하지 않으면 작은 일이 크게 된다.

得忍且忍(득인차인)이요 得戒且戒(득계차계)니라 不忍不戒(불인불계)면 小事成大(소사성대)니라.

▶ 가르침보다 더한 유산은 없다

황금이 상자에 가득 차 있다 하더라도 자식에게 경서(經書) 하나를 가르침만 못하고 자식에게 천금을 물려준다 해도 기술 한 가지를 가르침만 못하다.

漢書(한서)에 云(운) 黃金滿盈(황금만영)이 不如敎子一經(불여교자일경)이요 賜子千金(사자천금)이 不如敎子一藝(불여교자일예)니라.

* 漢書: 중국 전한(前漢) 일대(一代)의 정사(正史)로 후한의 반고가 편찬했다.

▶ 사랑의 매는 아름다운 교육이다

아이를 사랑하거든 매를 많이 주고 아이를 미워하거든 먹을 것을 많이 주라.

憐兒(연아)어든 多與棒(다여봉)하고 憎兒(증아)어든 多與食(다여식)하라.

　　※나무에 가위질을 하는 것은 나무를 사랑하기 때문이다. 부모에게 야단맞지 않고 자란 사람이 똑똑한 아이가 될 수 없다. 겨울의 추위가 심할수록 오는 봄의 나뭇잎은 푸르다. 사람도 역경에 단련되지 않고서는 큰 인물이 될 수 없다.

　　　　　　　　　　　　　　　　　　　　　-벤자민 프랭클린.

▶ 괴로움은 즐거움의 어머니다

재능이 있는 사람은 재능이 없는 사람의 종이며 괴로움은 즐거움의 어머니다.

巧子(교자)는 拙者之奴(졸자지노)요 苦者(고자)는 落之母(낙지모)니라.

▶ 배우지 않으면 현명할 수가 없다

재상의 목숨을 살릴 만한 약은 없고 돈이 있어도 자손의 현명함은 살 수가 없다.

無藥可醫卿相壽(무약가의경상수)요 有錢難買子孫賢(유전난매자손현)이니라.

▶ 진실을 바탕으로 한 삶은 외롭지 않다

한 점의 불티도 많은 섶 더미를 태울 수 있고, 반 마디의 잘못된 말이 평생의 덕(德)을 손상시킨다. 몸에 한 가닥의 실오라기를 걸쳐도 항상 베 짜는 여자의 노고를 생각하고, 하루 세 끼의 밥을 먹거든 농부의 노고를 생각하라. 구차하게 탐내고 시기해서 남에게 손해를 끼친다면 10년의 편안함도 없게 되고, 선(善)을 쌓고 인(仁)을 보존하면 반드시 후손에게 영화가 있다. 행복과 경사(慶事)는 대부분이 선행을 쌓는 데서 생기고, 범용(凡庸)을 초월해서 성인의 경지에 들어가는 것은 모두 진실함에서 얻어진다.

高宗皇帝御製(고종황제어제)에 曰 一星之火(일성지화)도 能燒萬頃之薪(능소만경지신)하고 半句非言(반구비언)도 誤損平生之德(오손평생지덕)이라. 身被一縷(신피일루)나 常思織女之勞(상사직녀지로)하고 日食三飧(일식삼손)이나 每念農夫之苦(매념농부지고)하라. 苟貪妬損(구탐투손)은 終無十載安康(종무십재안강)하고 積善存仁(적선존인)이면 必有榮華後裔(필유영화후예)니라. 福錄善慶(복록선경)은 多因積行而生(다인적행이생)이요 入聖超凡(입성초범)은 盡是眞實而得(진시진실이득)이니라.

*高宗 皇帝(1107~1187): 중국 남송(南宋)의 초대 황제로 경제 개발을 추구하여 남송의 기초를 구축하였다.

《탈무드》에서

▶ 마음의 역할

  인간의 육체는 마음에 의해 좌우된다. 마음은 보고, 듣고, 걷고, 서고, 굳어지고, 부드러워지고, 기뻐하고, 슬퍼하고, 화내고, 무서워하고, 거만해지고, 설득되어지고, 증오하고, 사랑하고, 질투하고, 부러워하고, 사색하고, 반성한다. 그렇기 때문에 세상에서 제일 강한 인간은 자신의 마음을 스스로 조종할 수 있는 인간이다.

▶ 인간

• 인간은 심장 가까이에 유방이 있으나 동물들은 비교적 심장에서 떨어진 곳에 유방이 있다. 이것은 하나님이 베풀어준 깊은 배려의 덕이라 할 수 있다.
• 스스로 반성하는 사람이 서 있는 곳은 고매한 랍비가 서 있는 곳보다 거룩하다.
• 이 세상은 진실과 도덕과 평화의 3가지 근본 위에 서 있다.
• 휴일이 우리 인간에게 주어진 것이지 인간이 휴일에게 주어진 것은 결코 아니다.
• 백성의 소리는 곧 하나님의 소리이기도 하다.
• 사람들은 남들의 가벼운 피부병은 걱정하면서도 자기 자신의 중병은 눈치채지 못한다.
• 거짓말쟁이가 받는 최대의 형벌은 그가 진실로 말하고 있어도 남들이 그것을 믿어주지 않는 것이다.
• 사람은 20년에 걸쳐 배운 것이라도 단 2년 만에 잊어버릴 수도 있다.

- 어떤 사람이고 3종류의 이름을 갖는다. 태어났을 때 부모로부터 받은 이름과 친구들이 붙여준 우정 어린 이름, 그리고 생애를 끝마쳤을 때 받는 명성이 그것이다.

▶ 악함

악에 대한 충동은 마치 구리와 같은 것이어서 불 속에서 어떤 모양이든 생각대로 만들 수 있다.

- 만약 인간이 악에 대한 충동을 가지고 있지 않다면, 집도 만들지 않고, 아내도 구하지 않고, 아이도 낳지 않으며, 일도 하지 않을 것이다.
  만약 악에 대한 충동에 사로잡혀 있다면 그것을 몰아내기 위해서는 무엇인가를 배우는 데 열심이어야 한다.
- 다른 어느 누구보다도 월등한 사람은 그만큼 악에 대한 충동도 강력하다.
- 이 세상에는 올바른 일만 하는 사람은 있을 수 없다. 누구든 반드시 악한 일도 한다.
- 악의 충동의 시작은 달콤하다. 그러나 끝은 대단히 쓰다.
- 죄악은 태어날 때부터 이미 인간의 마음에 싹터, 인간이 성장함에 따라 점차 강해진다.
- 13세부터 인간의 마음속에 들어 있는 악의 충동은 선의 충동보다 점점 강해진다.
- 죄는 미워하더라도 인간은 미워하지 마라.
- 죄는 처음에는 여자처럼 연약하지만, 그대로 두면 힘센 남자처럼 강해지고 만다.
- 죄악이란 처음에는 거미줄처럼 가늘지만, 나중에는 배를 묶어

두는 밧줄처럼 굵어진다.

- 죄악은 처음에는 손님처럼 겸손하지만, 그대로 두면 주인 대신 행세를 한다.

▶ 부모가 자식에게 주어야 할 것

요즘 부모들은 자식들에게 자전거, 피아노 등을 사주고, 또는 능력 이상의 비싼 학교에 통학시키기도 한다. 부모들은 자신들이 가질 수 없었던 것을 주고 싶었을 것이다. 하지만 그렇게 하지 않아도 부모가 가진 고유한 것만으로 충분하다.

부모가 가진 애정, 근면성, 겸손함, 검약 정신, 이러한 정신을 자신들이 이어받는 것만으로도 더없이 좋은 교육이다. 부모가 갖지 못했던 것을 자식들에게 주려 하고, 부모가 하지 못했던 일을 자식들에게 시키려 할 때, 부모가 갖고 있는 정신적인 가치들은 잊히기 쉽다.《탈무드》는 다음과 같이 말한다.

- 아버지가 나의 마음에 남겨준 것을 나는 나의 자식들에게 물려주고 있다.
- 다섯 살 아들은 나의 주인이며, 열 살 자식은 노예이고, 열다섯 살에는 동격이 된다. 그리고 그 뒤 양육방법에 따라 친구도 되고 적도 된다.

▶ 삶의 기쁨을 추구하는 종교

돈, 술, 노래, 섹스 등과 같은 즐거움은 인생에 필요한 것으로, 때로는 규제를 벗어날 필요도 있다. 더러는 취해서 허튼 소리도 해보고 큰 소리로 노래를 불러보는 것도 좋다. 싸움을 할 수도 있다.

그러나 비록 그렇게 행동한다고 할지라도, 어디까지나 그것은 착실하고, 정상적인 생활을 유지하는 데 도움이 되어야 한다. 인생의 톱니바퀴가 한때 어긋나는 것을 두려워할 필요는 없다. 그렇지만 전 생애를 그르치는 행동은 두려워해야 한다.

▶ 감정은 시간의 시련을 견뎌내지 못한다

정열에는 두 종류가 있다. 감정에 의해 노출되는 정열과 이성에 의해 지탱되는 정열이다. 감정으로 뭉쳐진 정열은 위험하다. 감정은 격앙되기는 하지만 오래 지속되지 않는다. 그러나 이성은 일생을 지배할 수가 있다.

유대인은 전통적으로 감정의 정열로 인해 몸을 망치고 실패를 초래하는 일에 강력히 충고하고 있다. 사람은 이와 같은 정열을 경계하지 않으면 안 된다. 감정의 정열은 인생의 톱니바퀴를 어긋나게 한다. 연애도 마찬가지다. 유대인은 격렬한 연애를 하지 않는다. 물론 그들도 연애를 하지만 연애는 가정을 꾸리기 위해 하는 것이라고 생각하는 것이 보편적이다. 유대인은 중용을 중요시한다. 그리고 과격한 것을 싫어한다. 이것이야말로 유대인 처세술의 요체다.

"마음이 가슴속에 가득 차면 마음은 눈으로부터 넘쳐 나온다." 라는 《탈무드》의 말이 있는데 진정 존경하는 것은 세월의 시련을 거치고도 가치를 잃지 않는 것이다. 감정은 시간의 시련을 견뎌내지 못한다.

▶ 7가지 계율(비유대인)

첫째, 살아 있는 동물을 죽여서 바로 날고기로 먹지 마라.

둘째, 남을 욕하지 마라.

셋째, 도둑질하지 마라.

넷째, 법을 어기지 마라.

다섯째, 살인을 하지 마라.

여섯째, 근친상간(近親相姦)을 하지 마라.

일곱째, 불륜한 관계를 갖지 마라.

2. 효충경(孝忠敬)

한 인간이 부모로부터 세상에 태어나면 천사와 같이 선(善)하다.

어머니의 젖으로부터 먹고사는 기본 욕구가 시작되고 여기서부터 첫 번째 세상의 인연이 시작되는 것이다. 부모에게서 엄마란 말로 시작해서 언어를 배우고 일생 살아가는 방법을 배우고 터득해간다. 아이가 태어난 가정의 환경에 따라, 또 부모의 인성과 인격의 여하에 따라 그 아이가 일생을 살아가는 데 필요한 인성이 형성된다.

효충경(孝忠敬) 교육은 인성교육의 기본이다. 일부 편협한 종교에서는 부모나 조상을 받드는 효경(孝敬)을 중심으로 한 예의 도덕 부문에 대해서는 가볍게 취급하는 듯하다. 아예 부모나 조상에 제사 지내는 것을 하느님 외에는 신(神)이 존재하지 않는다며 못하게 하는 종파도 있다.

사람은 누구나 조상의 DNA를 타고 태어난다. 사람으로서 자기를 세상에 탄생시키고 길러주신 부모와 조상에 대해서 감사한 마음을 표시하고 또 같은 형제자매와 자손들끼리 모여서 서로의 우애를 다진 다는 것은 인간으로서 당연한 기본 도리이고 상식이다. 부모나 조상의 당연한 고마움을 모르고 도리를 다하지 못하는 사람은 앞으로 자신이 살아가야 할 세상에도 행복과 희망이 보이지 않는 사람이다. 그런 사람은 자기의 자식이 태어나도 자식으로부터 존경을 받지 못하게 된다.

하느님의 뜻이 어느 몇 사람의 생각에 좌지우지될 수 있을까? 하느님의 아들이라고 하신 예수 그리스도도 인간 세상을 독선과 악으로 지배하려는 일부 인간에 대항해서 모든 인류의 선한 본성이 우주와 세상을 탄생시키신 하느님의 뜻이라고 굳게 믿고 인간의 도덕적인 본성을 거스른 인간의 죄를 대신하여 목숨을 바쳤다.

다른 나라보다도 한국의 부모들은 자식들 사랑이 대단하다. 이 대단한 사랑이 오히려 자식을 망치는 경우가 경제가 급속도로 발전하면서 더욱 심해졌다. 그런데 부모가 자식이 잘못된 것을 깨닫는 것은 자식들이 거의 성인이 되고 나서 나타난다. 부모들은 가난과 전쟁과 나라 없는 설움과 고난을 다 겪어서 인생에서 고통과 위험이 무엇인지 잘 알지만, 자식들은 그런 고난을 겪어보지 않고 배고픈 설움, 전쟁의 비참함, 나라가 없을 때 동물과 같이 학대를 받았던 그 뼈저린 고통을 아무리 부모나 어른들이 이야기해도 옛날이야기라고 치부하고 자신의 교훈으로 삼지 못한다.

부모들은 내 자식들이 내가 겪은 그 비참한 고생만큼은 겪지 않게 해주겠다고 최선을 다한 것뿐이다. 그러나 호강 속에서 자란 아이들은 조금만 환경이 어렵게 바뀌어도 적응이 쉽지 않다. 더구나 생존경쟁이 점점 더 글로벌화되고 치열해져서 대학을 나와도 직장마저 잡기 힘든 세상이 되었는데도 모두가 대기업 타령이고 조금 힘든 직장은 견뎌내지 못한다. 그러고는 성인이 되어서도 어려운 부모에 기대서 사는 자식들이 너무 많다. 우리 부모들과 기성세대들이 잘못한 것은 자식들이 우리와 같은 어려움이 닥쳤을 때 이겨나갈 수 있는 인성교육과 위기 극복의 교육을 소홀히 한 것이 큰 잘못이다. 이기주의와 남을 이기는 경쟁만 배운 아이들이 어른이 돼서도 고마움이란 걸 잘 모르고,

사회를 지키고 자기를 지키는 예의와 도덕이 무엇인지 모르고 자라온 것이다. 가장 큰 도리인 부모에 대한 고마움마저 모르고 어른이 돼버린 것이다.

충(忠)의 대상은 국가다. 옛날 왕정시대에는 임금에게 충성하는 것을 기본으로 삼았다. 그러나 민주화가 된 세상에서는 나라의 화합과 단결에 충성하는 것이다. 지정학적으로 어려운 지경에 처해 있고 더구나 북쪽에 완전히 다른 이념을 가진 세력이 버티고 있는 이 시점에서는 무엇보다 국민의 뜻이 단결하고 화합해야만 국가의 안전을 보장하고 국민을 편안하게 할 수 있다.

특히나 정치 지도자들이 정권 투쟁을 지양하고 단결과 화합으로 이끌어야 하는데 이러한 지도자에게 우리는 충성을 할 수 있다. 대한민국 초대 대통령인 이승만 대통령이 "뭉치면 살고 헤어지면 죽습네다"라고 국민들에게 호소한 것도 우리의 흠인 모래알 같은 단결력과 화합력을 걱정했기 때문일 것이다.

효(孝)와 충(忠)과 경(敬)은 하나로 통해야 한다. 가정과 나라와 사회가 예의 도덕의 기준뿐만 아니라 여기에 맞는 교육도 같이해줘야 가치관의 혼란이 없다. 가정에서 가정교육을 철저하게 가르쳐도 학교가 예의 도덕을 가르치지 않고 사회의 질서가 무너지고 퇴폐에 빠져 있으면 아이들은 자기 가정이 고루하다고 생각한다. 특히나 나라의 지도자들이 인성교육에 무관심하고 정권 싸움에만 매달려서 인성, 인격적 모범을 보여주지 못한다면 사회의 질서와 나라의 안녕은 물론 개인의 고른 행복과 안녕을 기대하기 힘들다.

경(敬) 사상은 퇴계(李滉) 선생께서 중국 송나라 주자[朱子(朱熹)]의 성리학을 다듬어서 우리나라의 예의도덕 실천의 기본 사상으로 발전시킨 인간 본성의 실행 철학이라고 봐야 할 것이다. 인간 본성은 이(理)와 기(氣)로 분류되는데 기(氣)에 해당하는 희로애락애오욕(喜怒哀

樂愛惡慾), 일명 칠정(七情)을 이(理)에 해당하는 측은, 수오, 사양, 시비 (惻隱, 羞惡, 辭讓, 是非)의 마음, 일명 사단(四端)으로 컨트롤하지 않으면, 인간의 선(善)한 본성이 망가질 수 있기 때문에 탐욕과 퇴폐에 빠지지 않고 인의예지신(仁義禮智信)과 같은 도덕 정신으로 늘 무장하고 살아야 한다는 것이다.

지금 가장 중요한 것은 국가와 정치 지도자들의 몫이다. 근세 100여 년의 대한한국의 독립과 발전사에서 숭고한 희생과 고귀한 정신을 물려주신 분들을 열거해보면 독립을 위해서는 안창호 선생의 리더십과 안중근 의사의 구국정신, 윤봉길 의사의 살신성인(殺身成仁), 이승만 초대 대통령, 김구 선생 등 많은 독립 운동가분들이 목숨을 바쳐 투쟁을 해왔기 때문에 우리 후손들이 자유 대한민국이란 나라 안에서 평화로운 삶을 누리고 있는 것이다.

경제 발전 과정에서는 박정희 대통령의 역사적인 공로는 누구도 부인할 수 없고, 관료로는 남덕우 전 총리와 박태준 포철 전 회장 등의 공로를 꼽을 수 있다. 그리고 이분들은 사리사욕을 전혀 챙기지 않은 청백리들로서 모두 고인이 되셨지만 이분들이 우리 역사에서 계시지 않았다면 대한민국이 50여 년이란 짧은 기간에 기적적인 발전을 할 수 없었을 것이다.

하지만 근래 20~30여 년 동안 정치 쪽에서는 공과(功過)를 따져보면 공보다는 과가 훨씬 많은 것 같다. 잘한 것보다는 잘못한 것이 좀 더 크기 때문이다. 지나치게 정권에 집착하다 보니 페어플레이 민주정치를 하는 것이 아니라, 정작 아주 중요한 국가와 국민을 위한 안건들은 당을 위한 볼모로 잡아놓고, 상대 당이나 정부를 흠집 내는 일로 세월을 보낸다.

이러한 행태는 국민들을 짜증 나게 해서 정치인들에 대한 불신이 극에 달할 정도로 국민들에게 스트레스를 줄 뿐만 아니라, 이는 결국 국가들 간에 속도전을 벌일 정도로 경쟁이 치열한 이 시기에 나라의 발전을 후퇴시키는 결과를 가져오고 있는 것이다.

게다가 정치자금을 만들기 위해서 기업인들을 위협해서 정경유착의 고리를 만들어내고, 수시로 정권이 바뀔 적마다 기업인들이 압력을 받다 보니 비자금이란 걸 만들게 할 수밖에 없었고 또 그 비자금 때문에 기업인들의 목을 죄는 부조리의 올무에 얽힐 수밖에 없었다.

그러나 이렇게 기적적으로 경제가 발전을 하는 동안 세상의 가치와 사람의 가치도 급속도로 돈과 물질과 권력의 가치로 변해버렸다. 기업인들과 정치인, 그리고 공직자들도 돈과 권력에 매몰돼서 사람의 가치가 '얼마나 돈과 재산을 많이 가졌느냐?' '얼마나 높은 자리에 앉았느냐?'로만 평가되는 세상으로 바뀐 것이다. 따라서 부조리와 부패가 모든 틈새를 파고들어서 도덕과 양심이 사라져간 것이다.

몇십 년이 지난 지금 약간의 사람들은 무언가 느끼기 시작했다. 중요한 무엇이 빠졌다고. 그동안 무엇을 잊고 살았다고. 그동안 돈 좀 벌었다고 세상에 안하무인인 사람이 늘어났다. 선거를 통해 권력을 잡았다고 목에 힘주고 그걸로 돈을 긁어낸 공직자들이 법망에 걸려서 쇠고랑을 차는 경우가 너무 많았다. 그래서 또다시 선거를 해서 새로운 사람을 뽑아야 하니 또 상당한 세금이 들어간다.

돈이 부딪치니 형제고 친구고 상관없이 싸움이 많아지고, 싸움이 많아지니 판검사와 변호사, 경찰이 바빠지고, 수단과 방법을 가리지 않고 돈만 벌면 장땡이니 각종 사기꾼이 늘어나고, 강제로라도 뺏어야 하니 폭력배가 판치고, 세상은 살벌해지고 사람 간에 신의가 사라져가고 있는 것이다. 그래서 날이 갈수록 각양각색의 사건들이 늘어나서 거기에 맞는 법을 만들어야 하니 국회는 거기에 맞는 법안을 산더미같이 쌓아놓고 있다. 이 얼마나 우리 모두의 불행인가? 그동안에 우리는 너무나 큰 것을 잊고 살았다. 우리가 인간인 것을! 사람과 사람 사이에 돈과 권력과 명예만이 전부가 아닌 것을!

　이제부터라도 너와 나를 따질 것 없이 우리 모두가 세상의 잣대가 물질의 가치로만 평가되는 세상을 바꾸는 일에 매진해야 하리라고 본다. 지금부터라도 근세 혼란기 100여 년 동안 잊고 살았던 인간의 도리인 효충경(孝忠敬)의 인성교육을 철저히 하고, 또 우리 기성세대들이 그동안의 잘못을 깨닫고 스스로 배우고 인격을 닦아 모범을 보여야 하리라고 본다. 그리고 모범을 보이고 자식들과 후세들에게 인성을 가르쳐야 할 의무가 있다.

▶ 삼강오륜(三綱五倫)

　삼강오륜은 공맹(孔子와 孟子)의 사상과 교리에 기준을 두고 만들어진 교훈이다. 하늘과 땅, 음양오행의 자연 순환적인 사상을 인간사에 접목시켜서 인륜(人倫)의 도리를 제시한 것이다. 물질문명에 젖어서 인성(人性) 교육이 희미해진 현 시대에도 반드시 필요한 교훈이라고 생각된다. 인간이 살아가는 데 필수적인 교훈은 모두 함축되어 들어 있다.

　(1) 삼강(三綱)

　부위자강(父爲子綱):

　아버지는 아들에게 부자의 도리에 모범을 보이고,

　군위신강(君爲臣綱):

　신하는 임금을 섬기고 임금은 모범을 보인다.

　부위부강(夫爲婦綱):

　남편은 아내를 사랑하고 가장으로서 모범을 모인다.

　(2) 오륜(五倫)

　부자유친(父子有親): 아버지와 아들은 친함이 있어야 하며,

　군신유의(君臣有義): 임금과 신하는 신의가 있어야 하고,

　부부유별(夫婦有別): 남편과 아내는 분별이 있어야 하며,

　장유유서(長幼有序): 어른과 어린이는 차례가 있어야 하며,

　붕우유신(朋友有信): 벗과 벗은 믿음이 있어야 한다.

▶ 주자십회훈(朱子十悔訓)

12세기 남송시대의 주희(朱子)에 의해 만들어진 인생 교훈이다. 주자는 신유교(新儒敎)를 일으킨 주자학의 창시자다. 조선의 정신적 지도자이신 퇴계 이황(退溪 李滉) 선생께서 주자의 교훈을 다 듣어서 이기론(理氣論)과 경(敬) 사상을 교훈으로 한 퇴계학으로 정리하여 아시아의 통치 이념으로 정착하기도 하였다.

1. 불효부모 사후회(不孝父母 死後悔): 부모에 효도하지 않으면 돌아가신 후에 뉘우친다.

2. 불친가족 소후회(不親家族 疎後悔): 가족에게 친절하지 않으면 멀어진 뒤에 뉘우친다.

3. 소불근학 노후회(少不勤學 老後悔): 젊어서 부지런히 배우지 않으면 늙어서 뉘우친다.

4. 안불사난 패후회(安不思難 敗後悔): 편할 때 어려움을 생각하지 않으면 실패한 뒤에(어려움을 당하여) 뉘우친다.

5. 부불검용 빈후회(富不儉用 貧後悔): 잘살 때 아껴 쓰지 않으면 가난한 후에 뉘우친다.

6. 춘불경종 추후회(春不耕種 秋後悔): 봄에 씨를 뿌리지 않으면 가을에 뉘우친다.

7. 불치원장 도후회(不治垣墻 盜後悔): 담장을 고치지 않으면 도적맞은 후에 뉘우친다.

8. 색불근신 병후회(色不謹愼 病後悔): 색을 삼가지 않으면 병든 후에 뉘우친다.

9. 취중망언 성후회(醉中妄言 醒後悔): 술 취해서 망언하면 술 깬 뒤에 뉘우친다.

10. 부접빈객 거후회(不接賓客 去後悔): 손님을 접대하지 않으면

간 뒤에 뉘우친다.

▶ 어버이를 어떻게 섬길 것인가

효자가 어버이를 섬기는 일은 기거함에 있어서는 공경을 다해야 하고, 봉양함에 있어서는 즐거움을 다해야 하며, 병들었을 때는 근심을 다해야 하고, 돌아가실 때에는 슬픔을 다해야 하며, 제사 지낼 때에는 엄숙함을 다해야 한다.

子曰 孝子之事親也(효자지사친야)에 居則致其敬(거즉치기경)하고 養則致其樂(양즉치기락)하며 病則致其憂(병즉치기우)하고 喪則致其哀(상즉치기애)하고 祭則致其嚴(제즉치기엄)이니라.

▶ 겸손하라, 항상 겸손하라

나를 귀하게 여김으로써 남을 천하게 여기지 말 것이며, 나를 크다고 여겨 남의 작음을 멸시하지 말 것이며, 나의 용기를 믿고 적을 가볍게 보지 말라.

太公曰 勿以貴己而賤人(태공왈 물이귀기이천인)하고 勿以自大而蔑小(물이자대이멸소)하고 勿以恃勇而輕敵(물이시용이경적)이니라.

※겸손하라, 진실로 겸손하라! 왜냐하면 그대는 아직도 위대하지 못하기 때문이다. 진실로 겸손함, 그것이 바로 자기완성의 토대가 될 것이다.-톨스토이.

▶ 가르치지 않으면 현명할 수가 없다

아무리 작은 일일지라도 하지 않으면 이루어지지 않고 자식이 아무리 어질더라도 가르치지 않으면 현명할 수가 없다.

莊子曰 事雖小(장자왈 사수소)나 不作(부작)이면 不成(불성)이요 子

雖賢(자수현)이나 不教(불교)면 不明(불명)이니라.

※조직적인 지식의 도움이 없으면 타고난 재능은 무력하다. 직관
(直觀)은 많은 것을 하지만 모든 것을 할 수는 없다. 천재가 과
학과 결혼했을 때 비로소 최고의 성과를 낳을 수가 있다.
　　　　　　　　　　　　　　-E. 스펜서(영국 시인)의 교육론.

※재치가 있다는 사람은 배우는 것을 중요하게 생각하지 않으며
단순한 사람은 배워서 아는 사람을 숭배한다. 배운 것을 실제
로 사용하는 사람이 가장 현명한 사람이다. 학문은 그 사용법
까지 가르쳐주지 않는다. 학문을 이용한다는 것은 학문을 떠나
서 한걸음 높은 지혜이다.-베이컨(영국의 철학자, 정치가).

▶ 엄한 스승과 친구는 성공의 지렛대다
　안으로 어진 아버지와 형이 없고, 밖으로 엄한 스승과 친구가
없이 성공한 자는 드물다.
　呂榮公(여영공) 曰 內無賢父兄(내무현부형)하고 外無嚴師友(외무엄사
우)하여 而能有成者(이능유성자)는 鮮矣(선의)니라.

*呂榮公: 이름은 希哲, 榮은 시호이고 북송의 학자이다.

▶ 덕을 앞지를 수 있는 것은 아무것도 없다
　위태롭고 험한 것을 알면 법망에 걸리는 일이 없고, 선하고 어
진 사람을 천거하면 몸을 편안히 할 수가 있다. 어진 일과 덕을
베풀면 대대로 번영을 가져오게 되고, 시기하고 복수할 마음을
품으면 자손에게 환난이 닥친다. 남에게 손해를 끼치고 자기를 이
롭게 하면 자손이 뛰어나지 못하고, 많은 사람을 해쳐 자기 집안

을 이룬다면 그 부귀는 오래갈 수 없다. 나쁜 이름을 얻고 참혹한 형벌을 받게 되는 것은 모두 교묘한 말 때문이며, 화를 당해서 몸을 다치게 되는 것은 모두 어질지 못함이 불러들인 것이다.

眞宗皇帝御製(진종황제어제)에 曰 知危識險(지위식험)이면 終無羅網之門(종무나망지문)이요 擧善薦賢(거선천현)이면 自有安身之路(자유안신지로)라. 施仁布德(시인포덕)은 乃世代之營昌(내세대지영창)이요 懷妬報寃(회투보원)은 與子孫之爲患(여자손지위환)이라. 損人利己(손인이기)면 終無顯達雲仍(종무현달운잉)이요 害衆成家(해중성가)면 豈有久長富貴(기유구장부귀)리오. 改名異體(개명이체)는 皆因巧語而生(개인교어이생)이요 禍起傷身(화기상신)은 皆是不仁之召(개시불인지소)니라.

* 眞宗 皇帝(968~1022): 중국 송나라의 제3대 천자로 태종의 셋째 아들.

《탈무드》에서

▶ 교육

- 향수를 팔고 있는 상점에 들어가면 향수를 사지 않아도 몸에서 향기가 난다.
- 가죽 공장에 들어가면 가죽으로 만든 물건을 사지 않아도 역한 냄새가 난다.
- 칼을 품고 있는 사람은 책을 갖고 설 수 없다. 또, 책을 갖고 있는 사람은 칼을 품고 설 수 없다.
- 자신을 아는 것이 곧 최대의 지혜다.
- 의사의 충고만 듣고 있으면 의사에게 돈을 지불할 필요는 없다.
- 값비싼 진주를 잃어버렸을 때, 그것을 찾기 위하여 값싼 양초가 쓰인다.
- 가난한 집안의 아들은 칭송을 받을 것이다. 우리 모두에게 지혜를 주는 것이 바로 그들이기 때문이다.
- 기억력을 증진시켜주는 최고의 약은 감탄하는 것이다.
- 이름이 팔리면 곧 잊혀진다. 지식 또한 얕으면 곧 잃어버린다.
- 아이들을 가르치는 것은 아무것도 적혀 있지 않은 백지 위에 무엇을 그리거나 쓰는 일과 같다. 노인을 가르치는 것은 글자가 가득 적힌 종이에서 빈 곳을 찾아내어 무엇인가 써넣는 행위와 같다.

▶ 교사

유대인의 가정에서는 반드시 아버지가 아들에게 《탈무드》를 가르친다. 그러나 이때 아버지가 자주 화를 내거나 지나치게 엄

하게 다루면 아이들은 아버지가 무서워 배울 마음을 상실하고
만다.

▶ 지혜는 지식을 담는 그릇이다

① 지식과 지혜의 차이

• 지식은 '무엇'을 지혜는 '어떻게'를 배운다

지식은 학교나 도서관에서 배우지만, 지혜는 역사, 전통, 철학, 사상, 종교 및 고전, 효도 같은 수직 문화에서, 특히 기독교인은 성경에서 배운다. 그리고 가정과 생활의 현장에서 배운다. 배운 지식은 시간이 지나면서 잊어버리지만 지혜는 경륜이 더할수록 더 많아지고 세련되어진다. 지식이 '무엇이냐(What)'에 대한 공부라면, 지혜는 '어떻게 대처하느냐(How)' 그 방법을 배우는 것이다.

유대인은 지혜교육을 통해 사리를 분별하는 판단력을 배운다. 지혜로운 판단력은 삶을 승리로 이끄는 스승이다. 개인이나 조직 또는 국가에는 시시각각으로 위기가 닥친다. 그때마다 위기를 기회로 바꾸려면 무엇보다도 지혜가 필요하다.

유대인은 '지혜는 칼보다 강하다.'고 믿는다(Solomon). 그렇기 때문에 그들은 권력자나 부자보다도 지혜자를 존경한다. 유대인의 지혜자는 대부분 랍비들이다. 지혜교육은 가정에서 할아버지나 할머니, 부모로부터 종교교육은 물론 도덕과 윤리 및 지혜를 터득한다.

또 그들의 부모는 지혜자인 랍비에게서 배운다. 또 어른을 공경하지 않고는 어른들에게 조상 대대로 내려오는 조상들의 역사와 성경을 배울 수 없기 때문이다. 즉 지혜를 배울 수 없기 때문이다. 뿐만 아니라 연세 많은 분들에게는 실패와 성공을 되풀이하면서 얻은 그들만의 체험담, 즉 지혜가 있다.

참 지혜자는 자신의 주장보다 어른들의 말씀을 귀담아들을 줄안다. 그리고 그들의 지혜를 배우도록 노력하는 자다. 유대인들은 백발을 존경한다. 그들은 부모 세대가 자녀들에게 하나님의 말씀과 전통을 제대로 가르쳤기 때문에 오늘의 자신들이 있음을 안다. 그래서 부모 세대를 생각할 때마다 눈물로 감사하며, 뿌듯하고 힘이 난다고 한다.

윗세대에 대한 이러한 자부심은 아브라함 때부터 현재까지 이어져오고 있다. 유대인들이 《탈무드》나 유대 민족의 고전들을 곰팡이 핀 고서로 취급하지 않고 지금 쓰인 책처럼 신선한 느낌으로 읽는 것은 오랜 역사의 경험에서 얻어진 교훈을 소중하게 여기기 때문이다.

《탈무드》의 격언에 "하나님이 인간을 창조할 때에 왜 입은 하나, 귀는 둘을 만드셨는가? 이는 인간이 말을 하는 것보다 두 배나 많은 남의 말을 들어야 하기 때문이다. 즉 말하는 것보다 두 배로 지혜를 듣고 배우고 실천하라는 것이다."

• 한국의 젊은이들이여, 백발에게 배우라

경로사상은 다른 게 아니다. 앞서 살아온 어른들을 존경하고 그들로부터 지혜를 배우는 것이다. 학교교육을 제대로 받지 못한 어른들은 고학력의 신세대에 비해 지식은 부족할지 모르나 경험에서 우러나는 많은 지혜를 갖고 있다. 특히 격동의 현대사를 몸으로 겪은 한국 노인들은 문화적, 학문적, 도덕적, 사상적으로 엄청난 경험을 축적하고 있다. 일본군과 중국군, 인민군, 한국군 등 4개국 군대를 모두 체험했거나 조국의 광복과 공산주의와 자유

민주주의의 이데올로기 대립 등을 두루 겪은 사상의 백화점이며, 신학문을 접하고 한국을 경제대국으로 일으킨 최초의 세대다. 이러한 비싼 경험들을 갖고 있음에도 불구하고 노인들의 식견은 고루하게 취급된다. 이분들이 돌아가시기 전에 지혜를 경청하고 배워서 이분들의 경험을 정리하고 연구해서 우리 민족의 저력으로 만들어야 한다.

• 《탈무드》에서는 '지혜로운 판사'를 2가지로 정의하고 있다

첫째, 판사가 되려면 항상 겸손하고 언제나 선행만을 행하며, 정확한 판별력과 위엄을 갖추고, 지금까지의 이력이 깨끗해야 한다. 따라서 남을 비판하기 전에 자신을 살펴야 한다.

둘째, 판사는 반드시 진실함과 평화를 모두 구해야 한다. 만일 진실만을 추종한다면 평화를 잃고 만다. 그러므로 진실함과 평화로움을 함께 지킬 수 있는 방법을 찾아내야 하는데, 그것이 바로 타협이다.

결론적으로 지혜는 살아가면서 어려운 문제가 생길 때마다 그 문제를 해결할 수 있는 능력을 말한다. 지혜가 있는 사람은 삶의 요령이 있다. 요령 있는 인간과 약은(IQ 교육만 받은 지식인) 인간의 차이는 이렇다. 요령이 뛰어난 사람은, 지식인이 절대로 벗어날 수 없는 어려운 상황을 무난히 빠져나가는 사람이다(Tokayer, 《탈무드》, 1989a, p. 72).

여기에서도 지혜가 인생의 문제를 해결하는 도구임을 알 수 있다.

• 책에서 지식을 얻고, 인생에서 지혜를 배운다

유대인들은 교육이라고 하면 시설이 잘 갖추어진 학교보다 집

을 먼저 떠올린다. 그만큼 가정교육을 중요시하기 때문이다. 유대인은 학교에서 지식을 배우고 가정에서는 지혜를 배운다. 또 아이들은 대부분의 시간을 가정에서 보낸다.

인간의 지혜가 경전을 낳았다면, 인간의 지식은 대륙간 탄도탄을 만들었다. 유대인들은 지식은 날마다 새롭게 발전하지만 지혜는 옛날이나 지금이나 차이가 없다고 믿고 있다. 이러한 이유 때문에 수천 년 전에 만들어진 성서와 《탈무드》를 믿고 따르는 것이다. 이들은 지식이 기록된 책과 지혜가 기록된 책을 구별하고 있으며, 지식의 책 못지않게 지혜의 책을 읽어야 한다고 믿는다. 하지만 유대 민족의 고전은 책을 통해 배우는 지혜보다는 부모를 통해 배우는 지혜가 가장 소중하고 훌륭한 것이라고 가르친다.

② 수직 문화 속에 녹아 있는 지혜

유대인들은 지혜교육의 내용과 형식을 매일의 삶에 적용하여 구조화하는 철저한 삶의 문화를 갖고 있다. 즉 그들의 지혜교육의 내용과 형식은 그들만의 독특한 수직 문화 속에 넓고 깊게 녹아 있다.

수직 문화란 인간의 내면적 정신세계를 이루는 역사, 철학, 사상, 전통, 고전 및 종교에 의한 문화다. 이와 대조를 이루는 수평 문화는 인간의 외면적 세계와 연관된 문화로서 형이하학적(形而下學的)인 물질, 권력, 명예, 유행 및 현대 학문과 현대 과학 등이 속한다.

수직 문화가 변하지 않는 영혼을 위한 가치들이라면, 수평 문화는 항상 변하는 육을 위한 땅의 것들이다.

수직 문화가 인생의 삶의 의미를 찾는 깊이 있는 문화라면, 수평 문화는 인생의 재미를 찾는 표면 문화다.

수직 문화는 인간의 정신적 세계를 굳건히 하여 내면적 자신감을 키우고 인격이 큰 그릇으로 만든다.

수직 문화가 컴퓨터의 하드웨어라면, 현대 학문이나 현대 과학 등의 수평 문화는 소프트웨어에 속한다.

다시 말해 지혜는 지식을 담는 그릇이다. 따라서 지혜가 커야 그 안에서 현대 학교에서 배운 세상 학문도 크게 쓰일 수 있다.

이러한 지혜가 배어 있는 인성교육은 여러 종교인의 종교교육에도 적용될 수 있을 뿐 아니라 정치인이나 사업가, 과학자, 의사, 변호사 및 예술가 등과 같은 직업인들에게도 동일하게 적용된다.

즉 그들이 평생 도덕적으로 타락하지 않고 리더십을 발휘하며, 꾸준히 남을 유익하게 하고 성공적인 삶을 사는 데도 적용된다는 의미다. 수직 문화가 강하게 배어 있는 지혜자의 특징 중 하나가 넓은 마음이다. 그들은 편협하지 않고 포용력이 크다. 선이 굵고, 대가 세고, 리더십이 강하다.

수직 문화에서 지혜는 인간의 그릇과도 연결되고, 문제 해결의 도구로도 사용된다. 따라서 지혜자는 마음이 넓고, 생각이 깊고, 총명이 남다르다. 무슨 일을 하든지 숲과 나무를 보는 동시에 보는 안목으로 남이 보지 못하는 바를 보고, 남이 생각하지 못하는 부분을 찾아낸다. 그리고 문제가 생길 것을 미리 알고 방지하거나, 문제가 생겼을 때 크게 놀라지 않고 침착하게 해결 방법을 찾아내어 재앙을 막는다.

또 선악을 구별하여 실타래처럼 엉킨 문제를 푸는 능력이나 큰 문제를 두고 양자 간에 판단할 때 어느 길이 옳은지 판단하는 능력이 뛰어나다. 그리고 사물을 판단할 때나 인생을 살아갈 때 멀리 보고 일을 결정하여 당장은 손해를 보는 것 같지만 결국에는 승리를 이끌어낸다.

솔로몬이 지혜로서 친어머니를 가려낸 사실은 역사적으로 유명한 이야기다. 두 여인이 아기를 놓고 서로 자신의 아이라고 주장하자, "살아 있는 아이를 칼로 쪼개 반씩 나누라"고 솔로몬이 명했다. 그러자 한 여인은 그렇게 하라고 배짱을 부리지만 다른 여인은 죽이지 말고 그냥 상대편 여자에게 주라고 사정한다. 솔로몬은 후자가 친어머니라고 판결하고 악한 여인을 사기죄로 엄벌한다. 모성애를 이용한 솔로몬의 지혜로운 재판의 예다.

▶ 지혜는 칼보다 강하다

① 머리를 써라-유대인 왜 지혜를 강조하는가?

첫째, 그들의 역사는 마음 놓고 살 수 없는 위기의 연속이었다. 이방인의 침입으로 하루아침에 전 재산이 날아갈지 모르는 위기 속에서 살아온 것이다. 따라서 유대인 부모는 자녀들에게 화재나 홍수 또는 전쟁으로 전 재산을 잃더라도 지식과 지혜는 잃지 않는다고 가르친다(Solomon, 2005; Tokayer, 1989a, 1989b; Yyro, 1988).

유대인은 수천 년 박해의 역사 속에서 눈에 보이는 세상의 물질은 물거품과 같다는 것을 절실히 깨달았고, 이 귀한 진리를 자녀에게 대를 이어 가르쳤다. 언제라도 맨손 들고 또다시 일어나기 위해서는 물질보다 삶의 지혜가 필요하다는 것을 깨달은 것이다.

둘째, 이스라엘의 면적은 한국의 강원도와 경기도를 합친 정도다.

전 세계에 흩어져 있는 유대인을 다 모은다 해도 남한 인구의 1/3에 해당하는 1,500만 명에 불과하다. 현재 그들의 절반은 미국에 살고 있다. 게다가 그들의 땅은 대부분 사막인 박토이고 항상 주변의 적대 국가로부터의 침략 위험에 노출되어 있다. 이러한 악조건에서 살아남는 방법은 오직 지혜를 구하는 길밖에 없다. 그들은 특히 하나님의 지혜를 구했다.

유대인의 격언에는 이런 말이 있다. "학자를 초대한 적이 없는 식탁은 하나님의 축복을 받을 수 없다." 유대인의 이상은 왕이 되거나 부자들과 어울리는 것이 아니다. 학자들과 만나 식탁에 앉아 최고의 경험을 나누는 것이다. 그들은 "지혜 있는 자는 강하고 지식 있는 자는 힘을 더한다."고 가르친다(잠 24; 5). 최고의 경험이란 무엇인가? 바로 성경 말씀을 포함한 선조들의 지혜를 말한다.

한국도 상당히 비슷한 환경이지만 지혜를 배우려는 노력이 많이 부족할 뿐만 아니라 그 지혜를 가르칠 의지가 없는 것이 안타깝다.

② 유대인은 '남을 이겨라' 대신 '남과 다르게 되라'고 가르친다.

유대인들은 "남을 이기기 위해 노력하라"가 아니고 "남과 다르게 되라"라고 가르친다. 그리고 자녀를 책망할 때 "형은 이렇게 하는데 너는 왜 그 모양이냐?"라는 식의 비교를 하지 않는다.

형제의 지능지수(IQ) 비교는 양쪽을 다 죽이지만 개성 비교는 양쪽을 살리기 때문이다(Shilo, 1993, pp. 62~63). 그 대신 유대인 부모는 자녀들의 특성을 장점으로 키워준다. 다른 사람과 다르게 생각하고 그 특성을 창의적으로 계발하라고 가르친다. 즉 자신만의 특성을 가지라는 것이다. 가령 신발 끈을 매더라도 다른 사람이 매는 방법을 따르지 말고 다른 방법으로 매보라고 가르치는 것이다.

유대인은 새로운 종류의 사업이나 상품을 개발하는 데 천부적인 소질을 갖고 있다. 창조적인 지혜교육에 힘입어 역사적으로 남이 생각하지 않는 분야를 많이 개척하여 인류에 공헌했다. 오늘날의 금융업을 처음으로 창안한 로스차일드뿐 아니라 경제와 사회, 학계, 심지어 할리우드 영화산업에 이르기까지 그 예는 너무나 다양하다.

할리우드 영화계를 주름잡는 유대계 출신 스필버그 감독은 UCLA 대학교에 재학 중이던 스무 살 때부터 특출한 영화를 만들어 주목을 끌었다가, 지구인과 우주인의 만남을 소재로 한 〈클로즈 인카운터(Close Encounter)〉에 이어 한 소년이 우주인을 만나 우정을 나누는 〈E. T.〉로 전 세계를 깜짝 놀라게 했고, 그 뒤 그 유명한 〈쥬라기 공원〉을 만들기도 하였다.

그 유명한 과학자 알베르트 아인슈타인(1879~1955)은 8세까지 열등아였다. 그는 어릴 때 발달이 늦어 부모나 교사들 모두 '저능아'라고 생각했을 정도였다. 그러나 유대인은 저능아를 저능아로 놔두지 않고 아이의 독창적인 개성이 무엇인지 발견하여 세계적인 물리학자로 키워놓았다. 훗날 아인슈타인은 어린 시절을 회고하며 15세가 되자 강한 지식욕이 생겨 수많은 고전을 탐독했다고 말했다. 그 뒤 그는 상대성 이론을 발견하여 세계적인 과학자가 되었다.

인간에게는 누구나 장점과 단점이 있다. 지능지수는 인간 능력의 일부분을 평가할 뿐 전인적인 능력을 평가하지는 못한다. 어떤 사람은 수학, 어떤 사람은 운동, 어떤 사람은 예술에 소질이 있고, 또 어떤 사람은 암기력이 좋은 반면 어떤 사람은 암기력은 둔하나 깊고 넓게 사고하는 능력이 있을 수 있다. 다 각자의 달란트가 다른 것이다. 따라서 유대인 부모는 자녀들의 지능지수를 비교하지 않고 각 자녀가 갖고 있는 특성과 개성을 중요시하며 이를 계발하는 데 주력한다.

③ 지혜로 남의 땅을 향유하는 유대인

유대인은 타 민족과 섞이지 않으면서도 더불어 살아가는 지혜를 갖고 있다. 우리가 흔히 말하는 인간관계의 차원을 넘어 타 민족과 관계를 맺는 데도 능수능란하다. 한 가지 예를 들어보자. 1992년 미국 로스앤젤레스에서 4·29 폭동이 일어난 뒤 한인을 향한 흑인들의 불만이 언론에 자주 부각되었다. 흑인들은 한인 상인들이 손님인 자신들에게 화를 내거나 안 보는 데서 욕을 한다고 불만스러워했다.

유대인들도 똑같이 흑인들을 상대로 장사를 해왔다. 로스앤젤레스나 뉴욕의 한인 상점들은 대부분 유대인들로부터 인수한 것이다. 똑같은 장소에서 똑같은 사업을 하는데 왜 한인들은 더 많은 피해를 보는가? 유대인은 고객에게 화를 내는 일이 없다. 설사 물건을 훔치고 못된 짓을 하는 사람이 있더라도 경찰을 부르거나 나중에 변호사를 통해 고소를 할망정 면전에서는 부드럽다. 실상 그들은 비즈니스에서는 야박하리만큼 계산이 철저하다. 반면 한국인들은 기분에 따라 인심이 후하기도 하고 야박하기도 하다. 결국 한국인들은 물질은 물질대로 손해를 보면서 흑인들로부터 욕을 먹고, 유대인은 물질은 물질대로 챙기면서 흑인들의 환심을 산다. 이것이 유대인의 지혜다.

3. 상생(相生)과 배려(配慮)의 교육

사람이 산다는 것은 결국 사람과 사람, 서로 간의 관계이다. 누구나가 삶의 중심이 나에게 있다. 나를 떠나면 모두가 남이지만 그 남은 또 모두가 나다. 인간관계는 만나면 즐겁고 인정이 생기는 관계도 많지만 살아가다 보면 많은 부분에서 이해관계가 얽힌다. 그 이해관계에서 수많은 분쟁들이 생기고 세상이 시끄러워지고 불행과 고통이 시작된다. 물질문명이 발달할수록 사람의 가치관이 물질에 치우쳐서 상대방에 대한 배려의 마음이 부족해진다. 여기에 덧붙이는 것이 자존심이다. 자존심과 이해관계는 싸움의 불씨요 서로 간에 불행의 불씨다.

'가는 말이 고와야 오는 말이 곱다.'라는 속담이 있는데 그보다 먼저 '가는 마음이 고와야 오는 마음이 곱다.'라는 생각을 해보게 된다. 상대방의 입장을 어느만큼까지 이해하고 배려해줄 수 있느냐에 따라 오는 마음과 오는 말이 믿음과 호감을 가져다준다.

미소와 행복은 자신의 노력에 따라 물결처럼 번진다. 중요한 것은 상대방과의 관계에서 내 입장과 상대방의 입장을 같이 고려하는 공생의 정신이 앞서야만 배려의 마음이 생기고 배려가 이루어진다.

그런데 세상은 배려보다는 이기는 교육을 위주로 하고, 그리고 이긴 자 성공한 자에게만 박수를 치고 칭찬을 해준다. 진 자와 뒤처진 자,

실패한 자에 대한 배려가 많이 부족한 것이다. 바로 이 점이 사회적 갈등을 일으키고 분쟁을 만들며 모두에게 불행의 역 파도를 맞게 하는 원인이 된다. 물론 그런 것들을 극복하고 부정보다는 긍정의 마음으로 세상을 이겨나가는 사람들도 대단히 많다.

세상에는 남의 행복과 세상의 평화를 위해서 살다 가신 분들이 너무나 많이 계시다. 예수 그리스도, 석가, 공자 등 성현들은 물론이고 과거 역사 속에서 우리 인류를 위해서 자기인 나를 희생하신 분들이 아주 많다. 우리 후세들은 그분들의 음덕으로 그 옛날보다 훨씬 평화스럽고 안정된 세상에 살고 있는데, 항상 현실의 사람들은 그 고마움과 교훈까지는 생각을 못하고 당장 내 앞에 이익만을 탐하고 살아간다.

지금도 우리 인류를 위해서 자기희생을 아끼지 않고 봉사를 하고 사시는 분들이 아주 많다. 우리가 사는 세상에는 십억 명 이상의 사람들이 극심한 가난과 질병으로 고통받고 있는데 이런 사람들을 위해서 자기의 생을 여기에 바치고 사시는 분들도 많이 있다.

잘 먹고 편안히 사는 만큼 이렇게 고통받는 사람들과 이분들을 위해서 자신의 일생을 바치는 분들을 생각하면서 스스로 절제하고 남을 도울 수 있는 마음가짐을 가지고 살아가는 것이 인간으로서 의무적인 배려가 아닐까? 이러한 정신이 이웃과 정답게 사는 비결이고 세계 평화로 가는 첫걸음일 게다.

세상이 갈수록 시끄러워지고 갈등이 심해지는 것은 상생 배려(相生 配慮)의 정신은 아예 잊어버린 채 자신의 이기주의로만 치닫고, 오히려 더 나아가 상대를 짓밟고 못살게 해야만 내가 살 수 있다는 비인간적인 생리로 사는 사람들이 많아지고 있기 때문이다. 일부 악(惡)과 오기(午氣)의 덩어리로 뭉친 사람들은 동물보다도 잔인하거나 못하다. 미꾸라지 한 마리가 온 연못을 흐려놓듯이 단 0.1%도 안 되는 오기 덩어리가 온 세상 사람들을 힘들게 만들고 검은 물로 오염까지 시키고 있는 것이다.

그런 사악한 사람들을 보면 대개가 어려서 자란 환경이 그러한 악한 인성을 만든 것이 대부분이다. 무엇보다 부모가 자식을 위해서 모범을 보이고 스스로 모자라는 것을 배우려고 노력해야 하는데 부부싸움이나 자주 하고 가장이라고 술 먹고 행패나 부리고, 서로 이해와 배려 없이 행동하면 그 자식들이 어떻게 자라겠는가? 결국 그 아이가 자라면서 그 부모를 닮아가고 그 업보를 부모가 되받게 된다.

그래서 아이가 태어나면 반드시 그 아이를 위해서 가정과 사회와 나라가 지혜로운 인성교육을 시키는 것이 중요하다. 순수하게 그 아이의 일생을 위해서 바르고 선한 인성을 가르치는 것은 우리 모두의 필연의 의무이다. 이것은 세상을 평화롭게 만드는 첫걸음이다.

그런데 자라나는 아이들에게까지 자기들이 지배하는 세상을 만들기 위해서 검은 정치 이념으로 물들여서 이용하는 세력이 있으니 한심한 노릇이다. 자기들의 지배적 욕구를 채우기 위해서 어린아이들까지 도구로 삼는 사람들은 인간에게뿐 아니라 하늘에다가도 죄를 짓는 것이다.

▶ 선행은 모든 악행을 제압한다

나에게 선하게 행하는 사람에게 나 역시 선하게 대하고 나에게 악하게 행하는 사람도 선하게 대하라. 내가 이미 남에게 악한 일을 하지 않았으면 남도 나에게 악하게 할 수 없기 때문이다.

莊子曰(장자왈) 於我善者(어아선자)도 我亦善之(아역선지)하고 於我惡者(어아악자)도 我亦善之(아역선지)니라. 我己於人(아기어인)에 無惡(무악)이면 人能於我(인능어아)에 無惡哉(무악재)인져.

▶ 남을 꾸짖는 마음으로 나를 꾸짖으라

범충선공이 자제를 경계하여 말했다. 누구나 자기는 어리석을지라도 남의 허물을 꾸짖기를 잘하고 비록 재주가 있다 해도 자기를 용서하는 것에는 어둡다. 다만 너희들은 남을 꾸짖는 마음으로 자기를 꾸짖고, 자기를 용서하는 마음으로 남을 용서하라. 그러면 성현(聖賢)의 경지에까지 이르지 못할까 근심할 필요가 없다.

范忠宣公(범충선공)이 戒子弟曰(계자제왈) 人雖至愚(인수지우)나 責人則明(책인즉명)하고 雖有聰明(수유총명)이라도 恕己則昏(서기즉혼)이니 爾曹(이조)는 但當以責人之心(단당이책인지심)으로 責己(책기)하고 恕己之心(서기지심)으로 恕人(서인)이면 不患不到聖賢地位也(불환부도성현지위야)니라.

* 范忠宣公: 북송의 철종 때 재상, 이름은 순인(純仁). 충선은 시호이다.

▶ 개구리는 올챙이 때를 기억하시 못한다

　적게 베풀고 많이 바라는 자는 보답이 없고, 귀하게 된 다음에 미천했던 때를 잊은 자는 오래가지 못한다.

　素書(소서)에 云(운) 博施厚望者(박시후망자)는 不報(불보)하고 貴而忘賤者(귀이망천자)는 不久(불구)니라.

*素書: 진(秦)나라 말기의 병가(兵家)인 황석공(黃石公)이 장량에게 전해준 병서의 이름.

▶ 모든 일에 인정을 남겨두라

　모든 일에 인정을 남겨두라. 후일에 서로 좋은 낯으로 만나게 된다.

　凡事(범사)에 有人情(유인정)이면 後來(후래)에 好相見(호상견)이니라.

▶ 마음의 거리를 좁히기는 참으로 어렵다

　얼굴을 맞대고 서로 이야기하고 있지만, 마음은 사이에 천 개의 산이 있는 것과 같다.

　對面共話(대면공화)하되 心隔千山(심격천산)이니라.

▶ 신뢰만이 의심을 없앨 수 있다

　의심스러운 사람은 쓰지 말고 한 번 쓴 사람은 의심하지 말라.

　疑人莫用(의인막용)하고 用人勿疑(용인물의)니라.

▶ 한쪽 말만 듣는 것은 큰 어리석음이다

　만약 한쪽 말만 듣게 되면 친한 사이가 멀어지게 된다.

　若聽一面說(약청일면설)이면 便見相離別(편견상이별)이니라.

※그대가 생각하는 일을 잘 검토하라. 별다른 생각 없이 한 말이 눈사태처럼 부피를 더하고, 드디어는 일생의 행복을 파괴해버리는 일이 빈번히 있기 때문이다.-슈덴베르크.

▶ 원수지는 것은 곧 화(禍)를 심는 것이다

남과 원수지는 것을 화를 심는다고 이르고, 선(善)을 두고도 행하지 않는 것을 스스로 해친다고 이른다.

景行錄(경행록)에 云 結怨於人(결원어인)을 謂之種禍(위지종화)요 捨善不爲(사선불위)를 謂之自賊(위지자적)이니라.

▶ 물이 너무 맑으면 고기가 없다

물이 너무 맑으면 고기가 없고, 사람이 너무 따지면 친구가 없다.

家語(가어)에 云 水至淸則無魚(수지청즉무어)하고 人至察則無徒(인지찰즉무도)니라.

▶ 남을 도울 줄 아는 사람이 되어라

남의 흉함을 민망하게 여기고 남의 착함을 즐겁게 여기며 남의 급함을 도와주고 남의 위태로움을 구해주어라.

悶人之凶(민인지흉)하고 樂人之善(낙인지선)하며 濟人之急(제인지급)하고 救人之危(구인지위)니라.

▶ 내가 싫은 것은 남에게도 싫은 것이다

남을 대하는 요령은 자기가 하고 싶지 않은 것을 남에게 맡기지 않는 것이며, 그렇게 했는데도 잘되지 않으면 돌이켜 자신에게서 원인을 찾으라.

性理書(성리서)에 云 接物之要(접물지요)는 己所不慾(기소불욕)을 勿施於人(물시어인)하고 行有不得(행유부득)이어든 反求諸己(반구제기)니라.

▶ 결코 부유하고 가난함을 가리지 말라

부유하다 해서 친하지 않고 가난하다고 해서 멀리하지 않으면 이 사람이야말로 사람 중의 대장부다. 부유하면 가까이하고 가난하면 멀리하는 사람이야말로 사람 중의 소인배다.

蘇東坡(소동파) 云 富不親兮貧不疎(부불친혜빈불소)는 此是人間大丈夫(차시인간대장부)요 富則進兮貧則退(부즉진혜빈즉퇴)는 此是人間眞小輩(차시인간소인배)니라.

*蘇東坡(1037~1101): 중국 북송의 문인. 당송 8대가의 한 사람.

▶ 일곱 번째 사람

어떤 랍비가 말했다.

"내일 아침에 여섯 사람이 모여 이 문제를 해결하기로 했다."

그런데 이튿날 아침이 되자 일곱 사람이 모였다. 초청하지 않은 사람이 한 명 더 있는 것이었다. 랍비는 그 불청객을 가려내기 위하여 "여기에 있을 필요가 없는 사람이 있으니 그분은 돌아가시오."라고 했다.

그러자 그들 중 누가 생각해보아도 그 자리에 꼭 있어야 할 사람이 벌떡 일어나서 나가버렸다.

그 사람은 왜 그랬을까? 그는 초청을 받지 않았는데도 잘못 알고 나와 있던 사람이 굴욕감을 느끼지 않게 하기 위해 자신이 나갔던 것이다.

▶ 지도자

뱀의 꼬리가 늘 머리 뒤에 붙어 다니는 것이 불만이어서 어느 날 머리에게 불만을 터뜨렸다.

"어째서 나는 항상 네 꽁무니만 따라다녀야 하고, 너는 항상 네 마음대로 나를 끌고 다닐 수 있는 거지? 이건 공평하지 못한 일이야. 나도 분명히 뱀의 한 부분인데 항상 노예처럼 네게 달라붙어 끌려다니기만 해야 된다니 이건 너무 부당해."

그러자 머리가 당연하다는 듯이 대꾸했다.

"그게 무슨 말이야, 바보같이. 너에게는 앞을 볼 수 있는 눈도 없고, 위험을 알아차릴 귀도 없고, 행동을 결정할 두뇌도 없잖니.

나는 결코 나 자신만을 위해 그렇게 하는 것이 아니라 너를 생각해서 끌고 다니는 거야, 알겠니?"

꼬리가 큰 소리로 비웃으며 말했다.

"그런 말은 지겹도록 들어왔어, 폭군이나 독재자들도 자신을 따르는 자들을 위하여 일한다는 구실로, 제 마음대로 하고 있는 거야."

이렇게 응수하자 머리는 할 수 없다는 듯이 말했다.

"정 그렇다면 네가 한번 내가 하는 일을 맡아볼래?"

그러자 꼬리는 매우 좋아하며, 신이 나서 앞에 나서서 움직이기 시작했다. 그러나 얼마 가지 못해서 뱀은 도랑에 빠졌다가 천신만고 끝에 간신히 도랑에서 기어 올라올 수 있었다. 또, 얼마를 기어가다가 꼬리는 가시덤불 속으로 들어가고 말았다. 그러나 꼬리가 가시덤불을 빠져나오려고 애를 쓰면 쓸수록 점점 더 가시에 찔려서 옴짝달싹할 수가 없었다. 상처투성이가 된 뱀은 이번에도 머리의 도움으로 간신히 가시덤불에서 빠져나올 수 있었다.

그러나 이번에는 불길 속으로 들어가고 말았다. 몸이 점점 뜨거워지고 갑자기 앞이 캄캄해지자 뱀은 두려움에 떨기 시작했다. 다급해진 머리가 필사적으로 탈출하려 했지만 이미 때는 늦었다. 몸은 불타고, 머리도 함께 죽어버렸다.

머리는 결국 맹목적인 꼬리에 의해서 희생되고 만 것이다. 그러므로 지도자를 선택할 때는 항상 머리와 같은 자를 선택해야지 꼬리와 같은 자를 선택해서는 안 된다.

▶ 우정
• 만약 벗이 싱싱한 채소를 가지고 있으면, 거기에 필요한 고기를 보내주어라.

• 설령 벗이 너를 꿀처럼 달게 대하여도, 너는 그것을 모두 핥아 먹어서는 안 된다.

▶ 거짓말

《탈무드》에는 2가지 경우에는 거짓말을 해도 좋다고 되어 있다.

첫째, 누가 이미 물건을 산 뒤 어떠냐고 의견을 물으면, 설령 그것이 좋지 않아도 좋은 것이라고 거짓말을 하라.

둘째, 친구가 결혼을 했을 때는 반드시 부인이 정말 미인이니, 행복하게 살라고 거짓말을 하라.

▶ 벌금

어떤 유대인 회사에서 유대인 사원이 일하고 있었다. 그런데 어느 날 그 사원이 공금을 가지고 달아나버렸다. 사장은 크게 화가 나서 신고하려 했으나 회사 책임자가 랍비에게 찾아가서 '처리 문제'를 논의했다. 랍비는 만일 그 사람이 공금을 가지고 도망했다 하여 경찰에 고발하면 그가 감옥에 들어갈 것이 틀림없을 것이고, 그렇다면 그것은 유대인이 취할 현명한 태도가 아니라고 일러주었다.

왜냐하면 그 절도범이 감옥에 갇히게 되면 공금을 받기가 어렵게 될 것이기 때문이다. 그보다는 먼저 가져간 돈을 돌려받고, 거기에 덧붙여 벌금을 물게 하는 게 낫겠다고 했다.

범인은 감옥에 갇히는 것보다 그 시간에 돈을 벌어 횡령한 돈을 조금씩 나누어 갚기로 합의했다. 그리고 동시에 벌금을 물고 그 벌금의 금액만큼 자선 행사에 쓰기로 했다.

유대인 사회에서는 이를테면 A라는 사람이 100만 원을 훔쳤기 때문에 랍비에게 재판을 받고 벌금까지 110만 원을 갚으면, 그때부터 그는 전과가 없어지고 결백한 사람으로 돌아가는 것이다.

▶ 개와 놀면 이가 옮는다

• 완전한 친구를 찾는 자는 한 사람의 친구도 얻지 못할 것이다. 이것은 친구에게도 자신의 불완전함을 용서받는다는 말이다.

• 당신의 가장 믿을 만한 친구는 거울 속에 있다. 이것은 자신을 가리키는 것이다.

• 친구는 꿀과 같은 것, 전부 먹어버리려고 해서는 안 된다. 이것은 친구가 허물이 없다고 아무렇게나 대해서는 안 된다는 뜻이다.

• 향수 가게에 들어가면 아무것도 사지 않더라도 좋은 향기가 몸에 밴다. 좋은 친구를 가지면 자신도 발전한다.

• 오랜 친구 한 명을 새로운 친구 열 명보다도 중요하게 여겨라.

• 자기가 없더라도 친구가 살아갈 수 있으리라고 생각하는 사람은 친구를 갖고 있다. 그러나 자기가 없어지면 친구가 살아갈 수 없으리라고 생각하는 사람은 친구를 갖고 있지 않다.

• 친구가 없는 자는 한쪽 팔밖에 없는 인간과 같다.

• 친구에는 세 종류가 있다. 빵과 같은 친구-항상 필요하다, 약과 같은 친구-가끔 필요한 친구다, 질병과 같은 친구-이런 친구는 피하도록 하라.

• 친구를 구렁텅이에서 구할 때에는 자신도 흙탕물을 뒤집어쓰는 것을 두려워해서는 안 된다.

• 철새와 같은 친구를 사귀어서는 안 된다. 날씨가 추워지면 날아가버린다.

• 개와 놀면 이가 옮는다.

4. 창의적(創意的) 생활에서 활력이 생긴다

모든 생물은 모두 진화한다. 우주가 변하고 지구가 변화함에 따라서 모든 생물이 생존할 수 있도록 진화한다. 그 진화할 수 있는 기운이 하늘과 땅 안에 빠짐없이 존재한다. 하느님의 능력이라고도 하고 조물주의 능력이라고도 한다.

인간은 특별하게도 지식과 지혜를 담을 수 있는 신비의 머리를 가지고 태어났다. 깨끗하게 아무것도 담겨지지 않은 천사의 머리를 가지고 이 세상에 태어난 것이다. 그 속에다가 하느님의 능력을 배워서 채워나간다. 조물주의 능력은 무궁무진한 창의력의 원천이다.

우선 수많은 인간과 자연 간에 조화롭게 살아갈 수 있는 인간으로서의 인성과 덕성을 배우고 그리고 나 자신의 지혜를 담아서 진화해간다.

그렇게 다듬어지지 않으면 모난 돌이 돼서 평생을 살아가면서 이리 부딪치고 저리 부딪치면서 힘들게 살아가게 될 것이다.

창조적 생활은 창의적 생각에서 나온다. 우리 인간이 가장 창의적으로 사는 것은 온 세계가 평화롭게 사는 길이다. 분명히 하늘의 창의적 프로그램에는 그 길이 반드시 있을 것이다. 인간으로 태어난 이상 모든 사람들이 그 길을 찾아가야만 천국을 만날 수 있지 않을까 여겨진다.

한 인간이 태어나서 세상을 살아가는 데는 인간과 자연, 인간과 인간관계에 있어서 무궁무진한 창의적인 소재들이 기다리고 있고, 그 하나하나의 창의적인 사고(思考)들이 창조되고 실현될 때 그 사람에게 기쁨이 되고 활력이 되는 것은 물론 이웃이나 세상 사람들에게도 도움을 주고 희망을 준다. 그 창의적인 사고는 도덕과 철학이 될 수도 있고 종교가 될 수도 있고 각종 생활 아이디어가 될 수도 있으며 우리가 사는 데 유익한 수많은 물건들을 만들기도 한다. 우리가 사용하고 있는 도구는 모두가 우리 선조들이 창의력을 발휘하여 만든 작품들이다.

때로는 시나 노래가 되기도 하고, 음악이 되기도 하고, 아름다운 그림이 탄생하기도 하여 많은 사람들을 아름답고 황홀하게 만든다.

세상에는 공평한 것이 거의 없다. 인간도 그렇고 자연도 그렇다. 닿아지는 연(緣)에 따라 조화를 이루고 변해간다. 우리 인간의 삶은 근세에 너무나 빨리 진화 발전해서 편하고 자존감을 느끼면서 살아가는 사람들이 많아졌다. 수천 년 전에 "사는 것 자체가 일체 괴로움이다."라고 정의하신 부처님의 시대보다는 "사는 게 즐거운 세상이다."라고 생각하는 사람들도 많아진 세상이긴 하다. 하지만 반면에 가난과 질병에 시달리고 시기와 질투에 시달리며 사는 사람들은 아직도 사는 것이 괴로움이다

그러나 세상살이의 진실은 창의적이고 공생을 향한 노력과 그 인연(因緣)에 따라 고락(苦樂)이 반복된다고 본다. 세상의 진리는 영원한 苦도 없고 영원한 樂도 없다. 가난과 질병 속에서도 기쁨과 행복을 찾을 수 있고 또 호강에 빠져 있는 사람들보다는 고통을 이기고 열심히 사는 사람들이 훨씬 행복할 기회와 시간이 많이 열려 있다고 봐야 한다. 행복과 기쁨의 원천은 고통과 실패를 통한 깨달음에서 얻어진다

는 진리를 우리는 과거를 통해서 알 수 있다. 이것은 필자의 깨달음이라기보다는 지나간 삶을 살아간 우리 인간의 발자취가 말해주고 있는 것이다. 특히나 수많은 현인들께서 말씀하신 후세를 위한 창의적 교훈이다.

▶ TV 즐기고 책은 안 읽는 한국인

　　매년 1인당 독서량이 미국의 경우 18권, 일본 12권인 데 반하여 한국은 5권에 불과하다. 한국에서 금속활자를 처음 사용한 게 서기 1234~1241년경으로 구텐베르크의 인쇄술보다 200년이나 앞선 나라다. 현재 한국의 학생들은 대학에 들어간 뒤에는 책과 멀어지고, 4학년 때 취직 시험을 보고는 책에서 손을 뗀다고 들었다. 대부분의 교수들도 박사 학위를 받고 나면 연구를 그친다(이원설, 총신목회신학원 특강, 1995년 1월). 대신 현란한 영상문화에 젖어 있다. TV 시청에 너무나 많은 시간을 소비한다.

　　한국은 현재 유치원에서부터 영상 매체로 가르친다. 아이들의 시선을 잡기 위함이라고 한다. 그러니 점점 더 잔잔한 활자로 쓰인 책을 멀리할 수밖에 없다. 책을 멀리하고 영상문화에 취한 민족은 희망이 없다. 큰일이 아닐 수 없다.

▶ 옷을 팔아 책을 사는 유대인

　　정통파 유대인 가정에는 TV가 없다. 대신 도서관처럼 책이 쌓여 있다. 그들은 대학에 들어가도, 졸업을 하고 사회인이 되어도 계속 공부한다. 책을 사랑하는 것이 몸에 배어 있다. 만약 하루를 공부하지 않으면 그것을 되찾는 데 이틀이 걸리고, 이틀을 공부하지 않으면 그것을 되찾는 데 나흘이 걸린다. 또 1년을 공부하지 않으면 그것을 회복하는 데는 자그마치 2년이나 걸린다(Tokayer, 《탈무드》, 1989a, p. 73).

　　이스라엘은 전 국민의 질을 높이기 위하여 교양교육에도 과감히 투자한다. 여가활동으로서의 성인교육도 점점 늘어나고 있는 추세다.

교육부와 문화부, 대학, 무역 조합, 공동 사회 센터, 종교학교, 정치 단체 등은 다양한 세대와 영리 단체의 요구에 따라 여러 가지 강좌를 마련하여 라디오를 통해서 방송한다.

▶ 왜 유대인은 영상교육을 피하는가?

① 영상교육이 효과적이라는 건 착각이다.

요즘 한국에서 우려되는 교육 방법 중 하나가 초등학교에서부터 칠판을 사용하는 대신 영상을 통한 교육을 강조하는 것이다. 대부분 교육의 내용을 영상에 담아 최첨단 영사기로 보여주며 가르친다. 집중력이 낮은 산만한 어린이들의 주의를 끌기 위해서다. 이제 영상이 아니면 교육을 할 수 없을 정도로 '중독'되어 있다.

유대인 학교에서는 상상조차 할 수 없는 일이다. 유대인 학교의 교실에는 칠판이 있지만 이것도 잘 사용하지 않는다.

한국인 가정과 유대인 가정을 비교해보면 그 차이가 두드러진다. 한국인 집은 예외 없이 거실에 큰 TV가 걸려 있다. 그런데 유대인의 거실에는 예외 없이 도서관같이 꾸며져 있다. 벽면은 모두 서가이고 TV는 아예 눈에 띄지 않는다. 유대인 가정이나 학교에서 학습 방법으로 최첨단 TV 영상 화면을 활용하는 대신에 책을 많이 읽게 하고 토론을 많이 시키기 때문이다. 세상 돌아가는 소식은 신문이나 라디오를 통해서 얻는다. 자녀들이 이런 영상문화에 오염되면 장래를 망치기 쉽다.

② 유대인이 영상교육을 피하는 심리학적 이유

첫째, 유대인은 왜 가정에 TV를 놓지 않는가?

가장 중요한 것은 시각을 통해 들어오는 강렬한 세속적인 수평 문화를 차단하기 위함이다. 자녀를 성결하게 키우려면 어린 나이에 보지 말아야 할 것은 보이지 말아야 한다. 그래야 학업에 더 정진할 수 있다. 유대인들은 시사 잡지라도 자녀들이 보기 전에 먼저 살펴보고 혹시 지나친 노출 사진이 있으면 뜯어낸 뒤에 보게 한다. 또 여자아이는 긴팔 옷을 입혀 노출을 삼가게 하고 남녀는 구별하여 행동하게 한다. 그래야 성적인 위험을 줄일 수 있다.

둘째, TV의 내용에 관계없이 왜 영상교육이 어린이에게 해로운가? 어려서부터 자극적인 영상 화면에 노출된 아이들은 계속 더 강하고 더 선명하고 세련된 화상을 요구한다. 그리고 그 욕구가 채워지지 않으면 싫증을 느껴 교육의 내용이 잘 전달되지 않는다.

인간의 욕구는 한이 없다. 귀로 듣는 라디오도 시시한데 그보다 덜 재미있고 깊고 오래 생각하게 하는 책 읽기는 더욱 싫어지게 된다.

일단 두꺼운 책을 꺼내는 것조차 귀찮아한다. 그러니 더 강렬한 영상교육을 할 수밖에.

반면에 유대인 어린이들은 어려서부터 깨알같이 쓰인 까다롭고 복잡하고 어려운 《탈무드》를 끊임없이 읽고 토론하게 된다. 그렇게 《탈무드》의 내용을 분석하고 해석하다 보면 일반 학교교육의 내용은 너무나 쉬워 몇 시간 공부하지 않고도 쉽게 따라갈 수 있다고 한다.

어린 나이부터 작은 글씨에 까다롭고 복잡하며 어려운 내용으로 훈련받은 아이들은 나중에 커서 영상물의 내용 정도는 너무나 쉽게 따라갈 수 있게 된다. 반면 자극적인 영상물에 물든 아이들은 작은 글씨로 쓰인 어려운 내용에 적응하기가 불가능하다.

이는 마치 가난한 집 아이가 부잣집 음식을 먹기 쉽지만, 부잣집 아이가 어려운 음식을 먹기는 어려운 것과 같다.

그러므로 자녀를 참되게 교육하려면 어려서부터 매사에 넓은 길보다 좁은 길들을 걷게 하고, 풍요한 생활보다 고난의 생활을 체험하게 해야 한다.

셋째, 영상을 보는 일은 책을 읽거나 글을 쓰는 것보다 훨씬 쉽고 편하다. 길게 누워 손 하나 까딱하지 않고도 하루 종일 TV를 볼 수 있지 않은가. 따라서 자녀들이 영상물에 길들여지면 게을러지기 쉽다. 이런 습관을 가진 사람이 책상에 앉아 문자로 된 책을 읽거나 머리로 생각을 하면서 글을 쓴다는 것은 여간 힘든 일이 아니다.

넷째, TV 화면은 1~2초 간격으로 내용이 바뀐다. 그것도 모자라 그 바뀌는 시간은 점점 더 빨라지고 있다. TV에 심취한 사람의 생각도 TV 화면이 움직이는 대로 빨리 움직이게 된다. 따라서 어려서부터 TV를 많이 시청하면 자녀들이 스스로 오랫동안 깊고 넓게 생각할 수 있는 능력을 상실해버린다. 인생을 깊고 넓게 생각할 수 있는 마음의 여유도 없어진다. 오늘날의 문제는 이러한 가정환경이 아이들 스스로 오랫동안 생각할 수 없도록 방해한다는 데 있다.

그 결과 아이들은 잠시도 가만히 앉아 있지도 못하고 부산스러우며, 더 빠른 변화를 추구한다. 사물에 대해 깊고 넓게 생각하려 하지 않는다. 영상물을 통해 빨리빨리 문화에 길들여진 탓이다.

깊고 넓게 그리고 오래 생각하는 힘은 고전 같은 양서를 읽을 때 길러진다. 유대인이 왜 가정에서 TV를 보지 않고 자녀들에게 자연과 더불어 학습할 수 있게 하고 정신적인 토라 교육을 시키는지 그 이유를 알 수 있을 것이다.

다섯째, TV나 컴퓨터에 익숙한 아이들은 모니터 앞에 혼자 앉아 있는 시간이 길다. 그 결과 사람과의 대화를 멀리하며 자연과의 친밀감은 더욱 없어진다. 이는 대인관계 형성에 심각한 장애를 가져 오고 EQ 교육에도 좋지 않음은 물론이다.

여섯째, TV를 오래 보게 되면 집중력과 창의력도 떨어지게 된다.

왜냐하면 자신이 열정을 갖고 능동적으로 일을 주관하게 될 때 집중력이 생기며 창의력도 높아지는데, TV는 주관자의 입장이 아니고 수동적인 방관자의 입장에서 시청하기 때문이다.

한국 학교의 교실은 왜 산만한가? 어려서부터 TV에 노출된 아이들이 모여 있기 때문이다. 그러므로 이를 치유하는 가장 효과적인 방법은 유대인처럼 영상문화를 차단하고 자녀들에게 책을 많이 읽게 하고 토론을 하게 하는 것이다. 이것이 자녀의 IQ 계발과 인성교육을 위한 최선의 방법이다. 책을 선정할 때도 인생을 깊게 생각하게 하는 주제(IQ보다는 EQ나 지혜의 내용)를 택하되 쉬운 내용에서 깊은 내용으로 수준을 높여나가야 한다.

일곱째, TV 영상을 보고 있노라면 절제가 안 된다. 계속 재미있는 프로그램을 보고 싶은 유혹을 이기기가 너무 힘들기 때문이다. 즉 시간 낭비가 너무 많다. TV 프로그램의 내용은 삶의 의미를 담은 수직 문화보다 대부분 인간의 말초신경을 자극하는 재미 위주의 수평 문화이기 때문에 어린 자녀들이 절제하기가 힘들다. 어른들도 절제하기 힘든데 자녀들에게는 얼마나 더 힘든 일이겠는가?

반면 TV가 없는 유대인 가정은 가족이 함께 보낼 수 있는 시간이 너무나 많다. 자녀를 멍청이로 키우거나 퇴폐에 빠지지 않게 하려면 TV를 치워라. 지도자의 가장 큰 두 가지 자질은 말하기와 글쓰기다. 유대인은 수많은 율법에 대해 토론하면서 말하기를 배우고 토론의 내용을 정리하며 논리적 글쓰기를 배운다.

③ 유대인이 영상교육을 피하는 교육학적 이유

첫째, 인간이 자신의 생각을 표현하는 가장 중요한 2가지 수단은 언어와 글쓰기다. 어릴 때일수록 언어로 표현하다가 조금 성장하면서부터 글로 표현하기 시작한다. 글은 문자로 표현하기 때문에 인간의 한계를 극복할 수 있는 도구다. 자신의 생각을 글로 표현해 오랫동안 보관할 수 있기 때문이다. 따라서 자신의 생각을 정리하게 하기 위해서는 문자로 표기된 책을 접하게 하는 것이 무엇보다 중요하다. 반면 영상물의 내용은 감동을 줄 수 있을지는 몰라도 글쓰기에는 도움을 주지 못한다.

둘째, 언어와 글은 부모와 자녀 사이 그리고 교사와 학생 사이에 가르침과 배움의 수단이 된다. 뿐만 아니라 말하기와 글쓰기는 인간 사회에서 지도자가 갖추어야 할 덕목이다. 존경받는 지도자가 되려면 2가지를 다 잘해야 한다. 그런데 같은 매체는 듣기만 하고 말할 기회가 없다. 제작자가 의도한 내용을 일방적으로 들을 뿐인 것이다. 가정에서 식사시간에도 TV를 켜놓으니 가족끼리 오순도순 대화할 시간이 없다. 현대의 비극이다.

셋째, TV 시청은 어린이의 독해력도 방해한다. '중증의 TV 시청 가정'에서는 4~6세 어린이들 중 34%가 글을 읽을 수 있는 반면, 이보다 훨씬 짧은 시간 TV를 켜놓은 가정에서는 그 비율이 56%에 달하는 것으로 나타났다(중앙일보 미주판, 2003년 10월 29일).

넷째, 자녀들이 왜 책을 많이 읽으면 좋은 글을 쓸 수 있는가?
- 글로 표현할 내용, 즉 소재가 풍부해진다.
- 글로 표현할 어휘력이 향상되고 풍부해진다.

- 잘 표현된 글을 많이 접하면서 좋은 글 쓰는 법을 배운다.

자녀들은 하얀 백지와 같은 두뇌를 가지고 태어난다. 부모는 그 두뇌 연령에 맞는 수많은 단어들과 문장들이 입력되도록 해야 한다.

이것이 영재교육의 첫걸음이다. 한 인간이 어떤 것을 창조한다는 것은 기존에 자신이 가지고 있는 지식(data)을 활용하여 그렇게 하는 것이지, 아무런 기본 지식 없이 그렇게 할 수 있는 것은 아니라는 것을 명심해야 한다. 그래서 어릴 때부터 그 바탕을 키우는 기초 학습 과정이 중요하다. 반면에 어린 자녀들에게 영상물을 많이 보여주면 글자로 된 단어들이 두뇌에 입력될 기회가 없다. 설사 입력된다 해도 강렬한 영상 이미지에 밀려 쉽게 잊혀진다.

다섯째, 지도자가 갖추어야 할 자질 중 하나는 논리(logic)를 전개하는 힘이다. 그런데 영상물은 줄거리의 소개는 가능할지 모르지만 까다롭고 복잡한 학문적인 논리를 전개하는 데는 한계가 있다. 어느 분야이든 깊이 연구를 위해서는 논리가 필요하다. 더구나 모든 학문을 하는 데 필수적인 조건이다.

유대인 가정에서는 아버지가 자녀들과 까다롭고 복잡한 613개의 율법과 수천 개의 율례와 법도에 대해 토론하면서 고도의 논리와 말하기를 가르치며, 이를 글로 정리하면서 학문의 기초인 글쓰기를 훈련시킨다. 세상에서 지도자가 갖추어야 할 논리적인 언어 사용과 글쓰기를 가정에서 어려서부터 훈련하는 셈이다.

유대인들이 미국의 법조계와 학계, 그리고 예술계를 석권하는 이유가 여기에 있다.

여섯째, 인간은 성장하면서 누구나 간접 경험과 직접 경험을 통하여 지식을 습득한다. 그러나 인간이 직접 경험하는 데는 한

계가 있다. 그 한계를 극복하는 한 방법이 다른 사람들과 수천
년 동안 경험한 것이나 창조한 내용들을 담고 있는 책을 많이 읽
는 것이다. 그러나 영상으로는 그 양이나 질에 한계가 있다.

일곱째, 고전을 많이 읽으면 깊이 있는 수직 문화의 사람이 되
어 정신세계의 인프라인 철학이나 사상을 갖게 된다. 존경받는
지도자는 어떤 사람인가? 자기 분야에서 실력도 있어야 하지만,
올바른 가치관과 삶을 바라보는 자신만의 성숙한 정신세계를 갖
고 있는 사람이다. 반면 TV 같은 영상문화만 접하면 가볍고 육을
자극하는 수평 문화에 물들어 타락하기 쉽다.

오늘날 학생들이 부모나 교사를 존경하지 않거나 점점 더 폭력
서클이 난무하는 이유가 여기에 있다.

여덟째, 한국은 IT 산업 일꾼을 양성한다는 명목 아래 가정이
나 학교에서 영상교육만 부추기고 있다. 정신세계가 건전하지 못
한 IT 산업이 얼마나 오래가겠는가? 유대인은 그렇게 하지 않고
도 IT 산업계에 첨단을 달리고 있다. IT 산업만 잘되면 국가가 잘
살 수 있는가? 아니다. 인문과 법조, 문학, 과학, 경제, 및 문화가
고루 발전해야 경쟁력 있는 건전한 나라가 될 수 있다.

한국은 신문이나 책을 읽는 독서 인구가 점점 줄고 있다. 책에
쓰이는 활자는 커지는 반면 책의 두께는 점점 얇아진다. 독자들
의 사고도 점점 영상물의 영향을 받아 얄팍해져간다는 증거다.

한국은 현재 초등학교부터 교사가 영상 매체를 통하여 교육시
키는 망국적인 교육 풍토를 불구경하듯이 보고만 있다. 언론에서
도 영상교육을 앞서가는 교육인 양 부추기는 듯하다. 책을 멀리하
고 영상에 중독된 세대가 어른이 됐을 때를 걱정해야 한다. 얄팍
한 수평 문화에 오염된 혼돈의 세상, 심히 염려되는 부분이다.

노벨상 30%를 독식한 유대민족은 왜 가정이나 학교에서 TV나

영상물을 없애고 그 대신 책을 읽히고 토론을 많이 시키는지를 곰곰이 생각해야 한다. 더 늦기 전에 가정에서 TV를 치우고 학교에서는 영상교육을 중단해야 한다. 그리고 문자로 된 책과 신문을 많이 읽혀야 한다.

《명심보감(明心寶鑑)》에서

▶ 성공의 지름길은 부지런함에 있다

일어서서 걷기 위하여 끊임없이 노력하는 어린아이의 모습에서 우리는 인간의 원초적인 본능을 읽을 수 있다. 인간의 위대한 본능은 자생력이다. 생존의 험한 길을 살아나가기 위하여 인간은 어린아이 때부터 본능적으로 움직인다.

그 움직임이 어린아이였을 때는 본능이지만, 성장한 후에는 노력이라든가, 혹은 근면, 인내라는 어휘로 탈바꿈한다. 성장한 인간의 본능 중에서 가장 혐오스러운 것 중의 하나가 태만이다. 일하기 싫어하고 게으르고 느리며 힘쓰지 않고 노는 일이면 어떤 일이라도 마다하지 않는다. 그런 사람들은 게으름이야말로 인간에게 있어 녹과 같다는 것을 모르고 있다. 게으름이 얼마나 쉽게 육체를 녹슬게 하는지 아직까지도 알아차리지 못하고 있다.

놀고 있으면 이익이 없지만 부지런하면 공이 있다.

凡戲(범희)는 無益(무익)이요 惟勤(유근)이 有功(유공)이니라.

▶ 몸을 수고롭게 하지 않으면 게을러진다

마음은 편안하게 하더라도 몸은 수고롭게 하지 않을 수 없고, 도를 좋아하더라도 마음은 근심하지 않을 수 없다. 몸은 수고롭게 하지 않으면 게을러져서 허물어지기 쉽고, 마음이 조심하지 않으면 주색에 빠져서 행동이 고르지 못하다. 그러므로 편안함은 수고로움에서 생겨 언제나 기쁘고, 즐거움은 근심하는 데서 생겨 싫음이 없다. 편안하고 즐거운 자가 근심과 수고로움을 어찌 잊을 수 있겠는가?

景行錄(경행록)에 曰(왈) 心可逸(심가일)이언정 形不可不勞(형불가불

노)요 道可樂(도가락)이언정 心不可不憂(심불가불우)니라. 形不勞則怠
惰易弊(형불노즉태타이폐)하고 心不憂則荒淫不定(심불우즉황음부정)이라
故(고)로 逸生於勞而常休(일생어노이상휴)하고 樂生於憂而無厭(낙생어
우이무연)하나니 逸樂者(일락자)는 憂勞(우로)를 豈可忘乎(기가망호)아.

※ 게으름은 마음에서 출발하여 서서히 육체로 퍼져 나간다. 그것
  은 마치 마약처럼 전신을 휘감고 정신을 혼미하게 만들어버린
  다. 게으름은 게으름만으로 끝내지 않고 이웃사촌들을 그 게으
  름의 텃밭으로 끌어들인다. 방종과 쾌락, 질시와 기만, 사치와
  타락 같은 가장 혐오스러운 것들 속으로, 그리하여 마침내는
  커다란 한 마리 레모라 고래로 변모하여 그 자신을 잠식하고
  이윽고 이웃까지 잠식해버린다.-라 로슈푸코의 잠언집.

▶ 후회하는 것은 자신의 마음을 병들게 한다
  관리가 부정을 저지르면 관직을 잃은 후에 후회하게 되고, 부
유할 때 절약해 쓰지 않으면 가난해진 뒤에 후회한다. 젊을 때 기
예(技藝)를 배워두지 않으면 때가 지난 후에 후회하게 되고 일을
보면서도 배우지 않으면 일할 때 후회하게 된다. 술 취했을 때 함
부로 말하면 깨어난 뒤에 후회하게 되고, 건강했을 때 휴식을 취
하지 않으면 병이 들어서야 후회하게 된다.
  寇萊公(구래공) 六悔銘(육회명)에 云(운) 官行私曲失時悔(관행사곡실
시회)요 富不儉用貧時悔(부불검용빈시회)요 藝不少學過時悔(예불소학과
시회)요 見事不學用時悔(견사불학용시회)요 醉後狂言醒時悔(취후광언
성시회)요 安不將息病時悔(안불장식병시회)니라.

▶ 배우지 않은 사람은 어둠 속을 헤매인다

사람이 배우지 않으면 마치 캄캄한 밤길을 가는 것과 같다.

太公曰(태공왈) 人生不學(인생불학)이면 冥冥如夜行(명명여야행)이니라.

※ 잘 만들어진 그대의 두뇌를 쉬게 하지 말라. 그렇지 않으면 그
대 역시 캄캄한 밤길을 헤매일 수밖에 없게 된다. 무지(無知)는
무죄(無罪)가 아니고 유죄(有罪)다.-브라우닝(영국의 시인).

▶ 독서는 가장 완전한 즐거움이다

지극한 즐거움은 책 읽는 것 이상이 없고, 지극히 필요한 것은
자식을 가르치는 것 이상이 없다.

至樂(지락)은 莫如讀書(막여독서)요 至要(지요)는 莫如敎子(막여교자)
니라.

▶ 모든 지혜는 경험에서 나온다

한 가지 일을 경험하지 않으면 한 가지 지혜가 자라지 못한다.

一經不事(일경불사)면 一長不智(일경부지)니라.

▶ 가난하게 살면 아는 사람이 없다

가난하면 복잡한 시장 한복판에 살아도 아는 사람이 없다. 부
유하게 살면 깊은 산속이라도 찾아오는 친구가 있다.

貧居鬧市無相識(빈거요시무상식)이요 富住深山有遠親(부주심산유원
친)이니라.

▶ 가난하면 인정은 메마르기 마련이다

인정(人情)은 모두 어려운 가운데서 멀어진다.

人情(인정)은 皆爲窘中疎(개위군중소)니라.

▶ 가장 편안하고 한가로운 때를 조심하라

편안하고 한가로울 때 삼가 걱정할 것이 없다는 말을 하지 말라. 걱정할 것이 없다는 말이 나오기가 바쁘게 걱정할 일이 생긴다. 입에 맞는 음식이라 해서 많이 먹으면 병을 만들고, 마음에 기쁨이 있다 해서 지나치게 되면 반드시 환난이 있다. 병이 난 후에 약을 먹기보다는 병이 나기 전에 스스로 예방하라.

康節邵先生曰(강절소선생왈) 閑居(한거)에 愼勿設無妨(신물설무방)하라 纔說無妨便有妨(재설무방편유방)이니라 爽口物多能作疾(상구물다능작질)이요 快心事過必有殃(쾌심사과필유앙)이라 與其病後能服藥(여기병후능복약)으론 不若病前能自妨(불약병전능자방)이니라.

▶ 익힌 재능이 재물보다 낫다

좋은 밭 만(萬)이랑이 하찮은 재능을 지니는 것만 못하다.

太公(태공)이 曰 良田萬頃(양전만경)이 不如薄藝修身(불여박예수신)이니라.

▶ 일찍 일어난 새가 모이를 많이 먹는다

아침에 일찍 일어나고 저녁에 늦게 자는 것을 보아 그 사람의 집이 흥할 것인지 망할 것인지를 알 수 있다.

景行錄(경행록)에 云 觀朝夕之早晏(관조석지조안)하여 可以卜人家之興替(가이복인가지흥체)니라.

《탈무드》에서

▶ 2시간의 의미

어떤 왕이 가지고 있는 포도밭에서 많은 일꾼들이 일을 하고 있었다. 그중 한 일꾼은 비상한 능력을 가지고 있었다. 유대인의 관례대로 일당을 지불하게 되었는데 능력이 뛰어난 일꾼도 똑같이 받게 되자 다른 일꾼들이 왕에게 항의를 하였다.

"이 사람은 2시간밖에 일하지 않았으며, 나머지 시간은 임금님과 함께 지냈습니다. 그런데도 우리와 똑같이 받는다는 것은 불공평합니다."

그러자 왕이 이렇게 말했다.

"이 사람은 2시간 동안 너희들이 하루 종일 한 일보다 더 많은 일을 해냈다."

오늘 28세의 젊은 나이에 죽은 랍비도, 다른 사람들이 100년에 걸쳐 한 일보다 더 중요한 일을 해냈다. 사람은 얼마 동안을 살았느냐가 중요한 것이 아니라, 얼마나 많은 업적을 남겼느냐가 중요하다.

▶ 인생에 정해진 레일은 없다

요즘 사람들, 특히 제2차 세계대전 이후 풍요를 경험한 사람들은 물질주의에 현혹되어 물질적, 탐욕적으로 변해왔다. 얼마만큼 쾌적한 생활이 가능한가, 얼마나 편한 신제품이 나오는가, 어느 정도 지위에 오르는가 하는 물질적 척도로 모든 가치를 판단하게 되었다.

이것은 정신적인 가치를 경시하는 결과를 낳았다. 아니 정신적인 근거가 없어져버린 결과, 사람들이 자신을 잃어버렸다고 보는 게 옳을 것이다. 흔히 정신적으로 불안정한 사람이 술을 많이 마시거나 과식을 하는 등의 방법으로 불안으로부터 도망치려 한다는 것은 잘 알려진 사실이다.

물론 물질적 풍요가 나쁜 것은 아니다. 물질적으로 풍요하면 보다 건강한 생활을 할 수 있고 질 좋은 교육을 받을 수 있다. 또 여가가 증대됨으로써 그만큼 자기계발에 시간을 쓸 수 있는 장점이 있다.

물질이 너무 많으면 도리어 불편할 수도 있다. 일을 과도하게 하면 자신의 시간을 모두 일에 빼앗기는 것처럼, 물질을 너무 많이 소유하면 자신의 시간을 물질에 빼앗겨버린다. 자동차, 텔레비전, 오디오, 카메라 같은 것은 사용하지 않으면 의미가 없다. 그러나 이것들을 사용하려면 그만큼 그것을 상대할 시간이 필요하다. 그 결과 사람과 만나는 시간이 줄어든다.

오늘날 청소년들의 꿈은 좋은 학교를 나와 일류 기업에 취직하는 것이라고 한다. 왜 좋은 학교에 들어가기를 열망하는가? 소위 일류 기업에 취직하는 데 유리하기 때문이다. 이러한 사람들은 무엇보다 안정된 생활을 원한다. 그리고 좋은 집, 고급 자동차로 상징되는 풍요로운 삶을 기대할 것이다. 그러나 산을 올라갈 때에 이미 많은 사람들이 밟아서 단단해진 길을 선택한다면 보물을 찾아낼 수 없다.

대학 입학시험에서부터 일류 기업에 취직하여 정년에 이르기까지 하나의 레일에 묶여 생활한다면 관료적 삶이 되고 만다. 인생에는 때때로 모험이 필요하다. 모험을 체험하는 것은 매력적인 인간으로 만들어준다.

많은 학생들이 일단 일류 대학에 들어가면 입학한 것만으로 목적의 절반이 달성되는 상황에서는 자기를 단련하려면 더 강력한 의지가 필요하다. 대학에 들어와서 모처럼 인생에 자기를 창조할 기회가 주어졌는데 그것을 최대한 이용하지 않고서는 자기계발을 할 수 없기 때문이다.

▶ 근면의 습관
"성공이나 실패도 버릇이다."

근면한 까닭에 성공한 사람은 있어도 게으른 까닭에 성공한 사람은 없을 것이다. 물론 근면한 것만으로는 성공하지 못한다. 그러나 뭐라 해도 부지런히 일하는 것은 성공의 기본적인 조건이다. 성경의 시편에는 이렇게 노래하고 있다.

눈물을 흘리며 씨를 뿌리는 자는 기쁨으로 거두리로다.
울며 씨를 뿌리러 나가는 자는 정녕 기쁨으로 그 단을
가지고 돌아오리로다.

그러나 근면이라든가 게으름이 본성에 의한 것인지 아닌지 하는 것보다도, 습성화되어 있는 경우가 많다. 물론 어렸을 때의 가정환경이나 가정교육, 학교교육도 커다란 영향력을 지니고 있다. 그렇지만 물이 높은 곳에서 낮은 곳으로 흐르듯이 인간도 괴로운 곳을 피해서 향락 쪽으로 향하기가 쉽다.

자진해서 일하는 근면함은 자신의 것을 창조한다. 한 걸음 한 걸음 자신을 키워나간다. 그리고 시간이 흐름에 따라 자기를 확립시켜간다. 그러나 예상 외로 스스로 몸에 밴 근면도 습관인 경우가 많다. 어떠한 외국어라도 좋겠지만 동양에서 영어 열풍이 높기 때문에 영어를 배우는 것을 예를 들어본다. 아침에 30분만 일찍 일어나 1년간 영어를 공부하여 기초를 몸에 붙이려고 했다고 하자.

실제로 친구 가운데 그렇게 한 사람이 있었다. 더군다나 집이 작아서 따뜻할 때는 매일 아침 옥상에 올라가 테이프를 사용하여 자습을 했다. 자동차를 가지고 있었으므로 겨울에는 차 안에서 공부를 했다.

1년 후 그의 영어 실력은 예상외로 늘었다. 그 결과 사내 진급 시험에 통과하여 런던 지점에 근무하게 되었다. 나는 언제가 가장 고생스러웠냐고 물었다. 시작하고 1개월까지였는데 그 이후는 습관이 되었다고 한다. 그러므로 속담처럼 새로운 버릇을 자신에게 붙이도록 하는 것이 성공의 실마리가 된다.

5. 과욕(過慾)은 일생을 망친다

지족불욕(知足不辱) 지지불태(知止不殆). 만족을 알고 어디에서 그쳐야 하는지를 알면 인생이 위태로워지지 않는다. 중국 춘추전국 시대 노자의 교훈이다. 2,000여 년 훨씬 전에도 인간의 욕심은 지금이나 다름이 없었던 것 같다. 그 시절보다 인류가 발전하면서 각종 새로워진 문물로 인해 사람의 욕심거리는 훨씬 더 많아졌으니 수천 년 묵은 이 교훈은 더 빛을 발한다. 과욕에 대한 교훈은 역사의 현인들마다 수많은 교훈을 남겨놓았다. 또한 옛 유학(儒學)의 『대학(大學)』이란 책에 보면 쾌족(快足)이란 어구가 나온다. 부귀와 빈천에 관계없이 늘 마음이 상쾌하고 만족스럽게 사는 삶을 말한 것이다.

노자의 무위자연(無爲自然)의 사상은 석가모니 불교의 무아 해탈의 사상과 통하고 그 교훈은 모든 욕심을 그치는 데서 시작한다. 결국 인간이 욕심을 내려놓는 데 얼마나 깊은 내공이 필요하고 극복하기 어려운 것인가를 성현들께서 몸소 고통을 통해 깨달음으로써 인도를 해주신 것이다. 그러나 성현들께서 그렇게 몸으로 깨달음을 주셨지만 우리 후세인들은 기복신앙(祈福信仰)에서 벗어나기가 힘들다.

예수님 탄생일에도 지구촌의 많은 고통받는 사람들의 마음을 헤아리고 절제하며 사랑을 나누는 기회로 삼기보다, 마시고 즐기며 파티로

흥청거리는 날로 착각하는 청춘들이 더 많고, 부처님 오신 날에도 역시 주변에 어두운 구석을 살펴보고 자비를 베푸는 기회가 되기보다, 각각의 나 자신의 무사태평과 소원성취만을 비는 행사에 그치고 만다.

알면서도 실천하기 힘든 것이 바로 사람 욕심의 절제다. 더구나 세상이 갈수록 산업사회 물질사회로 변하고 지구촌에 인구가 늘어나면서 더욱 이기주의는 극심해지고, 국가 간에도 치열한 생존경쟁으로 인해 세상은 조용할 날이 없다. 이렇게 되니 우리 인간에게 책임을 지워준 지구가 몸살을 앓고 있다. 단 하나밖에 없는 아름다운 지구촌이 인간들의 무자비한 개발로 인해 환경오염이 극심해지니 하늘과 땅이 오염돼서 맑은 공기를 마시기 어렵고 무공해 음식을 찾아 먹기가 힘든다.

탄소의 과다한 배출로 지구를 보호해주는 보호막이 파괴되어 지구의 온도가 올라가고 지구 온도가 올라가니 바닷물의 온도도 올라가고 남북극의 만년설이 몇 년 사이에 한 대륙만큼 녹아버렸다. 이렇게 되니 태풍과 폭우 등 지구의 기후가 광폭(狂暴)해져서 지구의 곳곳이 엄청난 피해를 입고 있다.

얼마 전에도 필리핀에 상상할 수 없는 태풍으로 해서 수천 명이 죽고 수백만 명의 이재민이 발생했는데 아직도 우리 지구촌의 사람들은 이 엄청난 심각성을 외면하고 있다.

결국 엄격히 따지고 보면 우리 인간의 지나친 개발과 욕구가 스스로를 망치기도 하지만 궁극적으로는 우리의 보금자리 지구마저도 망쳐가고 있는 것이다. 이제는 그동안 발전한 과학과 지혜를 총동원하여 지구촌을 살리고 인간 세상에 평화를 이끌어내서, 지구촌과 인간 세상이 같이 사는 길에 모든 사람들이 하나가 돼야 할 것이다.

절제를 못하는 욕심은 과욕을 만들고 그 과욕은 스스로를 해치고 집단적 과욕은 나라를 망치고 우리의 천국 지구마저 망쳐버린다.

▶ 오직 바른 것을 지키고 마음을 속이지 말라

복은 맑고 검소한 데서 생기고, 덕은 겸손한 데서 만들어지며, 도는 편안하고 고요한 가운데 이룩된다. 명은 화창한 마음에서 생기고 근심은 욕심이 많은 데서 비롯되고, 재앙은 탐하는 마음 가운데서 만들어지며, 과실(過失)은 경솔과 교만한 데서 생겨난다. 또 죄악은 어질지 못함에서 비롯된다.

紫虛元君(자허원군) 誠諭心文(성유심문)에 曰 福生於淸儉(복생어청검)하고 德生於卑退(덕생어비퇴)하고 道生於安靜(도생어안정)하고 命生於和暢(명생어화창)하고 患生於多慾(환생어다욕)하고 禍生於多貪(화생어다탐)하고 過生於輕慢(과생어경만)하고 罪生於不仁(죄생어불인)이니라.

눈을 조심하여 다른 사람의 잘못을 보지 말고, 입을 조심하여 다른 사람의 단점을 말하지 말고, 마음을 조심하여 탐내거나 성내지 말며, 몸을 조심하여 악한 친구가 따르지 못하게 하라. 무익한 말을 삼갈 것이며 나와 관계없는 일에 참견하지 말라. 훌륭한 임금을 존경하고 부모에게 효도하며 어른을 공경하고 덕 있는 사람을 받들며, 어진 사람과 어리석은 사람을 분별하고 무식한 사람을 용서하라. 사물(事物)이 순리로 오면 물리치지 말고 이미 지나갔으면 뒤쫓지 말라. 몸이 불우한 지경에 있더라도 바라지 말고, 일이 이미 지나갔으면 생각지 말라.

戒眼(계안)하여 莫看他非(막간타비)하고 戒口(계구)하여 莫談他短(막담타단)하고 戒心(계심)하여 莫自貪嗔(막자탐진)하고 戒身(계신)하여

莫隨惡伴(막수악반)하고 無益之言(무익지언)을 莫妄設(막망설)하고 不
干己事(불간기사)를 莫妄爲(막망위)하라. 尊君王孝父母(존군왕효부모)하
고 敬尊長奉有德(경존장봉유덕)하며 別賢愚恕無識(별현우서무식)하라.
物順來而勿拒(물순래이물거)하고 物旣去而勿追(물기거이물추)하라. 身
未遇而勿望(신미우이물망)하고 事已過而勿思(사기과이물사)하라.

총명한 사람도 어두운 때가 있고 계획을 잘 세워도 마음대로
되지 않을 때가 있다. 남에게 손해를 끼치면 마침내 자기가 손해
를 볼 것이며, 세력에 의지하면 재앙이 따른다. 경계하는 것은 마
음에 있고, 지키는 것은 기운에 있다. 절약하지 않으면 집을 망치
고, 청렴하지 않으면 지위를 잃는다.

聰明(총명)도 多暗昧(다암매)요 算計(산계)도 失便宜(실편의)니라. 損
人終自失(손인종자실)이요 倚勢禍相隨(의세화상수)라 戒之在心(계지재
심)하고 守之在氣(수지재기)라 爲不節而亡家(위불절이망가)하고 因不廉
而失位(인불렴이실위)니라.

그대에게 평생토록 스스로 경계하기를 권고한다. 탄식하고 두렵
게 여겨 잘 생각토록 하라. 위로는 하늘이 내려다보시고 아래로는
땅의 신령이 살펴보고 있다. 밝은 곳에는 삼법(三法)이 이어 있고
어두운 곳에는 귀신이 따르고 있다. 오직 바른 것을 지키고 마음
을 속이지 말 것이며, 경계하고 또 경계하라.

勸君自警於平生(권군자경어평생)하노니 可歎可驚而可畏(가탄가경이가
외)라 上臨之以天鑑(상임지이천감)하고 下察之以地祇(하찰지이지기)라
明有三法相繼(명유삼법상계)하고 暗有鬼神相隨(암유귀신상수)라 惟正
可守(유정가수)요 心不可欺(심불가기)니 戒之戒之(계지계지)하라.

*紫虛元君: 도가(道家)에 속하며 이름은 미상.

▶ 탐욕하게 되면 근심이 쌓인다

만족할 줄 알면 즐겁고 탐욕하게 되면 근심이 따른다.

景行錄(경행록)에 云 知足可樂(지족가락)이요 務貪則憂(무탐즉우)니라

▶ 만족할 줄 알면 즐겁다

만족할 줄 아는 사람은 빈천해도 즐겁지만 만족할 줄 모르는 사람은 부귀해도 근심한다.

知足者(지족자)는 貧賤(빈천)도 亦樂(역락)이요 未知足者(미지족자)는 富貴(부귀)도 亦憂(역우)니라.

▶ 가득 차면 넘치고 겸손하면 얻는다

가득 차면 손실이 있고 겸손하면 이익을 얻는다.

書曰(서왈) 滿招損(만초손)하고 謙受益(겸수익)이니라.

▶ 그칠 줄을 알면 부끄러움이 없다

만족할 줄 알아서 언제나 만족하면 평생토록 욕되지 않는다. 그칠 줄을 알아서 그치게 되면 평생토록 부끄러움이 없다.

知足常足(지족상족)이면 終身不辱(종신불욕)이요 知止常止(지지상지) 終身無恥(종신무치)니라.

▶ 분수에 맞으면 세상이 여유롭다

분수에 맞으면 몸에 욕됨이 없고 기틀을 알면 마음 또한 스스로 한가롭다. 그렇게 이 세상을 살고 있다면 그것은 이 세상을 벗어난 것과 같다.

擊壤詩(격양시)에 云 安分身無辱(안분신무욕)이요 知機心自閑(지기심자한)이라 雖居人世上(수거인세상)이면 却是出人間(각시출인간)이니라.

▶ 은혜를 베푸는 것에 그 뜻이 있다

은혜를 베풀었다면 그 보답을 바라지 말고 남에게 주었다면 후회하지 말라.

施恩(시은)이어든 勿求報(물구보)하고 與人(여인)이어든 勿追悔(물추회)하라.

▶ 평범한 삶이 가장 아름답다

차라리 아무 탈 없이 가난하게 살지언정 탈이 있으면서 부유하게 살지 말라. 차라리 아무 사고 없이 초가집에 살지언정 사고가 있으면서 고급 주택에 살지 말라. 차라리 아무 병 없이 거친 밥을 먹을지언정 병 있으면서 좋은 약을 먹지 말라.

益智書(익지서)에 云(운) 寧無事而家貧(영무사이가빈)이언정 莫有事而家富(막유사이가부)요 寧無事而住茅屋(영무사이주모옥)이언정 不有事而住金屋(불유사이주금옥)이요 寧無病而食麤飯(영무병이식추반)이언정 不有病而服良藥(불유병이복양약)이니라.

▶ 마음이 편안하면 세상이 아름답다

마음이 편안하면 초가집도 아늑하고 성품이 안정되면 나물국도 향기롭다.

心安茅屋穩(심안모옥은)이요 性定菜羹香(성정채갱향)이니라.

▶ 아끼는 것이 심하면 낭비가 많다

아끼는 것이 심하면 낭비함이 많고 많은 청찬을 받으면 헐뜯음을 당한다. 너무 기뻐하면 근심이 되고 뇌물을 탐하면 크게 망한다.

景行錄(경행록)에 云(운) 甚愛必甚費(심애필심비)요 甚譽必甚毀(심예필심훼)니라. 甚喜必甚憂(심희필심우)요 甚臟必甚亡(심장필심망)이니라.

▶ 너무 많은 재물은 정신을 흐리게 한다

어진 사람에게 재물이 많으면 지조를 손상하게 되고, 어리석은 사람에게 재물이 많으면 허물을 더하게 된다.

疏廣(소광)이 曰 賢而多財則 損其志(현이다재즉 손기지)하고 愚而多財則 益其過(우이다재즉 익기과)니라.

*疏廣: 한선제(漢宣帝) 때의 사람.

▶ 근면함이 부(富)의 첫걸음이다

큰 부자는 하늘에 달려 있고 작은 부자는 부지런함에 달려 있다.

大富(대부)는 由天(유천)하고 小富(소부)는 由勤(유근)이니라.

▶ 완전한 소유란 어디에도 없다

한 줄기 청산의 경치가 그윽한데 문득 앞사람의 전답을 뒷사람이 차지하네. 뒷사람은 차지했다 해서 기뻐하지 말라, 다시 차지할 사람이 뒤에 있다.

一派靑山景色幽(일파청산경색유)러니 前人田土後人收(전인전토후인수)라. 後人收得莫歡喜(후인수득막환희)하라 更有收人在後頭(갱유수인재후두)니라.

▶ 그릇은 가득 차면 넘친다

그릇은 차면 넘치게 되고 사람이 가득 차면 잃게 된다.

器滿則溢(기만즉일)하고 人滿則喪(인만즉상)이니라.

▶ 돈

• 사람의 마음에 상처를 입히는 것 3가지가 있다. 번민과 불화와 빈 돈지갑이다. 이 가운데서도 특히 큰 상처를 내는 것은 빈 돈 지갑이다.

• 몸의 모든 부분은 마음에 의지하고 있다. 마음은 돈지갑에 의 존하기 마련이다.

• 무릇 돈이란 장사에 이용되어야지, 술을 마시는 데 허비해서는 안 된다.

• 돈은 악도 저주도 아니다. 돈은 인간을 축복해주는 고마운 것 이다.

• 돈이란 하나님으로부터 오는 선물을 살 수 있는 기회를 안겨 준다.

• 돈을 빌려준 사람에게는 화를 내지 말고 참아야 한다.

• 부유함은 견고한 요새이고 빈곤은 폐허다.

• 돈과 물건은 거저 주는 것보다는 빌려주는 편이 더 낫다. 돈이 나 물건을 거저 얻으면 얻은 사람이 준 사람보다 아래의 입장 이 되지만, 빌려주면 서로 동등한 입장에 서기 때문이다.

▶ 사해처럼 저장만 해서는 안 된다

인간은 모든 것을 자신의 소유로 만들려 해서는 안 된다. 사람 들은 솔선수범해서 남과 나눠 갖는 사람의 주변에 모여든다. 나 눠준다는 것은 중요하다. 그러한 교훈을 갈릴리 바다와 사해가 보 여준다.

이스라엘에는 갈릴리 바다와 사해(死海)라는 두 호수가 있다. 사해는 해변보다 392m나 아래에 있으며 오늘날 유명한 휴양지가 되었다. 사해의 물은 염분의 농도가 짙어 사람이 물속에 들어가도 가라앉지 않는다. 물고기는 물론 아무것도 살 수 없다. 반면 갈릴리 바다는 담수여서 물고기가 산다.

유대의 현인들은 갈릴리 바다는 받아들인 만큼 또 남에게 주기 때문에 언제나 신선하며 어족이 풍부하고, 사해는 모든 것을 자신의 것으로 만들어버리기 때문에 생물이 살 수 없을 뿐 아니라, 생물들이 가까이 다가갈 수 없다고 생각했다.

받기만 하고 주는 일을 거의 하지 않는 사회에서는 자선 문화가 발달하지 않는다.

6. 입은 천당과 지옥의 문이기도 하다

"인생을 행복하게 하는 비결을 팝니다."

많은 사람들이 이 비결을 살려고 몰려들었다. 사람들이 다투어 몰려들어 제발 나에게 팔라고 졸라대자 그 장사꾼이 말했다.

"행복한 인생을 사는 비결이란 바로 자신의 혀를 조심해서 쓰는 것뿐이오!"

유대인의 성전《탈무드》에 나오는 말이다. 또 2,500년 전 세상을 훈계한 성현 공자의 교훈인 논어에도 보면 항상 겸손하고 중용(中庸)을 지키며 말을 조심하라고 강조하였다. 전 세계를 아울러 봉사를 하고 있는 친목단체인 라이온스 클럽의 윤리강령 중에도 "남을 비판하는 데 조심하고 칭찬하는 데 인색하지 말라."라는 구절도 있다.

내 입이 나를 먹여 살리지만 그 입을 까딱 잘못 쓰면 나를 지옥이라도 떨어뜨릴 수도 있다는 사실을 망각한다. 한 사람의 인격이 90%는 입에서 나온다고 해도 과언이 아니다. 세상의 선과 악이 거의 입을 통해서 나오고 그 입을 통해서 역사가 이뤄지기도 한다.

입과 혀와 말을 귀하게 보관하려면 스스로 마음을 다듬을 줄 알아야 하는데 그게 잘 안 된다. 어질고 착한 마음은 결국 그 사람의 인성과 인격을 기르고 닦아야만 가질 수 있는 것이기 때문이다.

한자에 보면 '간(姦)' 자가 있다. '간사할 간' 자다. 여자들 셋이 모이면 간사해진다고 해서 만들어진 글자다. 수천 년 전 한자가 만들어질 당시에도 역시 여자들의 수다가 대단했던 모양이다. 지금 보면 여자나 남자나 남을 비판하고 비난하는 것은 큰 차이는 없다. 다만 최근에 의학이 발전하면서 남녀의 뇌구조에 여자가 남자보다 근본적으로 말을 많이 하게끔 좌우뇌가 각기 다르다는 연구 결과가 나왔다고 한다.

'말 한마디에 천 냥 빚도 갚는다.'라는 속담을 누구나가 잘 안다. 지금은 이 말을 전달하는 신문, 방송, 인터넷, 스마트폰 등이 너무나 많다. 말의 홍수와 태풍, 해일의 시대다. 세상의 지배가 말로부터 시작되지만 한편으로 세상의 모든 사건들은 80~90%가 말에서 시작된다고 해도 과언이 아니다. 지금 세상은 말 한마디가 온 세상에 퍼지는 데 단 몇 시간도 안 걸린다.

정치인이나 인기 연예인 등 공인들은 말 한마디 실수에 공적인 자신의 인격이 큰 타격을 받기도 하고, 심지어는 천당과 지옥의 갈림길이 되기도 한다. 물론 공인이 아니더라도 인간은 사회적 동물이기 때문에 자기의 말이 자기의 신용을 가늠하는 잣대가 될 수 있고 결국 그 신용이 자신의 앞길을 가름하는 열쇠가 된다. 이렇게 자신의 입과 혀가 중요한데도 그것을 관리하기가 보통 어려운 것이 아니다. 이 글을 쓰는 자신도 낮에 사람을 만나서 이야기한 것을 자면서 문득 문득 후회를 하곤 한다.

《명심보감(明心寶鑑)》에서

▶ 말은 아낄수록 값지다

쓸데없는 말과 급하지 않은 일은 버려두고 간섭하지 말라.

荀子曰 無用支辨(순자왈 무용지변)과 不急之察(불급지찰)을 棄而不
治(기이불치)니라.

*荀子(B. C. 315경~230경): 중국 전국시대 조(趙)의 유교학자이다. 자하(子夏)의 학파에
속하며, 성악설(性惡說)에 근거한 예치(禮治)를 내세웠다.

▶ 술 취하지 않으면 말이 많을 수 없다

술에 취했어도 말이 없어야 참다운 군자이며 재물 앞에서 분명
하게 하는 것이 대장부다.

酒中不言(주중불언)은 眞君子(진군자)요 財上分明(재상분명)은 大丈
夫(대장부)니라.

▶ 총명한 예지를 지킬 수 있는 것은 어리석음이다

총명한 예지(睿智)가 뛰어나더라도 어리석음으로 지켜야 하고
공로가 천하를 덮더라도 겸양하는 마음으로 지켜야 한다. 용기와
힘이 있더라도 두려운 마음으로 지켜야 하며 부유함이 사해(四
海)를 차지했더라도 겸손함으로 지켜야 한다.

子曰 聰明思睿(자왈 총명사예)도 守之以愚(수지이우)하고 功被天
下(공피천하)라도 守之以讓(수지이양)하고 勇力振世(용력진세)라도 守
之以怯(수지이겁)하고 富有四海(부유사해)라도 守之以謙(수지이겸)이
니라.

▶ 입을 지키는 것을 병같이 하라

입을 지키는 것을 병(瓶)같이 하고, 뜻을 막는 것을 성(城)을 지키듯 하라.

朱文公曰 守口如瓶(주문공왈 수구여병) 하고 防意如城(방의여성)하라.

▶ 현명한 계획이면 후회가 없다

너의 계획이 현명하지 못하면 후회한들 무엇하며 너의 소견이 짧으면 가르친들 무슨 보탬이 있겠는가. 오로지 이익만을 바라고 생각한다면 도(道)에 어긋나게 되고, 오로지 사적인 것만 마음에 두면 공적인 것은 없어지고 만다.

景行錄(경행록)에 云 爾謀不臧(이모부장)이면 悔之何及(회지하급)이며 爾見不長(이견불장)이면 敎之何益(교지하익)이리오 利心專則背道(이심전즉배도)요 私意確則滅公(사의확즉멸공)이니라.

▶ 분노는 많이 참을수록 좋다

한때의 분노를 참으면 백일 동안의 근심을 면할 수 있다.

忍一時之忿(인일시지분)이면 免百日之憂(면백일지우)니라.

▶ 참는 것은 모든 행실의 근본이다

자장(子張)이 부자(夫子)에게 하직하면서 몸을 닦는 아름다운 한마디 말씀을 내려주기를 원하자, 공자가 말했다. "모든 행실의 근본은 참는 것이 으뜸이다." 자장이 말했다. "무엇 때문에 참아야 합니까?" 공자가 대답했다. "천자가 참으면 나라에 해로움이 없고, 제후가 참으면 크게 이룰 수가 있고, 관리가 참으면 직위가 오르게 된다. 형제가 참으면 집안이 부귀하게 되고, 부부가 참으면 일생을 함께하게 되고, 친구끼리 참으면 이름이 깎이지 않게 되며, 자신이 참으면 재앙이 없을 것이다."

子張(자장)이 欲行(욕행)에 辭於夫子(사어부자)할새 願賜一言爲修身之美(원사일언위수신지미)한데 子曰 百行之本(자왈 백행지본)이 忍之爲上(인지위상)이니라. 子張(자장)이 曰 何爲忍之(하위인지)니까 子曰 天子忍之(자왈 천자인지)면 國無害(국무해)하고 諸侯忍之(제후인지)면 成其大(성기대)하고 官吏忍之(관리인지)면 進其位(진기위)하고 兄弟忍之(형제인지)면 家富貴(가부귀)하고 夫妻忍之(부처인지)면 終其世(종기세)하고 朋友忍之(붕우인지)면 名不廢(명불폐)하고 自身(자신)이 忍之(인지)면 無禍害(무화해)니라.

*子張: 성은 전손, 이름은 사(師)이다. 공자의 제자로 언변에 능했다고 한다.

▶ 이야기를 좋아하면 반드시 적을 만난다

자기를 굽히는 사람은 중요한 지위에 오를 수가 있고 남에게 이기기를 좋아하는 사람은 반드시 적을 만나게 된다.

景行錄(경행록)에 云 屈己者(굴기자)는 能處重(능처중)하고 好勝者(호승자)는 必遇敵(필우적)이니라.

▶ 악인의 험구에 대꾸하지 말라

악한 사람이 선한 사람을 나무란다면 모름지기 선한 사람은 이에 대꾸하지 말라. 대꾸하지 않는 사람은 마음이 맑고 한가롭지만, 나무라는 사람은 입이 뜨겁게 끓고 있어, 마치 사람이 하늘을 향해 침을 뱉으면 다시 자기 몸에 떨어지는 것과 같은 것이다.

惡人(악인)이 罵善人(매선인)커든 善人(선인)은 總不對(총부대)하라. 不對(부대)에 心淸閑(심청한)이요 罵者(매자)는 口熱沸(구열비)라 正如人唾天(정여인타천)이면 還從己身墜(환종기신추)니라.

▶ 욕설이란 허공에 난 불길과 같다

　내가 만약 남에게 욕을 먹더라도 귀먹은 척하고 시비를 가려서 말하지 말라. 그것은 마치 허공에 난 불길과 같아서 끄지 않아도 저절로 꺼진다. 내 마음은 허공과 같고 너의 입술과 혀만이 까불거리고 있을 뿐이다.

　我若被人罵(아약피인매)라도 佯聾不分設(양롱불분설)하라. 譬如火燒空(비여화소공)하여 不救自然滅(불구자연멸)이라. 我心(아심)은 等虛空(등허공)이어늘 總爾飜脣舌(총이번순설)이니라.

▶ 시비의 말은 차라리 듣지 말라

　하루 종일 시비가 있다 해도 듣지 않으면 자연히 없어진다.

　是非終日有(시비종일유)라도 不聽自然無(불청자연무)니라.

▶ 시비를 말하는 사람이 바로 시비다

　찾아와서 시비를 이야기하는 사람이 곧 시비하는 사람이다.

　來設是非者(래설시비자)는 便是是非人(편시시비인)이니라.

※정면으로 향하여 타인을 비난하는 것은 좋지 않다. 그를 창피 주는 것이기 때문이다. 또 안 보이는 곳에서 하는 것은 불성실하다. 덕(德)을 기만하는 것이기 때문이다. 제일 좋은 방법은 타인에 대하여 결점을 찾지 않는 일이다. 타인의 결점을 잊어버리고 자신의 결점을 찾아내서 깊이 명심하라.-톨스토이.

▶ 훌륭한 말 한마디가 평생을 좌우한다

　천 냥의 황금이 귀하다기보다 한 사람의 훌륭한 말 한마디를 듣는 것이 천금보다 귀하다.

黃金千兩(황금천량)이 未爲貴(미위귀)요 得人一語(득인일이)기 勝千金(승천금)이니라.

▶ 쉬지 않는 그 입을 어찌 막을 것인가?

차라리 밑 빠진 항아리는 막을 수 있어도 코 밑의 입을 막기는 어렵다.

寧塞無底缸(영새무저항)이언정 難塞卑下橫(난새비하횡)이니라.

▶ 뒤에서 하는 말은 믿을 수가 없다

눈으로 직접 본 일도 참된 일인가 하고 두려워하는데 등 뒤에서 하는 말을 어찌 믿을 수 있겠는가?

經目之事(경목지사)도 恐未皆眞(공미개진)이어늘 背後之言(배후지언)을 豈足深身(기족심신)이리오.

▶ 어리석은 자가 남을 탓하려 든다

자기 집 두레박줄이 짧은 것은 탓하지 않고 남의 집 우물 깊은 것만 탓한다.

不恨自家汲繩短(불한자가급승단)이요 只恨他家苦井深(지한타가고정심)이라.

▶ 입을 다물고 혀를 깊이 감추라

입은 사람을 상하게 하는 도끼이며 말은 혀를 베는 칼이다. 입을 다물고 혀를 깊이 감추면 몸은 어디에 있든지 편안하다.

口是傷人斧(구시상인부)요 言是割舌刀(언시할설도)니 閉口深藏舌(폐구심장설)이면 安身處處牢(안신처처뢰)니라.

▶ 입과 혀는 재앙과 근심의 문이다

입과 혀는 근심과 재앙의 문이며 몸을 죽게 하는 도끼이다.

君平曰 口舌者(군평왈 구설자)는 禍患之門(화환지문)이요 滅身之斧
也(멸신지부야)니라.

*君平: 漢나라 촉(蜀) 사람.

▶ 자제력과 혀의 힘

어떤 왕이 병이 들었다. 의사는 세상에서 보기 드문 병이어서 왕이 나으려면 암사자의 젖을 먹어야만 한다고 말했다. 그런데 어떤 영리한 사람이 사자 동굴 가까이 가서 사자 새끼를 꺼내어 한 마리씩 어미 사자에게 넣어주었다. 열흘쯤 지나자, 그 사람은 사자와 친하게 돼서 왕의 병에 쓸 암사자의 젖을 조금씩이나마 짜낼 수 있었다.

왕궁으로 돌아오는 길에, 몸의 각 부분이 서로 말다툼을 하는 꿈을 꾸었다. 발은 자신이 아니었으면 동굴까지 갈 수 없었을 것이라고 하고, 눈은 자신이 아니었으면 볼 수가 없어서 그곳까지도 가지 못했을 것이라고 하고, 심장은 자신이 아니었다면 힘이 없어서 감히 사자 가까이 가지 못했을 것이라고 말했다. 혀는 이렇게 말했다.

"만약 내가 말을 할 수 없으면 너희는 아무 소용도 없을 것이야."

그러자 몸 안의 다른 부분들이 혀를 윽박질렀다.

"뼈도 없고 아무 소용도 없는 조그만 것이 건방지게 굴지 마."

혀는 아무 말도 못했다.

그런 가운데 사자의 젖을 구한 사람이 궁전에 도착하자 혀는 이렇게 말했다.

"누가 제일 중요한지를 너희에게 알려주마."

그 사람이 왕 앞에 엎드려 젖을 내놓자 왕이 물었다.

"이것이 무슨 젖이냐?"

그 사람은 느닷없이 이렇게 대답했다.

"네, 개의 젖이옵니다."

조금 전까지 혀를 윽박지르던 몸의 각 부분들은 그제야 혀의 힘이 얼마나 큰지 깨닫고, 혀에게 잘못을 빌었다.

혀는 그 말을 듣고 이렇게 말했다.

"아니오, 제가 잘못 말을 했습니다. 이것은 틀림없는 암사자의 젖이옵니다."

중요한 대목에서 자제력을 잃게 되면 엉뚱한 잘못을 저지르게 된다는 것을 깨닫게 해주는 이야기다.

▶ 술
- 술이 머리에 들어가면 비밀은 밖으로 새어 나온다.
- 시중꾼의 자세가 공손하면 나쁜 술이라도 좋은 술이 된다.
- 악마가 인간들을 찾아다니기에 바쁠 때는 술을 대신 보낸다.
- 포도주는 처음에는 포도와 같은 맛을 내지만, 오래될수록 맛이 좋아진다. 지혜도 이와 같이 해가 지날수록 갈고닦인다.
- 아침에 늦게 일어나고 낮에는 술에 취해 있으며, 저녁에는 쓸데없는 잡담으로 하루를 보내는 사람은 자기 자신의 일생 모두를 헛되게 만들고 만다.
- 포도주는 금이나 은그릇에는 잘 담가지지 않지만, 지혜로 만든 그릇에 담그면 아주 잘 만들어진다.

▶ 험담
남을 나쁘게 헐뜯는 가십은 살인보다도 위험하다. 왜냐하면 살인은 한 사람만을 죽이지만, 험담은 세 사람을 죽이는 일이 되기 때문이다. 험담을 한 자와 그 험담을 막지 않고 들은 자, 또 이 험담으로 피해를 보는 자가 그들이다.

- 남을 모략하고 중상하는 자는 흉기로 사람을 해치는 자보다 죄가 더 크다. 흉기란 가까이하지 않으면 상대를 해칠 수 없지만, 중상은 멀리에서도 사람을 해치기 때문이다.
- 불 속의 장작더미는 물을 끼얹어 속까지 식힐 수 있지만, 중상 모략으로 피해를 본 사람한테는 아무리 잘못을 빌어도 마음속의 불은 꺼지지 않는다.
- 마음이 고운 사람이라 해도 평소 입버릇이 나쁜 사람은 훌륭한 궁전 옆의 냄새 나는 가죽 공장과 같다.
- 사람은 입이 하나이고 귀가 둘이다. 이것은 말보다 듣는 것을 2배로 더 힘쓰라는 것이다.
- 우리가 손가락을 마음대로 움직일 수 있는 것은 남들의 험담을 듣지 않기 위해서이다. 험담이 들려오면 재빠르게 귀를 막아야 한다.
- 물고기는 언제나 입 때문에 낚싯바늘에 걸리듯이 인간 또한 입 때문에 걸려든다.

▶ 돈과 성은 더러운 것이 아니다

젊은 시절 가난은 오히려 성공의 기회를 제공하는 절호의 기회다. 가난으로부터 벗어나고 싶다는 충동만큼 강한 힘은 없다. 젊었을 때에 가난하다는 것은 감사해야 할 일이다. 하지만 중년이 된 뒤에도 가난한 것은 불행한 일이다. 젊음은 원인이며, 중년은 결과이기 때문이다. 젊은이는 그것을 알아야 한다.

유대인은 돈이나 섹스를 더러운 것이라고 생각해본 적이 없다. 오히려 인생에 도움이 되는 것이라고 생각한다. 그래서 가난은 악이라든가, 부끄러운 것이라고 생각하지는 않지만, 불편한 것이라고 여긴다.

돈과 섹스에는 공통점이 있다. 없으면 그것만을 생각하게 된다. 있을 때 비로소 다른 것들을 즐길 여유가 생긴다. 특히 가난은 인간의 행복에 커다란 적이다. 왜냐하면 아주 가난한 사람이 정신적으로 독립할 수 있는 경우는 극히 드물기 때문이다.

"가난하다고 바보 취급을 마라. 그 중에는 학식이 많은 사람이 많기 때문이다."

"가난한 이를 업신여기지 마라. 그들의 셔츠 속에는 영지의 진주가 숨겨져 있다."

▶ 인간의 가치와 비밀

인간의 가치는 비밀을 얼마만큼 잘 지키는가로 측정할 수 있다. 그 사람이 얼마나 인정이 있는가, 신뢰성이 있는가를 테스트할 수 있는 것이다. 일단 비밀이 생기면 그 비밀을 이야기하고 싶어지는 것이 인간의 심정이다. 이븐 가비롤이라는 랍비는 이렇게 말했다.

"비밀이 손 안에 있는 한 당신이 비밀의 주인이지만 입으로 나와버린 뒤에는 당신이 비밀의 노예가 된다."

• 세 사람 이상이 알고 있는 비밀은 이미 비밀이라고 할 수 없다.
• 만약에 당신이 세 사람에게 비밀을 이야기하면 바로 열 사람이 그 비밀을 알게 된다.
• 비밀을 듣는 것은 쉽지만 자기에게 간직해두는 것은 어렵다.
• 술이 들어가면 비밀은 나간다.
• 어리석은 자와 아이들은 비밀을 지키지 못한다.
• 당신의 친구들은 또 친구들을 갖고 있다.

또 이런 말이 있다.

"비밀이 있을 때 술을 마시면 혀가 춤을 추게 되니 주의하십시오."

▶ 말이 많으면

이웃에 재잘거리기를 좋아하는 여자가 살고 있었다. 수다쟁이, 허풍쟁이라고 소문이 난 주부였는데 견디다 못한 인근 주부들이 모여서 랍비에게 상담을 하러 갔다. 랍비는 그 여자가 흉을 보거나 험담을 하거나 하는 주부들의 이야기를 듣고, 그 수다쟁이 여자를 데려오게 했다.

"특별히 제가 말을 만들어내는 것은 아니에요. 굳이 말한다면 실제보다 약간 과장해서 말하는 버릇이 있는지는 모르겠지만요. 어쩌다 사실에 가깝지 않은 게 있을지도 모르지만 이야기를 좀 재미있게 하고 있을 뿐이라고 생각합니다. 나는 말을 많이 하는 편인지도 모르겠어요. 내 남편도 그런 말을 하니까요."

랍비는 잠시 생각하더니 잠시 방을 나가서 커다란 자루를 가지고 들어왔다. 그리고 그 여자에게 이렇게 말했다.

"당신은 자신이 말이 많다고 인정을 했소. 그러니까 좋은 치료 방법을 생각해봅시다."

랍비는 그녀에게 자루를 주면서 말했다.

"이 자루를 가지고 광장까지 가십시오. 광장에 도착하면 자루를 열고, 이 속에 들어 있는 것을 길바닥에 늘어놓으면서 집으로 돌아가십시오. 집에 도착하면 늘어놓았던 것을 다시 자루에 주워 담으면서 광장으로 가십시오."

여자가 받아든 자루는 가벼웠다. 도대체 이 속에 무엇이 들어 있을까 하고 궁금했다. 광장에 도착해서 자루를 열어보니 그 속에는 새 털이 잔뜩 들어 있었다.

가십(gossip)에 대한 유대인들의 명언을 들어보자.

• 떠들어대기를 좋아하는 혀는 손버릇 나쁜 사람보다 더 곤란하다.
• 유령을 만났을 때 도망치듯 험담으로부터 도망쳐라.
• 험담이 심한 사람이 없어지면 분쟁의 불씨는 사라진다.
• 미담도 전해지는 가운데 악담으로 변해간다.
• 소문은 친구 사이도 금이 가게 한다.
• 험담-이것은 자연의 전화다.
• 보지 못한 사실을 입으로 발설하지 마라.

▶ 말보다 듣기를 두 배로!

《탈무드》가 가르치는 중요한 교훈이다.

"말을 너무 많이 해서는 안 된다. 말하기보다 듣기를 두 배로 하라."

"하나님은 어째서 인간에게 두 개의 귀를 만들면서 입은 한 개만 만드셨을까? 그것은 말하기보다 듣기를 두 배로 하라는 하나님의 가르침이다."

"행복하게 살아가고자 생각한다면 코로 신선한 공기를 잔뜩 들여 마시고 입은 다물고 자내십시오."

"보물과 같이 자기의 혀를 소중히 취급하십시오. 침묵은 '금'이오, 웅변은 '은'입니다."

너무 말을 잘하는 인간은 타인의 그와 같은 욕망을 억제하게 된다. 그 결과 나중에 후회할 만한 말은 하지 않았다 하더라도 상대에게 기쁨을 주지는 못한다.

《탈무드》에는 이와 같은 경계의 말이 있다. 혀에 걸려 넘어진

자가 많기 때문이다.

"귀는 귀에 익지 않은 것은 싫어하고, 눈은 처음 보는 것에 자극을 받는다. 그런데 혀는 외부와는 관계없이 제 스스로 지나치게 분방하다."

"혀에는 뼈가 없다. 그러므로 주의하십시오."

"마음이 혀를 조종해야지, 마음이 혀에게 조종당해서는 안 된다."

7. 성의 무질서는
세상을 혼탁하게 하고 자신과 후대마저 망친다

성(性)은 하늘이 각각의 인간에게 주신 생명과 함께 가장 크고 신성하며 환희의 선물이며 후세를 이어가라는 명령이기도 하다. 아울러 자신을 잉태하여 세상에 태어나게 해준 부모님을 비롯한 가족과 이웃, 그리고 수많은 선배의 사람들에게서 다 같이 예의와 질서를 지키며 살아가야 할 교훈과 자신에게 주어진 성(性)의 선물을 어떻게 행사해야 하는지를 배워야 한다.

이는 한 인생을 탄생시킨 가정과 사회, 나아가 국가의 크나큰 의무일 수밖에 없다. 성은 엄청난 환락을 동반하기 때문에 무질서한 성의 행사는 결국 같이 사는 세상을 무질서하게 만들고 그 폐해는 자기가 살고 있는 현 세상을 혼란에 빠뜨리는 것을 물론 자신의 후대에까지 숙명적인 고통을 수반하게 만든다.

그러나 현실을 보면 당장의 퇴폐적인 환락에 취한 사람들은 마약에 중독된 사람이나 별반 다름이 없다. 지나간 역사와 세상을 보면 그렇게 물불 안 가리고 환락에 빠진 사람들은 마치 불길 속에 뛰어드는 불나방 같다. 거의가 자신의 노후를 망치고 인간 사회에 도덕과 질서를 무너뜨려서 혼란에 빠뜨리고 자식 세대에까지 악연으로 이어져서 비극과 고통을 만들어낸다.

그런데 더욱 한심한 것은 유행병처럼 또 자존심처럼 번져버린 성의 환락이 물질욕 등 다른 욕구들과 겹쳐져서 인간의 고귀한 정신을 갈수록 혼미하게 만들고 타락으로 이끌면서 세상을 너무나 혼탁하게 만든다는 것이다. 그리고 이러한 비정상적이고 타락한 사람들의 행동들이 인성교육을 제대로 받지 못한 철부지들 눈에 오히려 근사하게 보이고 그들을 부러워하게 만든다는 데 문제가 있다. 더욱이 도덕관이 갖춰져 있지 못하고 근시안인 대중 매체들은 이러한 실태들을 미화해서 세상 도덕과 질서의 가치들을 흩트려놓는다.

그래서 드디어는 퇴폐가 상품으로까지 활개치는 세상이 되었는데도 인간들은 부끄러움을 모르고 그 전염병에 병들어 있는 것이다. 더구나 IT와 정보통신이 발달하면서 퇴폐 환락을 이용한 상품들이 번개와 같이 온 세상을 휘젓고 있는데 인간의 순수한 양심 외에는 제재할 방법이 없다는 데 문제가 있다.

인간의 긴 역사에서 숱한 사건들을 보면 퇴폐적이고 무질서한 성 문화에서 일어나는 경우가 대부분이며 그로 인한 주변 인생들의 피해는 이루 말할 수 없다. 그래서 국가와 사회의 법을 만드는 데는 반드시 성문화의 질서가 들어가고 인류 도덕의 행실에서도 무질서한 성의 행동을 경계하고 경고한다.

그러나 세상이 갈수록 물질적으로 풍족해지다 보니 그러한 여러 가지 폐해에도 불구하고 사람들은 즐거움을 찾는다는 구실로 성을 노리개로 환락의 도구로 이용하면서 욕구를 채우려 하고, 더구나 정보통신의 발달로 포르노와 같은 극단적인 성적인 자극들이 온 세상을 휘젓고 다니는데 이로 인해 일어나는 사회의 혼란은 이미 돈과 물질의 노예가 돼버린 우리 인간들에게 통제가 불가능해진 것이 아닌가 걱정스럽다.

지성을 갖췄다는 사람들과 이미 상당한 인생 경륜을 가진 사람들도 여기에서 허우적거리는데 한참 호기심이 가득한 자라나는 세대들을 어느 누가 가르치고 통제할 수 있겠는가? 하늘이 인간에게 지혜를 주시는 동시에 자손을 이어가라고 성(性)을 주시면서는 극한 희열과 여기에 버금가는 고통을 동시에 주신 것이다. 그것은 결국 인간 스스로 슬기롭고 지혜롭게 성을 절제하면서 인간다운 성의 질서를 지키라는 것이라고 본다. 왜냐하면 다른 욕구 이상으로 성의 욕구가 강하기 때문에 성의 도덕성과 공생 질서를 지키지 않는다면 이미 과거의 수많은 폐해들을 통해서 드러나듯이 결국 스스로를 파괴하고 사회마저 혼란으로 몰아넣는 결과를 낳게 된다는 것을 우리는 쉽게 알 수 있다.

▶ 안일함은 방탕을 불러온다

배부르고 따뜻하면 음욕(淫慾)을 생각하게 되고 굶주리고 추위에 떨면 도(道)의 마음이 싹튼다.

飽暖(포난)에 思淫慾(사음욕)하고 飢寒(기한)에 發道心(발도심)이니라.

※방종(放縱)이란 제멋대로 놀아나는 것을 의미하고 방탕(放蕩)이란 술과 여자에 빠져 난봉을 피우는 것을 의미한다. 난봉이란 허랑방탕하게 구는 짓거리를 말한다.

※안일과 무직은 이 세상에서 바보를 파괴시킬 수 있는 최상의 것-크리소스토무스.

※섹스는 우리 인류의 모든 결함의 근원이다.-베르나노스.

▶ 술이 사람을 취하게 하는 것이 아니다

술이 사람을 취하게 하는 것이 아니라 사람이 스스로 취하는 것이다. 여색(女色)이 사람을 미혹하게 하는 것이 아니라 사람이 스스로 미혹(迷惑)되는 것이다.

酒不醉人人自醉(주불취인인자취)요 色不迷人人自迷(색불미인인자미)니라.

※술과 여자가 주는 쾌락감은 언제나 그 밑을 들여다볼 수 없다. 그 속에는 분명한 악(惡)의 덫이 놓여 있는 걸 알지만 결코 그

쾌락의 늪에서 빠져나오기란 쉽지 않다.

▶ 만약 누군가가 그곳을 벗어날 수 있다면

술과 여자, 재물과 기운 네 가지 테두리 안에 현명한 자나 어리석은 자 대부분이 그 안에 갇혀 있다. 만약 누군가가 그곳을 벗어날 수 있다면, 그것은 곧 신선의 죽지 않는 방법이다.

酒色財氣四堵墙(주색재기사도장)에 多少賢愚在內廂(다소현우재내상)이라. 若有世人跳得出(약유세인도득출)이면 便是神仙不死方(편시신선불사방)이니라.

《탈무드》에서

▶ 성 윤리

  인간은 마땅히 정숙해야 하므로 순결한 사람이 서로 사랑한다
고 하여 성관계를 가져도 좋다고 한다면, 사회의 규율은 무너지
고 말 것이다.

▶ 섹스
- '야다', 즉 '섹스'는 창조의 행위이므로 이것 없이는 결코 자기완
  성을 이룰 수 없다.
- 섹스는 평생 동안 오직 한 사람의 상대에게만 쓰이지 않으면
  안 된다.
- 섹스는 원래 자연의 일부분이므로 성행위 자체가 원칙적인 측
  면에서 부자연스러울 것은 없다.
- 섹스는 철저하게 개인적인 관계에서 맺어져야 하며, 매우 친숙
  한 분위기 속에서 이루어지지 않으면 안 된다. 자신을 절제할
  수 없는 곳에서는 섹스를 하지 말아야 한다.
- 아내의 허락 없이 강제로 아내와 섹스 행위를 해서는 안 된다.
  아내가 거절하는데도 힘으로 강요하는 것은 금지되어 있다.

▶ 성에 대하여
- 성관계는 올바르고 깨끗하게 행하면 기쁨이 된다. 성에 대하여
  추하다거나 부끄럽다는 말을 써서는 안 된다. 《탈무드》에 보면
  "모든 교사는 아내를 얻지 않으면 안 되며, 모든 랍비는 결혼
  한 사람이어야만 된다."라는 말이 있다. 이것은 아내가 없는 사

람은 완전한 인간이 될 수 없다는 사상에서 유래한 것이다.

- 《탈무드》에서는 성을 일컬어 '생명의 강'이라고 한다. 강물은 때로는 홍수를 일으키고 온갖 것을 파괴하기도 하지만, 때로는 갖가지 열매를 맺게 하므로 이 세상에 없어서는 안 되는 것이기도 하다.

- 남자의 성적 흥분은 시각을 통해서 일어나고, 여자의 성적 흥분은 피부의 감각을 통하여 일어난다. 《탈무드》에서는 남자들에게 "여자와 몸이 닿지 않도록 주의하라."고 했고, 여자들에게는 "특히 옷 입는 법에 주의하라."고 경고하고 있다. 또 계율을 엄격하게 지키는 이스라엘의 여성들은 미니스커트 따위는 입지 않고, 긴 소매에 긴 스커트를 입는다.

- 랍비는 성행위 때 남성이 절정에 이를 때와 여성이 절정에 이를 때에 시간적 차이가 있음을 잘 알고 있다. 즉 여성이 흥분하기도 전에 남성은 행위를 끝낼 수도 있다. 남편이 아내의 허락 없이 일방적으로 끌어안는 것은 강간이나 다름없기 때문에, 남편이 아내와 성관계를 맺을 때는 아내를 반드시 설득해야 한다. 상냥하게 말을 걸고 사랑이 넘치는 애무를 해주는 시간을 충분히 갖지 않으면 안 된다.

- 월경(月經) 중에는 아내를 멀리해야 한다. 월경 후에도 7일간은 성관계가 금지되어 있다. 따라서 아무리 부부 사이라 해도 약 12~13일간은 절대로 관계를 가질 수 없다. 그동안 아내에 대한 남편의 그리움이 깊어져서, 계율의 날짜가 지나면 부부는 항상 신혼 때와 같은 관계를 되풀이할 수 있다.

제5편

내 인격의 가늠자,
기초 질서와 운전 질서

1. 인격을 갖춘 사람의 공중 질서

▶ 인격을 갖춘 사람의 공중 질서

• 인격이 갖춰진 사람은 모든 사람과의 관계에서 항상 겸손하고 예의를 갖추며 질서의식을 생활화하려고 노력한다.

• 인격이 갖춰진 어른은 모두 교육자의 자세로 아이들을 대하고 비도덕적인 행동을 자제하며 비속 언어를 자제하고 웃음으로 아이들을 대한다.

• 가정교육을 올바로 받은 아이나 청소년들은 인사성이 바르고, 어른에게는 부모나 형님처럼 대하고 공경의 자세를 갖는다.

• 전철이나 버스 또는 공공장소에서 어른을 만났을 때는 흔쾌히 자리를 양보한다.

• 낯모르는 사람을 만나서 대화를 할 때도 되도록 경어를 사용한다.

• 어른이 되었을 때는 모든 행동에서 모범을 보이려고 노력한다.

• 자기 자녀들에게도 인사 예절과 공중 질서를 가르친다.

• 이웃 간에도 여러 가지 일어날 수 있는 분쟁의 상황 등을 미리 예측하고 서로 배려하고 이해하려고 노력한다.

※ 특히 덕성이 갖춰진 사람은 다른 사람의 실수나 조그만 잘못

은 이해하고 배려해주려고 노력한다.

- 인격이 갖춰지고 현명한 사람은 이웃을 사촌으로 만들고 스승과 제자로 만든다.
- 이웃 간에는 서로 참고 양보할 줄도 알아야 더 친한 이웃이 될 수 있다고 믿는다.
- 다른 사람에 대해서 이야기를 할 때는 신중하게 하고, 되도록 비판과 비난을 삼간다.
- 처음 만나는 사람도 어떤 장소에서 가까이 눈이 마주칠 때는 미소로 인사를 건넨다.
- 전철이나 버스 또는 공공장소에서의 전화통화는 조용하게 한다.
- 대중식당에서 식사를 하거나 술을 마실 때도 다른 사람들을 배려하고 크게 떠들거나 고성방가를 삼간다.
- 식당에서 음식에 문제가 있더라도 조용히 주인을 불러서 이야기해준다.
- 가족들이 외식을 할 때도 예의를 지킬 줄 아는 가족은 아이들이 뛰어다니거나 큰 소리로 떠들지 못하게 한다.
- 식사 자리에서 너무 소리 내어 먹거나 소리 내어 코를 풀지 않는다.
- 길을 걷는데도 우측통행을 하고 남을 배려하며 걷는다.
- 거리에서 아무 데나 침을 뱉거나 코를 풀지 않는다.
- 흡연자는 금연 구역을 잘 지키며 담배꽁초나 쓰레기를 아무 데나 버리지 않고 항상 불조심을 한다.
- 인격을 갖춘 사람은 공공장소, 집 주변 골목길, 도로변, 관광지 등에 쓰레기를 버리지 않고 아이들에도 그렇게 가르친다.
- 차를 탈 때나 극장 등에 입장을 할 때도 줄을 서고 새치기를

하지 않는다.

• 외국인들을 만나면 미소로 대하고 친절하게 안내한다.

• 여자들이 나들이를 할 때는 지나치게 노출이 심하거나 품격이 떨어지는 옷은 삼간다. 이는 자신을 위험에 빠뜨리거나 자신의 격을 스스로 떨어뜨리기 때문이다.

※ 공중목욕탕에서도 물이 다른 사람에게 튀지 않게 하고, 사용하지 않을 때는 물을 잠근다. 또 아이들과 같이 갔을 때에는 아이들이 다른 사람에게 폐가 가지 않도록 현장 예의를 가르친다.

※ 파란 신호가 나서 길을 건널 때도 안전 상황을 확인하고 한 템포 늦게 출발한다.

2. 도를 닦듯 운전하자
-평생 무사고 운전을 위한 기본 지침

현대 사회에서 차는 발이나 마찬가지다. 바로 차가 그 사람의 척도가 되기도 한다. 그러나 운전자의 품격은 차의 품격과는 관계가 없다. 차는 현대 사회에서 없어서는 안 될 편한 운송 수단이지만 동시에 나 자신과 남을 해칠 수 있는 무기이기도 하다.

차 운전을 하는 것을 보면 그 사람의 인격이 바로 드러난다. 첫째는 남을 배려하는 운전을 하는지? 둘째는 각종 신호를 잘 지키면서 운전을 하는지? 셋째는 내 차가 무기가 될 수도 있다는 생각을 늘 머릿속에 간직하고 운전을 하는지? 넷째는 혹 사고가 나더라도 바로 피해자를 병원으로 옮기고 경찰에 신고를 해야 한다는 인식을 가지고 있는지? 다섯째는 옆에 달리는 차와 경쟁적으로 운전을 하지 않는지?

남한테 지기 싫어하는 우리 근성이 운전을 할 때도 우발적으로 큰 사고를 일으키는 경우도 많다. 배려나 조심성 없이 갑자기 추월을 하거나 실수로 주위 운전자에게 기분을 거슬리게 해서 바로 보복성 운전으로 사고를 유발하는 경우도 상당히 있다. 그 순간만 참으면 아무 탈이 없을 것을 사고가 나면 쌍방이 다 같이 감정이 격해지고, 다 같이 바쁜 세상에 아까운 시간을 뺏기고 사고의 크기에 따라 엄청난 손해를 감수해야 하는 것이다. 참을 인(忍) 자가 셋이면 만사가 해결된다는 격언을 늘 마음에 담고 다니면 늘 복(福)을 몸에 지니고 다니는 것과 같을 것이다.

운전을 할 때는 나 자신의 인격을 다듬는 시간이라고 생각하면서 운전대를 잡으면 훨씬 마음이 너그러워질 수 있다. 예를 들면 내 앞에 끼어들어 오려는 차가 있으면 '저 사람은 급한 일이 있는가 보다.' 하고 웃는 마음으로 양보하면 내 마음도 편하다. 또한 내가 급해서 끼어들기를 해서 양보를 받았을 때는 반드시 고맙다는 인사를 했을 때 서로 간의 마음도 훈훈하고 결국 그것이 그 사람의 인격인 것이다. 차는 빨리 달리는 것보다 안전하게 가는 습관을 들이면 시야에 들어오는 경관들이 아름답고 운전이 즐겁다.

▶ 평생 무사고 운전을 위한 기본 지침

① 운전 자세
- 운전석에 일단 앉으면 이제부터 내 스스로 도(道)를 닦으러 나간다고 생각하고 운전을 하면 마음이 편하고 실제로 스스로의 인격수양이 된다. 운전을 하다 보면 일반 생활이나 걸어 다닐 때와 달리 몇 배의 속도감 속에서 각각의 질서 행동이 나타나게 되고 긴장하게 된다. 따라서 나 자신도 질서를 못 지키는 경우가 있으면서도 남이 조금 잘못하면 비난하거나 미움을 키우는 경우가 있다. 이런 상황들을 이해하고 나 자신을 가다듬으면 내 스스로 도(道)를 닦는 것이라고 본다.
- 차를 운전하기 전에 반드시 냉각수, 오일, 타이어 등을 점검하고, 차 주위를 돌아보고 장애물, 어린이 등이 없는지 확인한 다음 출발한다.
- 운전을 하려고 운전석에 앉았을 때는 반드시 안전띠를 매고 옆

좌석이나 뒷자석에도 안전을 점검한다.

- 운전을 할 때는 준법정신을 갖고 전후좌우를 늘 감지할 수 있는 능력을 키워야 한다.

※ 운전을 할 때는 양보와 인내라는 덕성을 머리에 담고 운전을 한다.

- 클랙슨은 가능한 한 자제하고 꼭 부득이한 경우에만 사용한다.

- 해가 넘어가고 어둠이 들기 직전에는 전방 시야가 확보되지 않는다. 이때가 가장 사고가 나기 쉬운 시각이다.

- 요즘은 퀵서비스나 택배 등 오토바이들이 무질서하게 많이 다니고, 자전거 도로도 많이 생겨서 특별히 운전을 조심하여야 한다.

- 과속 운전은 사고가 날 확률이 아주 높고 사고도 크게 난다.

- 고속으로 달릴 때는 공주거리(위험을 발견하고 브레이크를 밟기 전까지 진행한 거리)와 제동거리를 항상 염두에 두고 안전거리를 생각하여야 한다.

- 전방 시야가 확보되지 않은 상태에서 앞지르기를 하면 큰 사고를 당할 수 있다.

※ 운전을 하면서 담배꽁초를 문 밖으로 휙 버리거나 슬그머니 떨구어 버리는 운전자는 스스로 자신의 인격에 먹칠을 하는 것이다.

② 사전 예방

- 건널목에서는 건너는 사람이 없더라도 반드시 멈춰 섰다가 출발한다.

- 사거리를 지날 때 신호등이 바뀌기 전에 지나가려고 속도를 내는 것은 큰 사고가 날 가능성이 많다.

- 횡단보도에서 일단 정지하고 출발할 때 옆에 버스나 큰 차가

있을 때는 항상 조심해야 한다. 먼저 출발하면 큰 차 앞에서 사람이 튀어나와 사고가 날 가능성이 많다.

- 끼어들기를 할 때는 미리 방향지시등을 켜고 천천히 들어간다.
- 옆에 차가 끼어들기를 하려고 방향지시등을 켜고 신호를 보낼 때는 서행을 하면서 들어오도록 한다.
- 특히 고속으로 달릴 때는 안전거리를 충분히 유지하고 앞차나 옆차에 갑자기 문제가 생겼을 때를 염두에 두고 운전을 해야 한다.
- 고속도로 갓길에 정차는 아주 위험하다.
- 어린이 보호구역에서는 제한속도를 준수하고 예측할 수 없는 아이들의 행동에 유의해야 한다.
- 학교 주변, 유치원, 어린이 놀이터, 통학버스 등의 주변에서는 어린이들이 갑자기 뛰어나올 가능성이 있으므로 항상 주의해야 한다.
- 주택가 골목길을 주행할 때는 옆 골목길에서 차나 사람이 수시로 튀어나올 수 있으므로 속도를 줄이고 서행하여야 한다.
- 횡단보도에 적색등이 들어왔더라도 신호를 무시하고 건너는 보행자가 없는지 확인하며 서행하는 것이 안전하다.
- 굽은 도로나 시야가 확보되지 않은 도로에서 방향을 바꿀 때에는 서행하여야 한다.
- 큰 차 뒤에 작은 차가 따라갈 때에는 큰 차의 운전자가 뒤차의 시야가 확보되기 어렵기 때문에 뒤차는 안전거리를 많이 확보해야 한다.
- 겨울철에 응달 도로에는 얼음판이 늘 있을 수 있으므로 반드시 서행하고 조심해야 한다. 특히 응달진 코너를 조심해야 한다.

※비가 올 때에는 수막현상으로 제동거리가 훨씬 길어지므로 안

전거리를 배 이상으로 늘려야 한다.

- 오토바이나 자전거는 예측하기 어려운 경우가 많으므로 서행
하면서 주의를 기울여야 한다.
- 도로가에 주차된 차량들이 있을 경우 갑자기 문을 여는 경우
를 주의해야 한다.
- 길가에 주차를 하고 내릴 때 반드시 백미러로 뒤에 차나 오토
바이, 자전거, 또는 사람이 오는지 확인하고 문을 연다.
- 신호가 없는 횡단보도에서는 잘 살피면서 서행한다.
- 긴급 자동차가 뒤따라오는 경우 재빨리 양보한다.

③ 응급시 행동

※ 사고가 발생했을 시에는 부상자를 먼저 구한 다음 사고의 상
황을 사진에 담아놓고 경찰서에 신고를 하고 안전 조치를 취
한다.

- 고속도로에서 갑자기 차가 멈췄거나 사고가 났을 때에는 가능
한 갓길로 차를 세워놓고, 만약 움직일 수 없을 때에는 주간에
는 100m, 야간에는 200m 정도 이상의 뒤로 고장 차량 표지판
을 설치한 후 재빨리 가드레일 밖으로 피한다.
- 눈길이나 빙판길은 정지할 때에는 엔진 브레이크로 감속을 하
고 풋 브레이크로 여러 번 자주 밟는 것이 안전하다.
- 눈, 빙판길에서는 핸들을 미끄러지는 쪽으로 돌리고 기어를 저
속으로 하며 안전거리를 충분히 유지한다.
- 브레이크가 파열되었을 때는 저단 기어로 변속을 한 후 가드레
일이나 벽 등에 부딪혀 정지하는 것이 큰 사고를 예방한다.

④ 운전 기초상식

- 정차 및 주차의 금지 장소

  1. 교차로, 횡단보도, 건널목 또는 보도와 차도가 구분된 도로의 보도.

  2. 교차로 가장자리, 도로의 모퉁이로부터 5m 이내의 곳.

  3. 건널목의 가장자리, 횡단보도, 안전지대의 사방, 버스 정류장으로부터 10m 이내의 곳.

- 고속도로 버스 전용 차로를 통행할 수 있는 승용, 승합자동차

  1. 9인 이상 승용, 승합자동차.

  2. 9인 이상 12인 이하 자동차는 6인 이상이 승차한 경우.

- 앞지르기를 할 수 없는 곳은 '교차로', '터널 안', '황색 실선의 국도' 등이다.

- 교통사고 발생 시 운전자의 조치

  즉시 정차 → 사상자 구호 → 가까운 경찰관서에 신고 → 경찰 공무원의 지시를 따른다.

- 사고 시 형사처벌을 받게 되는 경우

  1. 사망 사고.

  2. 뺑소니 사고.

  3. 중요 법규 위반 11개 항목(신호위반, 중앙선 침범, 제한속도 20km 초과, 앞지르기 위반, 건널목 통과방법 위반, 횡단보도 보행자 보호의무 위반, 무면허 운전, 음주운전, 보도 침범, 승객 추락 방지의무 위반, 어린이 보호구역 내 어린이 상해).

- 음주 운전자의 처벌 기준

  1. 혈중 알코올 농도 0.05~0.1% 미만-100일간의 면허정지와 형사처벌.

  2. 혈중 알코올 농도 0.1% 이상-운전면허 취소와 형사처벌.

  ※ 최근에는 처벌 기준과 처벌이 훨씬 강화된 걸로 알고 있다.

제6편

동양사상 논어(論語)의
인격수양과 처세

※"《논어》를 반만 읽으면 천하를 통치할 수 있다."고 했을 정도로《논어》는 세상살이의 이치가 가득한 책이다. 그러나 오랜 세월 동안 많은 학자들에 의해서 해석이 분분하여 학술적으로만 논란이 가득하여왔다.

본《논어》는 북경대학교 중문학 박사 동리자(東籬子) 교수가 엮었고 인제대학교 중문과를 졸업하고 부산 외대 통번역대학원을 졸업한 김인지 교수가 옮긴 글이다.

현대 교육이 과학 개발과 현대 문명을 중심으로 한 지식교육과 인간 삶의 편리함과 재미, 또는 말초적 자극성에만 치중하다 보니 인간 삶의 영적인 깊은 사상과 철학, 또는 인간끼리의 예의범절과 도덕성은 도외시되어온 것이 사실이다.

《논어》라면 사회적으로 박식한 사람만의 전유물인 양 가끔 강연자의 유식성을 자랑하는 언어로 회자되어왔는데 본 책에서는 읽어볼수록 현실에서 반드시 되찾아야 할 지혜라는 것을 간절히 느끼게 한다. 2,500여 년 전 춘추전국 시대에 공자의 교훈이 마치 지금의 현실을 예언한 것처럼 절실하게 느끼게 한다.

※공자의 도덕적인 주장은 인(仁), 의(義), 예(禮), 지(智), 신(信)으로 축약되고, 이것이 곧 유가의 핵심 사상이다.

인격수양을 위한 교훈

1. 신의로 무장하면 앞길이 순탄하리라

공자가 말하기를, "신의가 없는 사람은 도대체 어디에 쓸 수 있겠는가? 큰 수레에 끌채가 없고 작은 수레에 멍에가 없다면 어떻게 굴러갈 수 있겠는가?"

子曰(자왈) "仁而無信 不知其可也(인이무신 부지기가야). 大車無輗 小車無軏(대거무예 소거무월), 其何以行之哉(기하이행지재)."

■ 공자의 제자 중 증자(曾子, 이름은 參)가 있었는데 공자의 유가 사상이 바로 증자를 통해서 공자의 손자 자사에게로 전해지고 또다시 맹자에게로 이어졌기에 증자는 유가의 성인(聖人)으로 불린다.

증자가 손자에게 약속을 지키기 위해 돼지를 잡은 이야기는 유명하다. 증자의 아내가 장을 보러 가는데 어린 아들이 따라가겠다는 것을 달래려고 돌아오면 돼지를 잡아서 볶아주겠다고 한 거짓 약속을 듣고, 증자는 어린아이에게 거짓말을 가르쳐선 안 된다는 생각에 실제로 돼지를 잡아 볶아주어서, 아내에게 자손들을 가르침에 거짓말을 식언처럼 해서는 안 된다는 유명한 교훈이다.

지금 세상에도 신의(信義)가 그 사람을 평가하는 가장 큰 덕목이다.

2. 융통성 있게 행동하되 원칙은 지켜라

공자가 말하기를, "군자는 천하의 일에 그래야 하는 것도 없고, 그래서는 안 되는 것도 없다. 오로지 의(義)에 따르고 그와 함께할 뿐."

子曰(자왈) "君子之于天下也(군자지우천하야), 無適也(무적야). 無莫也(무막야), 義之與比(의지여비)."

■ 유가에서는 군자의 입신은 주관적인 고집이나 사적인 이익이 아닌 공정함과 정의로움을 바탕으로 이루어져야 한다고 주장한다. 옛 선인들의 이러한 가르침은 오늘날에도 상당한 설득력을 가진다. 어떠한 일을 하든지 융통성 있게 처리하되 반드시 정확한 원칙을 지키는 것. 그것이 사람됨의 도리요, 성공을 위한 첩경이다.

3. 중요한 것은 자신을 갈고닦는 것, 이해득실을 염려 마라

공자가 말하기를, "지위가 없음을 근심하지 말고 그 자리에 설 수 있을지를 근심하라. 사람들이 나를 알아주지 않음을 걱정하지 말고 남이 나를 알 수 있도록 노력하라."

子曰(자왈) "不患無位(불환무위), 患所以立(환소이립). 不患莫己知(불환막기지). 求爲可知也(구위가지야)."

■ 우리가 사는 세계는 그저 아름답기만 한, 티끌만 한 오염도 없는 천국이 아니다. 오히려 과학기술의 급속한 발전으로 예기치 못한 각종 사고들이 점점 늘어가는 게 현실이다. 또한 사회 문화가 다원화됨에 따라 여러 불건전한 사상과 문화의 부정적 영향이 커지고 있다. 점점 삭막해지는 사회에서 도태되고 싶지 않다면 더 많은 생존 기술과 지혜를 터득하고 삶의 기회를 잡아야 한다.

많은 직장인들이 작은 이익이나 높은 지위를 얻기 위해 동료와 신경전을 벌이거나 상사에게 잘 보이려고 애쓴다. 그렇게 하면 잠깐 동안은 이득을 얻을 수 있을 것이다. 하지만 결국엔 잃는 것이 더 많기 마련이다. 이런 태도는 동료와의 관계를 악화시킬 뿐 아니라 자신의 정력과 에너지를 쓸데없는 곳에 낭비해 정상적인 업무와 학업에 악영향을 끼칠 수 있다. 더욱이 능력도 없는 사람이 정당하지 못한 방법으로 높은 지위에 오른다면 그 끝이 어떨지는 뻔하지 않은가?

4. 임기응변에 능하라

공자는 남용의 사람됨을 이렇게 평하며 그를 조카사위로 삼았다.

"나라의 도가 바로잡혀 있을 때 그는 관직에 오를 수 있는 인물이다. 허나 나라에 도가 없을 때도 그는 처벌받지 않을 인물이다."

子謂南容(자위남용), "邦有道不廢(방유도불폐), 邦無道免於刑戮(방무도면어형륙). 以其兄之子妻之(이기형지자처지)."

■ 공자가 말하는 유도나 무도는 세상살이의 한 모습이며 누구나가 처한 환경이기도 하다. 수나라의 총애받는 신하였던 '배구'라는 사람은 일생 동안 북제, 수문제, 수양제, 우문화급, 두건덕, 당고조, 당태종 등 세 왕조와 일곱 명의 주군을 섬긴 놀라운 지혜를 가진 사람이다. 그는 그가 모시는 각 왕조의 현실을 정확히 파악하려고 꾸준히 노력하였고, 또 왕들이 추구하는 바를 영리하게 파악하였으며 백성들과 병사들의 삶에도 늘 애정을 가지고 있었기 때문이다.

인생을 살다 보면 좋은 날만 있을 순 없다. 분명 궂은 날도 있기 마련이다. 따라서 시기를 정확하게 파악하고 올바른 판단과 결정을 내리는 것은 나의 생활과 사업, 그리고 운명에 매우 중요한 영향을 미친다. 진정으로 총명한 사람은 언제나 변화하는 세계에 자신을 맞춘다. 그렇다고 아첨하지는 않는다.

5. 똑똑해야 할 때와 어리석어야 할 때를 판단하라

공자가 말하기를, "영무자는 나라에 도가 있을 때는 그 지혜로움을 드러내고, 나라에 도가 없을 때는 우둔함으로 가장했다. 그 지혜로움은 따라갈 수 있지만 그 우둔함은 누구도 흉내 낼 수 없다."

子曰(자왈) "寧武子邦有道(영무자방유도), 則知(즉지), 邦無道(방무도), 則愚(즉우), 其知可及也(기지가급야), 其愚不可及也(기우불가급야)."

■공자야말로 혜안을 가진 성인이다. 거의 모든 사람이 권력을 차지하든 돈을 많이 벌든 성공을 하고 나면 안하무인인 경우가 대부분이다. 세상은 성공한 사람을 축하도 해주지만 시기와 질투의 대상이 되는 경우가 더 많다. 그래서 성공하기 전보다 훨씬 처신하기가 어렵다. 조금만 소홀하게 대해도 상대는 서운하게 느끼게 된다.

그러나 혜안과 포용력을 가진 사람은 가을에 노랗게 익은 벼이삭처럼 겸손하게 고개를 숙이며 살아간다. 또 세상이 어지러울 때는 어리석음을 가장하여 위기를 넘기기도 한다.

6. 과거의 일로 원한을 갖지 마라

공자가 말하기를, "백이와 숙제는 지난날의 잘못을 들추지 않았기에 사람들의 원망을 사는 일이 드물었다."

子曰(자왈) "伯夷(백이), 叔齊(숙제), 不念舊惡(불염구악), 怨是用希(원시용희)."

■당태종 이세민은 중국 역사상 신하와 백성에게 가장 사랑받은 군주로 유명하다. 당나라를 세우기 전 이세민의 아버지 이연이 반란을 도모하고 있을 때 그 음모를 고발했던 이정을 살려서 자신의 충신으로 만들었고, 또 이세민 자신을 죽이려 했던 위징을 징벌하지 않고 그

의 능력을 인정해서 과거를 덮어주고 그를 중용하였다.

　비록 자신을 해치려 하였지만 훌륭한 인재들은 보듬어 안고 필요한 자리에 등용하였던 그는 보기 드문 큰 통치자였던 것이다.

　7. 거짓말을 삼가라

　공자가 말하기를, "누가 미생고를 정직하다 했는가? 어떤 이가 식초를 빌리러 오자 그가 집에 식초가 없다는 사실을 알리지 않고 오히려 이웃에게 꾸어다 주었다.,

　子曰(자왈) "孰謂微生高直(숙위미생고직), 或乞醯焉(혹걸혜언), 乞諸其隣而與之(걸제기린이여지)."

　8. 마음의 평정을 유지하고 노여워하지 마라

　노애공이 물었다. "제자들 중 가장 공부하기를 좋아하는 자는 누구인가?" 그러자 공자가 대답했다. "안회라는 제자였습니다. 그는 남에게 화를 내는 법이 없었고 같은 실수를 반복하지도 않습니다. 불행히도 일찍 세상을 떠났습니다만, 지금까지 그와 같은 사람도, 그만큼 공부하기를 좋아하는 이 없었습니다."

　哀公問(애공문) "弟子孰爲好學(제자숙위호학)? 孔子對曰(공자대왈) 有顏回者好學(유안회자호학), 不遷怒(불천노), 不貳過(불이과), 不幸短命死矣(불행단명사의), 今也則亡(금야즉망), 未聞好學者也(미문호학자야)."

　▪ 청나라 사람 부산이 이런 말을 했다.

　"분노가 끓어오를 때 그것을 멈추는 것, 그것은 천하의 용맹한 자가 아니면 절대 할 수 없는 일이다."

　▪ 공자도 역시 이렇게 말했다.

"작은 일을 참지 못하면 큰일을 도모할 수 없다. 만약 상대방과 똑같이 화내고자 한다면 그 후에 어떤 결과가 생길지 반드시 생각해야 한다. 분노로 인해 심신의 건강과 자신의 이익에 손해를 입힐 수 있다면 어떤 노력을 해서라도 반드시 행동을 절제해야 한다."

9. 필요한 이에게 도움을 주라

자화가 공자를 대신해 제나라의 사절로 갔을 때였다. 염유가 자화의 모친에게 식량을 나누어주자고 간청하자 공자가 대답했다.

"여섯 말 넉 되를 주어라."

염유가 더 줄 것을 청하자 공자가 또다시 대답했다.

"그럼 두 말 넉 되를 주어라."

하지만 염유는 자화의 모친에게 곡식 800석을 주었다. 이를 본 공자가 말했다.

"공서적(자화)이 제나라로 떠날 때 그는 살찐 말을 타고 가볍고 따뜻한 옷을 입고 있었다. 군자는 위급한 자에게 도움을 주고 부유한 자에게 부를 더해주지 않는다고 하지 않았더냐!"

子華使於齊(자화사어제), 冉子爲其母請粟(염자위기모청속), 子曰(자왈) "與之釜(여지부)."請益(청익), 曰(왈), "與之庾(여지유)."

冉子與之粟五秉(염자여지속오병), 子曰(자왈) "赤之適齊也(적지적제야), 乘肥馬(승비마), 衣輕裘(의경구), 吾聞之也(오문지야), 君子周急不繼富(군자주급불계부)."

■ 공자는 《논어》를 통해 한 가지 원칙을 제시한다. 이름뿐인 도움으로 타인을 구하려 해서는 안 된다는 사실이다. 그렇지 않으면 도덕적인 수양에 큰 손실을 입을 수 있다. 추위에 떨고 있는 사람에게 연탄은 더없이 고맙고 귀한 물건이다. 하지만 금 이불을 덮고 있는 자에게

비단 이불을 준다면 무슨 소용이 있을까?

10. 물질에 구애받지 말고 인생을 즐겨라

공자가 말하기를, "안회는 그 얼마나 어진가! 밥 한 공기에 물 한 바가지를 먹고 누추한 집에 살며, 보통사람은 견딜 수 없는 근심을 즐거움으로 삼고 있지 않은가. 안회의 성품은 정말로 어질도다!"

子曰(자왈) "賢哉(현재), 回也(회야)! 一簞食(일단식), 一瓢飮(일표음), 在陋巷(재누항), 人不堪其憂(인불감기우), 回也不改其樂(회야불개기락), 賢哉(현재), 回也(회야)!"

■ 숭고한 이상을 좇으면 그때부터 세상의 번민에서 자유로워지며 인생을 즐길 수 있게 된다. 괴롭거나 가난하거나 힘들고 위험할 때도 진정 즐거울 수 있는 것이다. 이것은 경험해보지 않은 사람들은 쉽게 이해할 수 없는 경지이기도 하다.

11. 경솔한 말은 화를 부른다

어떤 이가 말하기를, "염옹은 어질지만 말주변이 없습니다." 그러자 공자가 대답했다. "말재주가 왜 필요한 것이냐? 뛰어난 언변으로 타인의 말을 반박하면 미움을 살 수밖에 없다. 염옹이 어진지 아닌지는 내 모르겠지만 언변이 좋아야 하는 까닭 역시 알 수 없다."

或曰(혹왈) "雍也仁而不佞 (옹야인이불녕)." 子曰(자왈) "焉用佞(언용녕)? 御人以口給(어인이구급), 屢憎于人(누증우인), 不知其人(부지기인), 焉用佞(언용녕)?"

■ 언어는 일을 성공시킬 수도 있고 실패로 이끌 수도 있다. 그래서 옛 선인들은 항상 말을 적게 하라고 강조했던 것이다.

하지만 이것은 말을 하지 말라는 소리가 아니다. 해서는 안 될 말은 꾹 삼키고, 두 번 세 번 생각한 후에 입을 열어야 한다. 그렇지 않으면 큰 화를 당할 수 있다. 또한 말로써 상대방에게 상처를 주어서도 안 된다.

12. 중용(中庸)을 지켜라

공자가 말하기를, "중용은 도와 덕의 최고 경지다! 하지만 사람들이 이를 잊은 지 오래라 안타까울 따름이다."

子曰(자왈) "中庸之爲德也(중용지위덕야), 其至矣乎(기지의호)! 民鮮久矣(민선구의)."

■ 이윤의 중용: 이윤은 탕왕을 도와 하나라 걸왕의 폭정을 끝맺고 무려 600여 년이나 이어간 상나라를 건국한 인물이다. 이윤은 원래 탕왕의 아내가 시집올 때 데리고 온 노예로, 왕의 주방장이었다. 그런 그가 국가의 중책을 맡을 수 있었던 것은 모두 남다른 재능 때문이었다.

탕왕이 걸왕과 싸움을 벌이면서 식사도 거르고 잠도 제대로 자지 못하는 것을 보고 이윤이 꾀를 내서, 음식을 한 번은 짜게 하고 한 번은 싱겁게 만든 것이다. 왕이 이윤의 음식 솜씨를 나무라니까 이번에는 소금을 적당히 넣어 맛있는 음식을 만들어냈다. 그제야 왕이 이윤의 음식 솜씨를 칭찬하니까 이윤은 빙그레 웃으며 답했다.

"이는 칭찬할 일이 못되옵니다. 음식은 짜서도 안 되고 싱거워서도 안 되지요. 소금만 적당히 친다면 맛이 좋을 수밖에 없습니다. 나라를 다스리는 것 역시 마찬가지입니다. 손을 놓고 나 몰라라 해서도 안 되지만 너무 조급하게 생각해서도 좋을 게 없지요."

일을 하는 데 있어 어느 쪽으로도 치우치지 않는 것을 중용이라 한

다. 중(中)을 행하는 것은 바로 천하의 도(道)이다. 중용은 한쪽으로
치우침 없이 적당한 것을 행함을 가리킨다. 중용은 나라를 다스릴 때
뿐만 아니라 인생을 살아가는 데도 없어서는 안 될 중요한 이치이다.
중용을 실천하려면 무엇보다 인격에 힘써야 한다.

자신을 통제할 수 있는 사람만이 지나침과 모자람 없이 행동하고
감정과 욕망을 적절하게 다스릴 수 있다.

13. 늘 겸손하라

공자가 말하기를, "정치가 바를 때는 바른 말을 하고 바른 행동을
하라. 나라가 어지러울 때는 바른 행동을 하고 겸손하게 말하라."

子曰(자왈) "邦有道(방유도), 危言危行(위언위행), 邦無道(방무도), 危行言
孫(위행언손)."

■ 공자가 제시한 언행에 관한 두 가지 처세는 약삭빠른 잔꾀가 아
닌 기회를 살펴 행동하는 진정한 자세이다. 직장생활을 예로 들면 속
이 좁고 질투심이 강한 상사에게 올곧은 말과 행동을 하면 미움을 살
것이 분명하다. 자신에게 불리한 환경에서 피해를 입지 않으려면 올곧
은 행동과 함께 겸손한 말을 잊지 말아야 한다. 물론 자신에게 유리한
상황이라면 주동적으로 자신의 장점을 발휘하는 것이 좋다.

14. 항상 입조심하라

공자가 말하기를, "사람이 군자를 모실 때 세 가지 실수를 자주 범
한다. 첫째, 때가 되지 않았는데 말하는 것으로 이를 조급하다 한다.
둘째, 때가 되었는데 말하지 않는 것으로 이를 숨긴다 한다. 셋째, 얼
굴을 살피지 않고 말하는 것으로 이를 눈이 멀었다 한다."

孔子曰(공자왈) "侍於君子有三愆(시어군자유삼건), 言未及之而言謂之躁

(언미급지이언위지조), 言及之而不言謂之隱(언급지이불언위지은), 未見顏色而
言謂之瞽(미견안색이언위지고)."

■ 말은 일종의 예술이다. 말을 할 때는 내용과 방법이 모두 적절해
야 한다. 그렇지 않으면 자신의 무지함이 드러날 수도 있고 성가신 문
제를 일으킬 수도 있다. 특히 윗사람과 이야기를 나눌 때는 '세기'를
조절해야 한다. 한마디 실수 때문에 화를 당한 사람의 이야기를 많이
들어보았을 것이다. 공자의 가르침을 교훈 삼아 입을 열어야 할 때를
판단하고 어떻게 열어야 하는지 그 방법 역시 항상 신중히 고민해야
한다.

15. 지나친 욕심은 화를 부른다
공자가 말하기를, "사사로운 욕심을 쫓다 보면 많은 원한을 사기 마
련이다."
子曰(자왈) "放於利而行(방어이이행), 多怨(다원)."

■ 인간은 본래 이기적인 동물이다. 우리는 모두 자신의 내면에 감추
고 있는 이기심을 인정할 수밖에 없다. 하지만 이기적인 행동에도 모
두 정도가 있어야 한다. 사람의 욕심이 과하면 다른 사람에게 피해를
입힐 뿐 아니라 법에 저촉되는 행동을 하게 되어 법의 처벌을 피할 수
없게 된다.
많은 사람들은 가난을 고통으로 여긴다. 하지만 현인들은 가난에
대해 독특한 견해를 가지고 있었다. 그들은 가난을 참고 견디는 것을
하나의 수양이자 탐욕을 이기는 방법으로 생각했다. 가난을 고통으로
받아들이기보다는 속에서 즐거움을 찾으려 했던 것이다.

16. 멀리 내다보라

공자가 말하기를, "사람이 먼 장래를 걱정하지 않으면 가까운 미래에 반드시 걱정거리가 생긴다."

子曰(자왈) 人無遠慮(인무원려), 必有近憂(필유근우)."

■ 사람은 무릇 생각을 하거나 일을 처리할 때 눈앞의 상황은 물론이거니와 먼 미래까지 고려해야 한다. 그렇게 해야 모든 상황을 사전에 적당하게 계획하여 생각지도 못한 위험이 발생하는 것을 막을 수 있다. 무슨 일을 하든 장기적인 안목과 미래를 바라보는 통찰력이 없다면 성공할 수 없다.

17. 언제나 신중하라

공자가 병이 나자 강자가 약을 가져왔다. 공자가 고마움을 표하고 약을 받으며 말했다. "약의 효과를 알지 못하니 감히 먹을 수가 없구나."

康子饋藥(강자궤약), 拜而受之(배이수지), 曰(왈) "丘未達(구미달), 不敢嘗(불감상)."

■ 역경에 이런 말이 있다.

"편안함 속에서 위기를 잊지 않고, 있음 가운데 없음을 생각하며, 다스림 속에서 어지러움을 잊지 않는다. 이렇게 하면 내 몸을 보호할 수 있으며 가정과 나라를 보호할 수 있다."

이는 살면서 좋을 때나 나쁠 때나 매사에 신중함을 강조하는 말이다. 인생의 도처에는 늘 함정이 있기 마련이다. 때문에 신중하지 못한 사람은 불필요한 대가를 치러야 하거나 심지어 인생을 배울 기회조차 잃을 수 있음을 명심하라.

18. 주어진 인생을 열심히 살라

자로가 귀신을 섬기는 법을 묻자 공자가 대답했다. "산 사람을 섬기는 방법도 모르는데 어찌 귀신을 섬기는 방법을 묻느냐?" 자로가 또다시 물었다. "감히 묻건대 죽음이 무엇입니까?" 공자가 대답했다. "삶의 이치도 모르는데 어찌 죽음을 알겠느냐?"

季路問事鬼神(계로문사귀신), 子曰(자왈) "未能事人(미능사인), 焉能事鬼(언능사귀)?" 曰(왈) "敢問死(감문사)?" 曰(왈) 未知生(미지생), 焉知死(언지사)?"

귀신, 신, 삶, 죽음, 이 모두는 철학적인 범주에서 역사상 인류가 가장 많은 관심을 쏟아온 문제다. 사실 이 모두는 하나하나 서로 연결되어 있다. 공자는 귀신의 존재를 믿었다. 하지만 그 존재에 너무 집착하기보다는 일정한 거리를 유지해야 한다고 주장했다.

그는 인간사의 이치를 제대로 헤아려야만 비로소 귀신의 존재나 가치도 이해할 수 있다고 생각했다. 그렇게 하면 귀신의 노예도 재물의 노예도 되지 않을 수 있으니 말이다. 공자는 예악과 교화를 통해서만 사람과 자연의 조화, 사람과 사회의 조화 그리고 심신의 조화를 얻을 수 있다고 했다.

다른 종교와 달리 유교는 현생과 교육 그리고 도덕적 수양을 더욱 중요하게 생각한다. 이처럼 삶에 대범하고 의연한 태도를 강조했던 유교의 가르침은 오늘날을 사는 우리에게도 시사하는 바가 크다.

19. 넘치지도 모자라지도 마라

자공이 물었다. "자장과 자하 중 누가 더 낫습니까?" 공자가 대답하기를 "자장은 일을 하는 데 지나친 면이 많고, 자하는 항상 모자라다." 자공이 다시 물었다. "그렇다면 자장이 더 낫습니까?" 공자가 대답했다. "지나침은 미치지 못한 것과 같다."

子貢問(자공문) "師與商也孰賢(사여상야숙현)?" 子曰(자왈) 師也過(사야과), 商也不及(상야불급)." 曰(왈) "然則師愈與(연즉사유여)?" 子曰(자왈) "過猶不及(과유불급)."

■ '모자람'은 일을 성공시킬 수 없다. 하지만 '지나침' 역시 마찬가지다. 따라서 일을 하는 데에는 반드시 '적당함'이 필요하다.

횡단보도를 지날 때 녹색등이 아직 켜지지도 않았는데 길을 건너면 차에 부딪힐 수 있다. 그것은 '모자람'이다. 반대로 녹색등이 막 꺼졌는데 길을 건너도 사고를 당할 수 있다. 이는 '지나침'에 해당한다. 가장 올바른 방법은 녹색등이 켜졌을 때 길을 건너는 것이다. 하지만 이렇듯 간단한 이치도 직접 실천하기란 결코 쉽지 않다.

20. 충고를 겸허하게 받아들여라

진사패가 물었다. "노나라의 소공은 예를 아는 분입니까?" 공자가 대답했다. "예를 안다." 공자가 물러가자 진사패는 공자의 제자 무마기에게 읍하고 말했다. "듣자 하니 군자는 무리를 지어 편을 들지 않는다 했습니다. 그런데 당신의 선생 같은 군자도 무리를 편드는 겁니까? 소공은 유가의 법도에 어긋나게 같은 성씨의 아내를 맞이하고는 이를 드러내지 않기 위해 '오맹자'라 불렀다 합니다. 만약 그런 소공이 도를 안다고 하면 세상에 예를 모르는 사람이 누가 있겠습니까? 무마기로부터 이 말을 전해 들은 공자가 말했다. "나는 정말이지 행복하다. 잘못이 있으면 다른 사람들이 반드시 그것을 알려주니 말이다."

陳司敗問(진사패문) "昭公知禮乎(소공지례호)?" 孔子曰(공자왈) 知禮(지례)." 孔子退(공자퇴), 揖巫馬期而進之(읍무마기이진지), 曰(왈) "吾聞君子不黨(오문군자불당), 君子亦黨乎(군자역당호)? 君取於鳴(군취어오), 爲同姓

(위동성), 謂之(위지) '吳孟子(오맹자).' 君而知禮(군이지례), 孰不知禮(숙불지례)?" 巫馬期以告(무마기이고), 子曰(자왈) "丘也幸(구야행), 丘有過(구유과), 人必知之(인필지지)."

■ 많은 사람들이 자신이 틀렸다는 것을 알면서도 마음으로 이를 받아들이지 못한다. 그것은 바로 어리석기 때문이다. 하지만 진정한 현자는 항상 자신의 말과 행동을 반성한다. 알면서도 잘못을 범하는 어리석은 짓을 하지 않기 위함이다.

처세를 위한 교훈

다른 사람과 어울리는 방법에서 공자가 제시한 참된 지식과 명철한 견해는 세상과 인간에 대한 깊은 관심과 이해에서 비롯된 것이다. 그의 견해는 곧 우리의 말과 행동을 바른 곳으로 이끄는 경전이라 할 수 있다.

공자는 올바른 원칙과 적절한 융통성을 발휘할 것을 권한다. 또 거짓과 위선, 아집과 편견에서 벗어나야 한다고 주장한다. 인생을 달관한 공자의 태도와 적극적인 자세는 오늘날의 우리가 배워야 할 귀중한 지혜이다.

1. 다른 사람을 이해하라

공자가 말하기를, "남이 나를 알아주지 않는 것을 걱정하지 말고, 내가 남을 모르는 것을 두려워하라."

子曰(자왈) "不患人之不己知(불환인지불기지), 患不知人也(환불지인야)."

■ 대부분의 사람들은 다른 사람들이 알아주지 않아 자신의 재능이 소문 없이 사라질 것을 걱정한다. 심지어 자신을 알아보지 못하는 세상을 원망하기도 한다. 그러나 그런 걱정은 쓸모없을 뿐이다.

정말 중요한 것은 남이 나를 알아 주는 것이 아니라 내가 다른 사람을 이해하는 것이다. 진정으로 다른 사람을 이해하지 못하면 진실한 친구가 될 수 없고, 어진 사람을 쓸 수도 없다. 그리고 결정적인 시기에 하려는 일에 나쁜 영향을 미칠 수 있다.

2. 보이지 않는 것을 볼 수 있는 것이 참된 지혜다

공자가 말하기를, "한 사람을 이해하려면 그의 행동을 보고, 그가 일하는 방법을 살피며 그 취미를 관찰하라. 이렇게 하면 어찌 사람들이 자기를 숨길 수 있으리오. 어찌 사람들이 자기를 숨길 수 있으리오."

子曰(자왈) "視其所以(시기소이), 觀其所由(관기소유), 察其所安(찰기소안), 人焉廋哉(인언수재)? 人焉廋哉(인언수재)?"

■ 사회가 혼란스럽고 경쟁이 치열하고 도덕성과 신의가 떨어진 사회일수록 사람과의 관계는 더욱 힘들어진다. 옛날보다 훨씬 복잡다단하고 또한 각종 사기와 협잡이 판치는 지금 사회에서 여기에 걸리지 않고 살아가기만도 힘든 사회다. 이러한 어려움에서 벗어나서 성공적으로 살아가려면 상당한 지식과 경험도 필요하고 아울러 이런 것들을 헤쳐 나갈 수 있는 지혜가 필요하다.

무엇보다 중요한 것은 나 자신이 신의를 지키고 융통성 있는 원칙을 갖고 다른 사람을 관찰할 수 있어야 하고 또 세상 돌아가는 상황을 늘 파악할 수 있어야 앞일을 어느 정도 예측할 수 있을 것이다.

3. 다투지 마라

공자가 말하기를, "군자는 다투는 일이 없다. 만약 다투는 일이 있다면 그것은 분명 활쏘기 시합일 것이다. 군자는 서로 머리를 조아리고 한 번 양보한 후 시합에 임하고 끝난 후에는 서로 술을 권한다. 이

것이 바로 군자의 다툼이니라.

子曰(자왈) "君子無所爭(군자무소쟁), 必也射乎(필야사호)! 揖讓而升(읍양이승), 下而飮(하이음), 其爭也君子(기쟁야군자)."

■ 명예를 위한 학자들의 경쟁, 이익을 위한 상인들의 경쟁, 공로를 위한 용사들의 경쟁, 재능을 위한 예술가들의 경쟁, 승리를 위한 강자들의 경쟁 등 세상에는 수많은 다툼들이 있다.

그러나 이러한 다툼은 사람을 성장시키고 사업을 발전시키는 원동력이 되기도 하므로 나쁘다고만 할 수 없다. 다만, 규칙에 맞게 경쟁하는 것이 중요할 뿐이다. 부당한 수단을 이용하거나 다른 사람에게 해를 입혀서는 안 된다는 뜻이다.

■ 기원전 283년, 조나라에 '인상여'라는 재상이 있었다. 그는 나라와 담판을 벌여 위험에 빠진 조나라를 구한 일이 있었는데, 조나라 혜왕은 그 공로로 인상여를 노장군인 '염파'보다 높은 상경의 자리에 앉혔다. '염파'는 이에 불만을 품고 인상여를 비난했다. 이 소리를 전해들은 인상여는 그러한 염파와 다투지 않고 염파의 위상을 세워주는 데 애를 썼다. 주위 사람들이 인상여의 나약함을 비웃자 인상여는 그들을 붙잡으며 이렇게 말했다.

"한번 생각을 해보게나. 진나라 왕 앞에서도 주눅 들지 않고 당당하게 그를 꾸짖던 내가 염파 장군을 무서워할 리 있겠나? 하지만 제멋대로인 진나라가 감히 조나라를 침범하지 못하는 것은 바로 나와 염파 장군 때문이네. 나와 그는 두 마리 호랑이라고 할 수 있지. 하지만 이 두 마리의 호랑이가 싸운다면 결과는 불을 보듯 뻔하지 않겠나? 내가 참고 양보하는 이유는 나라의 안위를 생각하기 때문일세. 개인적인 감정은 그 후에 얘기해도 늦지 않아!"

이 소리를 전해 들은 염파 장군은 부끄러움을 느끼고, "어리석은 내가 장군의 넓은 마음을 미처 보지 못했구려!" 이때부터 인상여와 염파는 깊은 우정을 나누며 나라를 위해 열심히 일했다고 한다.

4. 좋은 환경, 좋은 이웃을 선택하라

공자가 말하기를, "인과 덕이 넘치는 곳에 사는 것이 좋다. 이런 곳을 선택하지 않는다면 어찌 지혜롭다 할 수 있겠는가?"

子曰(자왈) "里仁爲美(이인위미), 擇不處仁(택불처인), 焉得知(언득지)."

■ 맹모삼천지교는 너무나 유명한 이야기라 두말할 여지가 없다.

환경이 얼마나 중요한지를 일깨우는 교훈이다. 특히 청소년이나 어린이에게 주변 사람의 환경은 더욱더 중요한 영향을 미친다. 따라서 지혜로운 부모라면 아이에게 건강한 환경을 선택해야 한다.

이미 독립한 사회인은 스스로 직업이나 생활환경을 선택할 때 주의하고 훌륭한 인품을 갖춘 친구를 사귀도록 노력해야 한다. 이것은 개인적인 발전뿐 아니라 사업이나 학업에서 성공을 거두는 데도 도움이 되며, 위험에 빠지는 일도 막을 수 있다.

5. 충과 선으로 벗을 대하되, 통하지 않으면 그만둬라

자공이 벗을 대하는 방법을 묻자 공자가 답했다.

"벗에게 진실한 마음으로 충고하여 좋은 길로 이끌라. 허나 벗이 듣지 않으려 한다면 당장 충고를 그만두어 스스로 욕되지 않게 하라."

子貢問友(자공문우) 子曰(자왈) "忠告而善道之(충고이선도지), 不可則止(불가즉지), 毋自辱焉(무자욕언)."

■ 친구의 잘못을 보고도 충고를 해주지 않는 사람은 진정한 벗이라

할 수 없다. 하지만 충고도 거듭되면 상대방의 마음을 상하게 해 반감을 살 수 있다. 예부터 친구의 잘못을 꾸짖고 선을 권하는 것을 친구 사귐의 도로 삼았다. 진정한 친구란 이처럼 서로의 잘못을 바로잡아 주며 좋은 방향으로 나아갈 수 있도록 충고하는 사이다.

그러나 충고도 정도를 벗어나서는 안 된다. 특히 무언가를 새로 시작하는 친구에게는 더더욱 조심스러워야 한다. 지나친 충고로 벗의 마음을 상하게 할 수 있기 때문이다.

6. 신중하게 친구를 사귀어라

공자가 말하기를, "득이 되는 벗에는 세 종류가 있다. 정직한 사람, 어진 사람, 견문이 넓은 사람은 득이 되는 벗이요. 간사한 사람, 겉치레만 신경 쓰는 사람, 아첨하는 사람은 해가 되는 벗이다."

子曰(자왈) "益者三友(익자삼우), 損者三友(손자삼우), 友直(우직), 友諒(우량), 友多聞(우다문), 益矣(익의). 友便辟(우편벽), 友善柔(우선유), 友便佞(우편녕), 損矣(손의)."

■ 친구가 없는 인생은 상상하기 힘들다. 그런 만큼 친구를 사귈 때에는 신중을 기해야 한다. 친구의 도움으로 어려움을 극복하고 성공을 거두는 사람도 많지만, 반대로 친구를 잘못 사귀어 나쁜 길로 빠지는 사람도 많다.

친구를 사귈 때에는 반드시 '우직', '우량', '우다문'을 기억하자. 친구는 나도 모르는 새 나를 변화시키며, 때로는 부모님이나 선생님보다 더 큰 영향을 미칠 수 있다.

7. 자신에게는 엄하고 남에게는 관대하라

공자가 말하기를, "무슨 일이든 엄하게 꾸짖고 남을 책망하는 것을 가볍게 하면 남이 원망하는 소리를 멀리할 수 있다."

子曰(자왈) "躬自厚而薄責於人(궁자후이박책어인), 則遠怨矣(즉원원의)."

■ "자신에게는 엄격하고 남에게는 관대하라."

이는 예부터 전해오는 처세의 원칙이다. 늘 나의 인격수양에 힘쓰며 타인에게 관용을 베풀면 존경과 우정을 얻을 수 있을 뿐 아니라 다른 사람에게 미움을 사는 일도 없다. 남을 먼저 생각하고 타인의 잘못을 웃어넘겨라. 그러면 상대방은 스스로 잘못을 발견하고 그것을 고치려 할 것이고, 상대가 베푼 관용에 감사하며 은혜를 갚기 위해 노력할 것이다. 이것이 바로 처세에서 가장 뛰어난 지혜이다.

8. 상대를 정확히 판단하라

자공이 "마을 사람들이 모두 그를 좋아한다면 어떻습니까?"라고 묻자 공자가 말했다. "그것으로는 부족하다."

그러자 자공이 또 물었다. "마을 사람들이 모두 그를 싫어한다면 어떻습니까?" 공자가 대답했다. "그것으로는 부족하다. 마을의 모든 어진 사람들이 그를 좋아하고 모든 악한 사람들이 그를 싫어하는 것만 못하다."

子貢問曰(자공문왈) "鄕人皆好之(향인개호지), 何如(하여)?" 子曰(자왈) "未可也(미가야)." "鄕人皆惡之(향인개악지), 何如(하여)?" 子曰(자왈) 未可 也(미가야), 不如鄕人之善者好之(불여향인지선자호지), 其不善者惡之(기불선자악지)."

■ 겉모습만으로는 절대 사람을 판단할 수 없다. 사람의 외면에 나타나는 감정은 대부분 꾸민 것이기 때문이다. 특히 복잡한 환경에 처한 사람의 마음은 더욱 판단하기 힘들다. 따라서 평범한 사람이든 특

별한 사람이든 주변 사람을 자세하고 정확하게 관찰해야 한다. 사람의 내면을 꿰뚫어 보면 잘못 판단하거나 친구를 잘못 사귀거나, 인재를 잘못 등용하는 등의 실수는 범하지 않는다.

상대를 정확하게 판단할 수 없다면 얼마간은 거리를 유지하는 것이 좋다. 사람을 잘못 판단해 손실을 입는 것보다는 그 편이 훨씬 현명한 처세이다.

9. 원수를 은혜로 갚아라

혹왈 "덕으로 원한을 갚는 것은 어떻습니까?"라고 물었다. 그러자 공자가 말했다. "그러면 무엇으로 덕을 갚겠느냐? 원한은 정직함으로 갚고, 덕은 덕으로 갚아야 한다."

或曰(혹왈) "以德報怨何如(이덕보원하여)?" 子曰(자왈) "何以報德(하이보덕)? 以直報怨(이직보원), 以德報德(이덕보덕)."

■ 세상사에는 다툼이 끊이지 않기 마련이고 그에 따른 은덕과 원한 역시 항상 있기 마련이다. 사랑과 원한은 인간관계를 단단히 이어주기도 하고 깨뜨리기도 한다. 이러한 감정을 어떻게 처리하느냐는 인생에서 매우 중요한 때문이다. '이직보원, 이덕보덕'은 살면서 반드시 실천해야 할 덕목이다. 내게 잘못한 사람을 사랑으로 대하면 그는 분명 은혜를 갚으려 할 것이다.

10. 남의 말을 전하지 마라

공자가 말하기를, "길에서 들은 이야기를 전하지 마라. 그것은 덕을 버리는 행위이다."

子曰(자왈) "道聽而塗說(도청이도설), 德之棄也(덕지기야)."

■ "세 사람이 모이면 없는 호랑이도 만들어낸다."

사실을 확인하거나 잘 생각해보지 않은 채 들은 소리를 그대로 입밖으로 내뱉는 것은 너무 경솔하고 무책임한 것이다. 소문이 가진 살상력은 엄청나기 때문에 현명한 사람은 소문을 전하지 않으며 덕을 갖춘 사람은 소문에 부채질하는 법이 없다.

■ 길거리에서 들은 말은 대부분 진실과 거리가 멀다. 하지만 소문이나 유언비어를 퍼뜨리며 흥분과 재미를 느끼지 않는 사람은 없을 것이다. 하지만 그 속에는 비열한 마음이 숨겨져 있다. 소문은 진실을 왜곡시키고 심지어는 사람을 죽일 수도 있다. 함부로 소문을 퍼뜨리는 것은 도덕적으로나 처세의 측면에서나 경계해야 할 일이다.

11. 내가 하기 싫은 일은 남에게도 강요하지 마라

자공이 "평생을 실천해야 할 글자가 있습니까?"라고 묻자 공자가 대답하기를 "그것은 바로 서(恕, 관대함)이다! 자신이 원치 않는 것은 남에게도 강요하지 마라."

子貢問曰(자공문왈) "有一言而可以終身行之者乎(유일언이가이종신행지자호)!" 子曰(자왈) "其恕乎(기서호)! 己所不欲(기소불욕), 勿施於人(물시어인)."

■ 공자가 평생에 실천해야 할 글자를 '己所不欲 勿施於人'라고 하였다. 공자야말로 도덕적으로 인격적으로 거의 완벽한 분이다. 수천 년이 지난 지금도 절실하게 가슴에 와 닿는 말이고 사람들이 반드시 지켜야 할 교훈이다.

오히려 지금 세상이 더욱 혼란스러운 것은 이러한 훌륭한 교훈이 있는 것조차 모르고 지도자로 자처하는 사람들이 많기 때문이다. 용서하고 배려하기보다 조그만 흠이라도 찾아내서 세상에 퍼뜨리고 상대방을 망가뜨려야 내가 살아갈 수 있다는 소인배의 논리가 판치는 세상이다.

12. 유심히 관찰하라

공자가 말하기를, "모두가 미워하는 사람이라도 반드시 살펴야 하고, 모두가 좋아하는 사람이라도 반드시 살펴야 한다."

子曰(자왈) "衆惡之(중악지), 必察焉(필찰언), 衆好之(중호지), 必察焉(필찰언)."

■다른 사람의 말에 쉽게 현혹되는 것은 옳지 않다. 많은 사람들이 어떠한 정보나 소문을 별 생각 없이 믿는 경향이 있다. 게다가 조직적이지 않은 군중은 이러한 소문의 영향력을 더욱 확대시키기까지 한다. 소문에 휩싸이면 올바른 판단을 내릴 수가 없다. 따라서 직접 어떤 사람이나 사건을 자세히 관찰한 후 올바른 결론을 내리는 것이 매우 중요하다.

13. 가장 중요한 것은 사람이다

공자의 마구간에 불이 났다. 퇴청한 공자가 물었다. "사람은 다치지 않았느냐?" 그리고 말에 대해서는 묻지 않았다.

廐焚(구분), 子退朝(자퇴조), 曰(왈) "傷人乎(상인호)?" 不問馬(불문마).

■'仁者愛人(어진 사람은 남을 사랑한다)'은 공자의 말과 행동에서 잘 나타난다. 말은 제쳐두고 사람이 다치지 않았는지부터 물은 그의 행동은 인간을 중심으로 하는 어진 마음을 잘 보여주고 있다.

특히 높은 자리에 있는 사람일수록 더더욱 다른 사람부터 배려해야 한다. 그림으로써 많은 사람의 존경을 받을 수 있고, 스스로에게도 부끄럽지 않은 사람이 될 수 있다.

14. 소인배의 꼬임에 빠지지 마라

공자가 말하기를, "방자하고 정직하지 않으며, 미련하면서 부지런하지 않고, 거짓으로 성실한 척하며 신의를 지키지 않는 자, 나는 이들을 이해할 수 없다."

子曰(자왈) "狂而不直(광이불직), 侗而不愿(동이불원), 悾悾而不信(공공이불신), 吾不知之矣(오부지지의)."

■ 많은 사람들이 자신의 본모습은 쉽게 드러내지 않는다. 작은 것에 구애받지 않고 대범해 보이는 사람이 실제로는 비열해 보이기도 하고, 정직해 보이는 사람이 사실은 교활하기도 하며, 한없이 약해 보이는 사람이 뒤에서는 남에게 상처 입힐 궁리를 할 수도 있다.

이런 사람들의 본모습을 정확히 간파할 수 있다면 누구든 인생의 위험에서 벗어날 수 있을 것이다. 하지만 그것이 쉽지만은 않다.

15. 화합하되 맹목적으로 따르지는 마라

공자가 말하기를, "군자는 화합하되 동화되지 않으며, 소인배는 어울리되 화합하지 않는다."

子曰(자왈) "君子和而不同(군자화이부동), 小人同而不和(소인동이불화)."

■ 사람이나 일을 대하는 태도에서 군자와 소인배의 차이는 무엇인가?

군자는 소인배와 달리 '의(義)'를 숭상해 불합리한 일에는 단호하게 '아니오'라고 외칠 수 있다. 그러나 소인배는 '이(利)'를 탐해서 자신에게 손해되는 일은 절대 하지 않으며, 이익이 되면 무엇이든 끼어든다.

'화합'은 인간관계에서 가장 이상적인 모습이다. 공자가 여기에서 주장한 화합은 상대방과 나의 차이를 인정하고 모두가 받아들일 수 있는 해결 방안을 찾음으로써 함께 발전함을 의미한다.

화합은 사람과 사람의 관계뿐 아니라 사람과 자연, 사람과 사회의 관계에서도 중요한 덕목이다.

유대인을 세계 최고의 민족으로 이끈
《탈무드》편

우선 《탈무드》와 삶을 같이하는 유대인들에 대해서 알아본다. 전 세계에 약 1,450여만 명밖에 안 되는 유대인들이 역대 노벨상의 32%를 휩쓸고, 전 세계의 혁신을 주도해온 인물들이 주로 유대인이다.

이렇게 놀라운 유대 민족의 저력! 무엇이 이들을 이렇게 대단하게 성장시켜놓은 것일까? 여기에는 그들의 조상으로부터 내려오는 철저한 수직 교육과 종교(유대교)에 있었다. 다시 말하면 《탈무드》의 연구와 토론, 그리고 토라의 영적 교육을 통하여 항상 그때그때의 현실과 연결시켜서 융합된, 또 발전적이고 창의적인 상상력을 발휘해서 현재와 같은 빛나는 결과를 얻어낸 것이라고 보인다.

그들의 역사는 4,300여 년, 우리 역사와 비슷하다. 우리나라도 역사를 보면 주변국의 시달림을 많이 받고, 몇 번에 걸쳐 나라를 빼앗기기도 하면서도 우리 고유의 전통을 유지해왔다고 본다. 여기에 비해서 유대인들의 역사는 우리보다 훨씬 처절한 고난의 역사를 살아왔던 것이다. 2,000여 년이나 나라가 없이 종살이 등 갖은 핍박을 받아오고, 그들의 사상과 전통, 종교를 말살시키려고 《탈무드》를 수없이 불살라왔는데도 그들은 하나님의 유일한 자손이라는 믿음 아래 영적으로 단결해서 전통과 사상을 지켜오고 더욱 강해진 것이다.

오랜 기간 유대인의 랍비 사회에 직접 들어가서 유대인 사회를 연구하신 쉐마교육원 원장 현용수 교수님의 연구에 의하면 그 근본은 그들의 조상 아브라함에서부터 전수되어온 수직 교육에 있었다는 것이다. 우리가 골동품으로 취급하고 있었던 옛날의 도덕교육과 인성교육이 바로 수직 교육이었고, 머리를 싸매고 학원으로 학교로 치열하게 경쟁하면서 배우는 지식교육은 수평 교육이라는 것이다. 따지고 보면 수직 교육은 우리의 전통 도덕 예절교육과 거의 같은 것이다.

하지만 근세에 와서 우리에게 큰 문제가 생겼다. 우리는 물질적으로 역사상 가장 짧은 기간에 이루지 못했던 풍요를 이뤄냈다. 이런 풍요의 맛에 우리 모두는 옛것은 모두 버리고 무조건 새것이면 분별없이 받아들이고, 옛것을 부수고 새것으로 만들어왔던 것이다. 여기에는 역사가 담긴 문화뿐만 아니라 정신과 영혼까지도 새것으로, 외국 것으로 바꿔놓다 보니 우리의 뿌리가 무엇인지도 모르고, 나 자신의 근본도 잘 모르는 사람들로 추락해버린 것이다. 이것이 오늘날 우리의 혼돈이다. 모든 것을 물질의 잣대로 눈앞의 것만 보고 판단하는 세상으로 변해버린 것이다.

우리는 물질의 풍요에 취해서 영혼이 망가져가고 있는 것을 감지하지 못했다. 역사와 전통, 고유 사상이 골동품으로 취급되고 동시에 예의와 도덕이 귀찮은 걸림돌로 전락을 하니 세상이 살벌할 수밖에 없고 한국병이라는 갖가지 병까지 얻은 것이다. 결국 물질 풍요가 오히려 우리의 영혼을 병들게 만든 결과를 낳은 것이다.

유대인들은 철저한 수직 교육을 통하여 4,000여 년의 전통과 정신을 하나로 이어오고 세대 간에도 그대로 물려받아 세대 차이가 없어서 세대 간에도 갈등이 없을 뿐만 아니라 부모와 조상을 존경하고 자손들은 또 그들의 자손들에게 똑같이 밥상머리 교육과 4차원 교육을 통하여 지혜와 인성의 백과사전인 《탈무드》와 토라를 가르쳐왔다.

그런데 우리는 짧은 기간에 물질의 달콤함에 취해서 옛것이라면 모든 것을 고물로 취급하고 부숴버렸으니 이제 어찌해야 하겠는가?

유대인들은 4,300년을 머릿속에 늘 담고 옛 정신을 토대로 현실과 조화하여 생활화하면서 사는데, 우리는 단 백 년의 과거와 역사도 담을 쌓고, 심지어는 자기의 할아버지 할머니의 함자(이름)도 모르는 젊은이들이 허다하니 이를 어쩐단 말인가?

이렇게 심각한 문제가 우리의 현실이다. 지켜 내려와야 할 수직 교육(도덕, 윤리, 역사, 전통, 사상, 철학, 종교, 고난 극복)이 천대받고 혼돈 속에 수평 교육(물질, 권력, 명예, 유행, 현대 과학, 현대 문학)만이 지배하는 우리의 현실을 어떻게 타개할 것인가?

여기에서 우리는 유대인의 지혜일 뿐만 아니라 세상을 사는 사람이라면 모두 배우고 실천의 교훈으로 삼아야 할 《탈무드》를 같이 연구하는 자세로 배우고 활용해야 하리라고 본다. 《탈무드》는 인간이 살아온 수천여 년의 삶의 지혜뿐 아니라 사람이 사람답게 살아가는 데 온갖 지혜가 풍성하게 들어 있기 때문이다.

따라서 이들은 《탈무드》를 조상으로부터 연결되는 전통과 사상, 그리고 지혜를 부모가 자식에게 수직 교육으로 연결해서 부모와 자식이 밥상머리에서 다정하게 같이 앉아 서로 질문하고 토론하면서 가정교육화하고 모든 생활의 교본으로 삼은 것이다.

이러한 교육 시스템의 결과는 그야말로 대단한 것이다. 앞에서 누차 거론되었듯이 전 세계 인구의 0.2%밖에 안 되는 유대인들 속에서 노벨상의 32%를 차지할 뿐만 아니라 전 세계를 혁신시킨 수많은 인물들이 탄생한 것이다

《탈무드》는 기원전 500년 전부터 시작하여 기원후 500년에 걸쳐 1천 년 동안이나 구전되어온 것들을 약 2,000명의 학자들이 10여 년에 걸쳐 수집 편찬한 것이라고 한다. 그리고 지금도 《탈무드》는 유대인들

에 의하여 연구하고 토론하고 또 쓰이고 있다는 것이다.

이렇게 세상에 유일무이하게 4,000년의 문화와 종교, 도덕, 전통 등을 망라해 엮은 것이기 때문에 법률이 있고, 역사가 들어 있으며, 역사적 많은 인물들이 망라되어 있으니, 백과사전은 아니면서도 백과사전과 같은 구실을 한다. 이러한 훌륭한 책을 연구하고 토론하면서 공부하는 유대 젊은이들은 깊이가 있고 상상력이 풍부하고, 신지식도 쉽게 받아들여 소화함으로 해서 세상에 많은 혁신을 만들어내니 어느 민족보다도 우수하고 창의적일 수밖에 없는 것이다.

그래서 우리는 유대인에게서 배워야 한다. 《탈무드》를 비롯한 수직 교육과 교육 방법인 4차원 교육을 배워야 한다. 그래서 이 책에서는 우리의 전통 인성교육 책인 《명심보감》과 《논어》 등을 다루고, 아울러 현용수 교수가 쓰신 《현용수의 인성교육 노하우》,《유대인 아버지의 4차원 교육》과 《탈무드》(지혜, 종교[모세오경], 처세술, 생명력, 잠언집, 웃음)의 중요한 교훈들을 인용 발췌하여 동서양의 교훈들을 옮겨 실었다.

우리의 교육이 오랜 기간 어디로 갈지를 몰라 갈팡질팡하고 있었는데 이제 어둠 속에서 빛이 보이는 것 같다. 현용수 교수님의 애국적인 연구를 통하여 그 모든 혼돈들과 한국병의 원인이 모두 수직 교육 부재와 교육 방법의 부재에 있었다는 것이 드러났다. 이제 가릴 것이 없다. 나도 너도, 어른도 아이도 쥐꼬리 자존심을 내려놓고, 종교의 다름을 뛰어넘어 후손들을 위하여 이 나라를 위하여, 또 평화로운 남북통일과 온 세상의 평화를 위하여 우리 모두의 깨달음을 위한 정성과 끈질긴 노력이 필요하다.

다만 한 가지 덧붙인다면 유대인들에 대한 편견이다. 유일신 하나님만을 믿고, 세계 어느 지역에서나 창조적인 혁신과 특출한 성과를 만들어내는 유대인들에게 종교 간의 편견이 상상 이상으로 심하다는 것을 역사를 통해서도 알 수 있지만, 현재에도 많은 갈등과 폄하가 이루어지고 있다는 사실을 중용의 정신을 갖고 깨달아야 할 것이다.《탈무드》라는 책을 통해서 볼 때 그들의 사상과 삶이 평화적이고, 현실적이며, 늘 창조적이라는 것은 부정할 수 없는 것이다.

그리고 10여 년 이상을 랍비 사회에 들어가셔서, 수천 년간의 갖은 고난을 이겨내고, 그러면서도 가능한 한 적을 만들지 않고, 묵묵하게 온 세계를 혁신해가고 있는 유대인들의 정신과 교육 방법을 연구하고, 아울러 우리 교육과 인성의 문제점을 지적하고 길을 제시하신 현용수 박사님께 다시 한 번 머리 숙여 감사드립니다.

편저자 안문환

《탈무드》의 지혜

어느 시험관의 이야기다. "학교라는 곳은 존경받는 사람 앞에 앉아 공부하는 곳이네. 그들(스승들)이라는 살아 있는 교과서를 통해 모든 것을 배워야 한다네. 학생이란 훌륭한 랍비나 교사의 언행을 지켜봄으로써 스스로 배워가는 사람이네."라고 하였다.

▶ 재산

항해하던 도중 배 안에서 일어났던 이야기다. 배 안에는 모두 큰 부자들이 타고 있었는데 자신들이 가진 재산을 자랑하기에 바빴다.

그때 같이 타고 있던 한 랍비가 이렇게 말했다.

"나는 내 재산을 당신들에게 보여줄 수는 없지만 부자로 치면 내가 제일 부자로 생각하오."

그때 마침 해적들이 나타나 습격을 해서 부자들이 갖고 있던 금은보석과 재산을 모두 빼앗겨버렸다. 해적들이 가버리고 배는 가까스로 어떤 항구에 다다랐다. 랍비의 높은 교양과 학식은 곧 항구 사람들에게 인정받게 되었고, 그는 생계를 꾸릴 수 있었다. 얼마 뒤 같은 배에 탔던 부자들을 만났는데 거의 가난뱅이로 전락해 있었다.

그들은 랍비에게 이렇게 말했다.

"당신의 말이 옳소, 지식을 가지고 있는 사람은 모든 것을 다 가지고 있는 것과 같소."

지식은 언제 어디서라도 누구에게 빼앗기는 일 없이 지닐 수 있기 때문이었다. 교육이 가장 중요한 재산이라는 사실이 입증되었던 것이다.

▶ 인생

• 인간은 처해진 환경에 따라 명예가 높아지는 것이 아니고, 인간 스스로 자기 환경의 명예를 높이는 것이다.

• 요령이 월등한 인간과 현명한 인간과의 차이는 이렇다. 요령이 월등한 사람은, 현명한 사람이 절대로 벗어날 수 없는 상황을 무난히 빠져나가는 것이다.

• 어떤 사람은 젊었어도 늙었고, 또 어떤 사람은 늙었어도 젊다.

• 자기 자신의 나쁜 점만을 걱정하는 사람은 다른 사람들의 부족한 점을 알지 못한다.

• 음식을 마치 장난감처럼 취급하는 인간은 배고픈 사람이 아니다.

• 부끄러움을 모르는 것과 자부심은 형제 사이다.

• 만약 하루를 공부하지 않으면 그것을 되찾는 데 이틀이 걸리고, 이틀을 공부하지 않으면 그것을 되찾는 데 나흘이 걸린다. 또 1년을 공부하지 않으면 그것을 회복하는 데는 자그마치 2년이나 걸린다.

• 근본이 옳지 못한 사람은 이웃 사람의 수입에는 마음을 쓰면서도 자기 자신의 낭비에는 마음을 쓰지 않는다.

• 눈에 보이지 않는 것보다는, 마음에 보이지 않는 것이 더 두렵다.

• 만나는 모든 사람으로부터 무엇인가를 배울 수 있는 사람이 이 세상에서 가장 현명한 사람이다.

• 강한 사람 —그는 적을 친구로 바꿀 수 있는 사람이다.

• 풍족한 사람이란 자신이 가지고 있는 것으로도 만족할 줄 아

는 사람이다.
- 남을 칭송할 줄 아는 사람이야말로 칭송받아 마땅한 사람이다.

▶ 현인이 되기 위한 7가지 조건

첫째, 자신보다 현명한 사람 앞에서는 침묵을 지킨다.

둘째, 상대의 말을 중간에서 끊지 않는다.

셋째, 대답을 침착하게 한다.

넷째, 항상 핵심만 뽑아 질문하고, 대답을 조리 있게 한다.

다섯째, 먼저 해야 할 것과 나중에 할 것을 구분하여 한다.

여섯째, 자신이 알지 못할 때는 솔직하게 인정한다.

일곱째, 진실은 망설이지 않고 인정한다.

▶ 판사
- 판사가 되려면 항상 겸손하고 언제나 선행을 거듭하며, 정확한 판별력과 위엄을 갖추고, 지금까지의 이력이 깨끗해야 한다.
- 판사는 반드시 진실(Justice)과 평화(Peace)를 모두 구해야 한다. 만일 진실만을 추종한다면 평화는 잃고 만다. 그러므로 진실도 파괴하지 않고 평화도 함께 지킬 수 있는 방법을 찾아내지 않으면 안 된다. 이것이 바로 타협이다.
- 극형(極刑, 사형)을 언도하기 전의 판사의 심정은 자신의 목에 칼이 꽂히는 것 같은 심정이어야 한다.

▶ 처세
- 선행을 외면하고 문을 닫은 사람은 다음에 의사를 향해 문을 열지 않으면 안 된다.
- 좋은 항아리를 얻으면 그날부터 바로 사용하라. 내일이면 깨어

져 못 쓰게 될지도 모른다.

- 올바르지 않은 사람은 자신의 욕망에 지배를 당하고, 올바른 사람은 자신의 욕망을 지배(절제)할 수 있다.

- 남들의 자선에 의해 살아가는 것보다는 차라리 가난한 생활을 하는 편이 낫다.

- 남들 앞에서 부끄러워할 줄 아는 사람과 자기 자신 앞에서 부끄러워할 줄 아는 사람과는 큰 차이가 있다.

- 이 세상에는 너무 지나치면 안 될 8가지가 있다. 여행, 여자, 돈, 일, 술, 잠, 약, 향료가 그것이다.

- 이 세상에는 너무 과하게 사용해서는 안 되는 것이 3가지가 있다. 빵에 넣는 이스트와 소금과 망설임이다.

- 몇 닢의 동전이 들어 있는 항아리는 그 소리가 시끄럽지만, 동전으로 가득 찬 항아리는 오히려 조용하다.

- 전당포는 과부와 어린이들의 물건을 맡아서는 안 된다.

- 명성을 얻으려 쫓아가는 사람은 명성을 붙잡지 못하지만, 명성을 피하여 달리는 사람은 오히려 명성에 붙잡힌다.

- 남의 것을 훔치지 않는 도둑은 자신이 정직하다고 생각한다.

- 결혼하는 목적은 기쁨에 있고, 장례식 조문객의 목적은 침묵이며, 강의하는 목적은 듣는 것에 있다. 또 방문할 때의 목적은 정해진 시간에 도착하는 것이고, 가르침의 목적은 집중이며, 단식의 목적은 아낀 돈으로 자선을 베푸는 것이다.

- 사람의 몸에는 6개의 가치 있는 부분이 있다. 이 가운데 3개는 스스로 조절할 수 없지만, 나머지 3개는 조절할 수 있는 부분이다. 앞의 것은 눈과 귀와 코이고, 뒤의 것은 입과 손과 발이다.

- 당신은 당신의 혀에게 "나는 잘 모릅니다."라는 말을 열심히 가

르쳐야 함을 깨달아야 한다.

- 장미꽃은 가시와 가시 사이에서 자란다.
- 처방을 무료로 해주는 의사의 충고는 듣지 않는 것이 좋다.
- 항아리의 겉모양만 보지 말고 그 속에 무엇이 들어 있는가를 살펴보아라.
- 나무는 열매로 평가되고 사람은 그가 이룬 업적에 의하여 좌우된다.
- 이제 막 열리기 시작한 오이를 보고는 앞으로 맛있는 오이가 될지 어떨지 말할 수 없다.
- 행동은 말보다도 목소리가 크다.
- 남들로 하여금 자신을 칭찬하게 하는 것은 좋으나, 자신이 자신을 칭찬하는 것은 옳지 않다.
- 훌륭한 사람이 아랫사람의 말을 듣고, 노인이 젊은 사람의 말에 귀를 기울이는 것은 축복받아야 한다.
- 노화(老化)를 촉진하는 4가지 원인은 공포, 분노, 자녀, 악처다.
- 좋은 음악과 조용한 풍경, 그리고 좋은 향기는 사람의 마음을 안정시켜주는 요소다.* 사람들에게 자신감을 안겨주는 3가지 요소는 좋은 가정, 좋은 아내, 좋은 의복이다.
- 자선을 베풀 줄 모르는 사람은, 아무리 부자라도 맛있는 요리가 가득한 식탁에 소금이 없는 것과 마찬가지다.
- 사람들이 자선에 관해 가지고 있는 태도에는 4가지가 있다.

  첫째, 스스로 돈이나 물건을 남에게 주면서도 다른 사람이 돈이나 물건을 내놓는 것을 좋아하지 않는다.

  둘째, 다른 사람이 자선을 베푸는 것을 바라면서도 자신은 자선을 베풀지 않는다.

  셋째, 스스로 아낌없이 자선을 베푸는 동시에 남들도 또한 자선을 베풀기를 바란다.

넷째, 스스로 베푸는 자선도 싫어하고, 다른 사람이 베푸는 자선도 또한 싫어한다.

여러분은 이 4가지 유형 가운데 어디에 속하는가?

첫째는 질투심이 강한 사람이고, 두 번째는 자신을 비하하는 사람이며, 세 번째는 선한 사람, 네 번째는 완전한 악인의 유형이다.

• 한 개의 촛불로 많은 양초에 불을 붙여도 그 촛불의 빛이 약해지는 것은 아니다.

• 이 세상에 살고는 있으나 쓸모가 없는 남자는 식사할 수 있는 내 가정이 없고, 언제나 마누라 엉덩이에 눌려 지내고, 몸이 아파서 늘 괴로워하는 사람이다.

• 일생에 한 번 맛있는 요리를 실컷 먹고 다른 날에는 굶는 것보다는 평생 양파만 먹고 사는 게 더 낫다.

• 다음 3가지 경우 외에는 자신을 보존하는 것이 어떤 것보다 앞선다. 다만 다음 3가지 경우에는 자신을 버리고 목숨을 버리는 편이 낫다.

첫째, 남을 죽일 때.

둘째, 불순한 성관계를 맺을 때.

셋째, 근친상간을 할 때.

• 장사꾼이 해서는 안 되는 3가지 일이 있다.

첫째, 과대선전을 하는 일.

둘째, 값을 올리기 위해 매점매석하는 일.

셋째, 계량을 속이는 일.

• 달콤한 과일에 벌레가 더 많이 꼬이듯,

재산이 많으면 그만큼 근심도 많고,

여자가 많으면 또한 투정도 많고,

하녀가 많으면 그만큼 풍기도 문란해지고,

남자 하인이 많으면 그만큼 집안의 물건도 많이 없어진다.

• 스승보다 더 배우면 인생이 풍요해지고,

사색을 많이 하면 그만큼 지혜도 더 쌓여져가고,

사람들과 만나 이로운 이야기를 나누면 좋은 길이 열리고,

자선을 많이 베풀면 따사로운 평화가 깃든다.

• 남들이 모두 옷을 입고 있을 때에는 벌거숭이가 되지 마라.

남들이 모두 벌거숭이일 때는 옷을 입지 마라.

남들이 모두 서 있을 때는 앉아 있지 마라.

남들이 모두 울고 있을 때는 웃지 마라.

남들이 모두 웃고 있을 때는 울고 있지 마라.

▶ 죽음

진정한 축복은 사람이 영원한 잠에 들어갔을 때에 보내야 한다. 그가 인생을 어떻게 살아왔는가를 많은 사람들이 알고 있으므로, 이때야말로 진정한 축복을 보낼 수 있는 것이다.

▶ 손

인간이 이 세상에 태어날 때는 두 손을 꼭 쥐고 태어나지만, 죽을 때는 이와는 반대로 두 손을 펴고 죽는다.

왜 그럴까? 이것은 태어날 때는 이 세상 모든 것을 움켜잡아 가지고 싶기 때문이고, 죽을 때는 남아 있는 사람들에게 가지고 있던 모든 것을 내주어 빈손이기 때문이다.

▶ 증오

유대민족은 오랜 세월에 걸쳐 다른 민족에 의해 박해와 학살을

당한 슬픈 역사를 가지고 있다. 그러나 이들에게 증오에 찬 문학 작품이나 문헌은 하나도 존재하지 않는다. 그 이유는 유대인들은 뼈에 사무치는 증오심을 지니지 않는 민족이기 때문이다.

나치에 의해 수백만의 동족이 비참하게 학살당했으나, 이를 저주하는 반(反)독일 문헌이나 독일 민족을 증오하는 책이 없다. 그래서 이스라엘 사람들은 아랍 민족과 전쟁을 하면서도 그들에 대한 증오심은 가지고 있지 않다. 기독교인들로부터 모진 박해를 받은 유대인들이지만 기독교인들을 증오하지 않는다.

유대인들은 가지고 있던 돈을 강탈당해도 강도를 벌하려 하지 않는다. 그들은 범인을 찾아 벌하기보다는 그로부터 돈을 되돌려 받는 것에 더 마음을 쓴다. 그러므로 잃어버린 돈 대신에 자동차, 시계와 같은 물건을 저당으로 잡지, 심장을 도려내는 어리석은 짓은 하지 않는다.

그러나 《탈무드》에는 이런 경우도 있다.

가령 옷을 담보로 하여 돈을 빌려주었는데, 돈을 빌려간 사람이 그 옷 한 벌밖에 달리 가진 것이 없다면, 돈을 빌려준 사람은 그것을 자기 것으로 할 수 없다. 집을 담보로 하여 돈을 빌려주었다 해도 채무자가 그 집이 없을 때 만약 길거리에 나앉을 형편이면 채권자라 해도 그 집을 자신의 소유로 바꿀 수 없다고 되어 있다.

▶ 동전

유대인의 가정에서 촛불을 켤 때, '유대 민족 기금'이라고 쓴 상자를 준비한다. 이때 아이들에게는 미리 동전이 주어지고, 어머니가 불을 붙이면 아이들은 그 돈을 상자에 넣는다. 이런 방법으로 유대인들은 자선 행위를 어릴 때부터 가르치고 있다.

금요일 오후가 되면 가난한 사람들은 도움을 받기 위하여 부잣집들을 돈다. 그러면 그 집의 부모는 자신들이 가난한 사람들에게 직접 돈을 건네주는 것이 아니라, 이렇게 하는 것은 아이들에게 자선을 베푸는 마음을 심어주기 위해서다.

▶ 위생관념
- 물을 마실 때는 사용 전에 컵을 헹구고, 사용한 뒤에 또, 헹구라.
- 자신이 먹은 컵을 닦지 않은 채 남에게 주어서는 안 된다.
- 안약을 눈에 넣기보다는 아침, 저녁에 물로 씻는 편이 더 낫다.
- 의사가 없는 곳에서는 살지 마라.
- 화장실에 가고 싶을 때는 잠시도 참지 마라.

《탈무드》의 처세술

▶ 어느 랍비의 유서

아들아!

책을 너의 벗으로 삼아라.

책장이나 책꽂이를 너의 기쁨의 밭, 뜰로 삼아라.

책의 동산에서 체온을 느끼려무나.

지식의 열매를, 그 침전물을 자신의 것으로 삼아라.

지혜의 향료를 맛보아라.

만일 너의 혼이 만족을 느끼고, 또는 피로에 지친다면 뜰에서 뜰로, 밭이랑에서 밭이랑으로, 또는 이곳저곳의 풍경을 즐기는 것이 좋으리라.

그렇게 하면 새로운 희망이 솟아나고, 너의 영혼은 환희로 가득 차게 되리라.

▶ 배움의 태도

나이를 너무 먹어서 이제 배울 수가 없다는 것은 유대인에게는 통하지 않는 말이다. 사람은 몇 살이 되더라도 배워야 한다. 배움으로써 젊음을 얻을 수 있다. 청춘이란 나이로 따질 수 없는 것이다. 왜냐하면 그것은 태도에 따른 마음의 자세이기 때문이다. 물론 이것은 근대 의학에서도 증명되고 있으나 유대인은 2,000년에 걸쳐 그렇게 가르치고 있다.

유대인은 거창한 지식을 갖고 있는 사람보다 배우고 있는 사람이 더 존귀하다고 생각했고, 또, 지금도 그렇게 생각한다.

▶ 지식보다 지혜

유대인에게 "인간에게 가장 중요한 것이 무엇인가?"라고 묻는다면 '지성'이라고 대답할 것이다.

"만약 네가 사는 집이 불타고 재산을 뺏기게 된다면 너는 무엇을 가지고 도망치겠니?"

어머니는 가지고 가야 할 것은 '지성'이라고 가르쳐준다. 누구도 지성을 빼앗을 수 없으며, 지성은 죽을 때까지 항상 몸에 지니고 다닐 수 있기 때문이다.

유대에는 이와 관련한 속담이 있다.

- 여행 도중에 고향 사람들이 알지 못하는 책을 발견하면 반드시 그 책을 사 가지고 돌아가라.
- 만일 너무 가난해서 물건을 팔아야 할 경우라면 먼저 금, 보석, 집, 토지 순으로 팔아라. 최후까지 팔아서는 안 될 것이 책이다.
- 만일 두 아들이 있어서, 한 아들이 남에게 책을 빌려주는 것을 싫어하고, 또 한 아들은 책을 빌려주는 것을 좋아한다면, 후자의 아들에게 당신의 책을 물려주어라.
- 설령 적이라 할지라도 책을 빌려달라고 하면 빌려주어라. 그렇지 않으면 당신은 지식의 적이 될 테니까.
- 책을 읽던 곳을 표시하기 위해 도구를 사용할 때는 책에 상처를 내지 않는 것을 사용하라.
- 책을 당신의 벗으로 삼고, 책꽂이를 당신의 뜰로 삼아라. 그리고 그 아름다움을 즐기고, 열매를 따 먹으며, 꽃을 즐기도록 하라.
- 자신이 행복하다고 느끼는 자는 행복하지만, 자신이 현명하다고 생각하는 자는 어리석다. 포도는 열매가 굵을수록 아래로 내려가는 법이다.

▶ 배움은 통찰력을 키우는 것

질문을 하는 것은 중요하다. 인간은 배움을 통해 중요한 사실 한 가지를 깨닫는다. 의문을 갖는다는 것은 지혜의 입구다. 알면 알수록 의문이 생기고, 질문이 늘어난다. 그래서 질문은 인간을 발전시킨다.

자신에 대해 질문하는 것도 중요하다. 《탈무드》는 "더 좋은 질문은 더 좋은 해답을 얻어낸다."고 말한다. 우리는 가끔 자신도 미처 생각지 못했던 질문을 받고 놀랄 때가 있다. 이때 뜻밖의 좋은 답을 찾아내는 수가 있다. 질문에는 해답과 같은 정도의 위력이 있는 것이다.

호기심이 없는 자는 의심하는 일도 없다. 사색을 하는 것은 의문을 갖고 답하는 것이다. 현자란 의문을 갖는 데 능한 사람을 말하기도 한다. 우리가 배우는 이유는 감성을 날카롭게 하기 위해서다. 오랫동안 산에 다닌 베테랑 사냥꾼은 예리한 감각을 지니고 있다. 이러한 직감은 오랜 체험에서 나온 것이라기보다 오랜 체험에 의해 갈고닦은 감성에 의한 것이다.

그래서 현실적으로 체험하지 못한 일이라도 다른 사람의 체험을 통해 배운다면 생각을 날카롭게 할 수 있다. 직감이란 설명이 불가능한 신비로운 것으로 보일지도 모른다. 순간의 직감에 따라 내려지는 결단은 그때까지 쌓아 올린 영지(英知)에 의해 결정된다.

▶ 학식은 시계와 같다

《탈무드》에서는 학식이나 능력을 값비싼 시계와 같다고 말한다. 요컨대 사람들이 시간을 물을 때 시계를 꺼내야지, 갖고 있음을 자랑하기 위해 꺼내 보여서는 안 되는 것이다.

"깊은 우물의 물은 아무리 퍼내도 바닥이 나지 않지만, 얕은 우물은 곧 바닥이 난다."

돈이나 재물은 잃어버릴 수 있지만 지식은 늘 몸에 따라 다닌다. 그러므로 "배우는 일은 일생의 일이다." 그리고 "나는 선생에게서 많은 것을 배운다. 친구들로부터도 많은 것을 배운다. 그러나 가장 많이 배울 수 있는 상대는 학생들이다."라고 말할 수 있는 겸손이 있어야 한다. 랍비 아브라함 벤 에즈라는 "지혜는 겸손을 낳는다."고 말했다.

▶ 두 종류의 교육

"나는 이 세계를 좋게 만들 힘 같은 것은 가지고 있지 않다. 나는 아주 무기력하다."

자신은 세계의 일부가 아니라고 생각하는 것은 대부분의 사람들이 빠지는 함정이다. 이처럼 무기력한 사람은 아무 데도 쓸모가 없다.

자신을 둘러싸고 있는 세계 속에서 가장 중요한 것은 무엇일까? 그것은 가족이다. 그러므로 가족 관계가 원만한 사람은 불행한 일이 적다. 그 다음이 자기의 사업(직업)이고, 그리고 자기가 살고 있는 지역사회다.

어떻게 하면 보다 나은 세계를 만들 수 있을까? 먼저 배움으로써 보다 좋은 환경을 만들 수 있다. 배움에는 학교에 다니거나 책을 읽는 것이 전부는 아니다. 자기 주변의 사람들이 무엇을 원하는지 공부하는 것도 중요한 그 일부다.

배움이 인생의 폭을 넓혀준다는 생각을 하지 않으면 별 도움이 안 될 수 있다. 배움의 목적은 인간다운 생활을 하고 인간으로서의 매력을 증진시키는 데에 있다. 현대 학문이라 할지라도 선악을 구별하고 제거해야 할 것은 제거해야 하는데도 불구하고, 현대 과학은 사실만을 취급하고, 선악은 관계가 없다고 생각한다. 사람들은 과학이 인간의 도구라는 사실을 잊고 있다. 그러므로 인간이 과학을 이용하려면 선악의 판단을 내려야 한다.

인간의 삶에서 무엇이 좋은가, 무엇이 나쁜가의 가치 판단을 하지 않으면 안 된다. 좋고 싫은 것만으로 살아간다면 찰나적인 인간이 된다. 이해득실도 그렇다. 인간은 찰나를 초월해야 관심을 받을 수 있다. 변함없는 꿋꿋함을 가진 사람만이 사람들의 신뢰를 받을 수 있다. 신용이란 바로 그런 것을 말한다.

선악의 판단은 한 사람으로부터 시작된다. 《탈무드》에서는 "다른 사람보다 뛰어난 사람은 두 종류의 교육을 받는다. 하나는 교사로부터 받는 것이며, 하나는 자기 지신으로부터 받는 것이다."라고 가르치고 있다. 자기 자신에 대해서도 교사가 되지 않으면 안 된다. 자신에 대해 지도자가 되지 않으면 안 된다. 리더십은 거기서부터 비롯된다. 자신을 지도할 때는 첫째, 도덕적인 원칙이 없으면 안 된다. 둘째, 좋은 시민으로서 충분한 고려가 있어야 한다.

"인간은 자기 보존과 타인을 돕기 위해서 태어났다."

자기의 일만 생각하는 사람은 야비하고, 자기희생만 추구하는 자는 광신적이 된다.

▶ 남을 뛰어넘지 말고 자신을 뛰어넘어라

'아인슈타인'은 이렇게 경고했다.

"인간은 항상 새로운 것을 생각하지 않으면 로봇처럼 되어버린다."

또 노벨문학상을 받은 작가 '토마스 만'은 인간은 잠자는 것과 같다고 다음과 같이 말했다.

"어린 시절이나 청춘기에 시간이 길게 느껴지는 것은 항상 새로운 것과 만남으로써 강한 자극을 받기 때문이며, 중년을 지나면서 1년이 빨리 지나가는 것처럼 느껴지는 것은 너무나 많은 습성을 축적해버렸기 때문이다."

높은 수준의 능력을 유지하려면 언제나 새로운 지적 자극이 필요하다는 것을 인식하는 사람은 많지 않다. 항상 새로운 것을 배우고 능력을 키우는 데 온 힘을 기울여야 한다. 지성은 은그릇과 같아서 닦기를 게을리하면 곧 더러워진다. 그렇기 때문에 다양한 것을 배워서 그 조화로 말미암아 새로운 지혜와 통찰력이 솟아나오게 해야 한다.

모든 인간은 각자 나름대로 창조력을 갖추고 있다. 그러나 대부분의 사람들은 자신의 창조력을 끄집어내려고 하지 않는다. 《탈무드》는 다른 사람보다 훌륭하다는 사람은 정말로 훌륭한 사람이라고 하지 않는다. 이전의 자신보다도 나아진 사람이야말로 참으로 훌륭한 사람이라고 부를 수 있다고 말한다.

▶ 모자와 도둑 찾기

어느 날 동유럽의 도시에서 한 유대인이 모자를 도둑맞았다. 그러나 이 모자는 어느 누구나 쓰는 평범한 모자였다. 그가 주위를 둘러보니 자기의 모자와 똑같은 모자를 쓰고 있는 사람이 몇 사람인가 눈에 띄었다. 너무나 비슷한 모자라서 도무지 찾아낼 길이 없었다. 그래서 그 유대인은 단단히 마음먹고 이렇게 외쳤다.

"도둑놈 모자에 불이 붙었다."

물론 제일 먼저 자기 모자에 손을 댄 사람이 도둑이었다.

▶ 유머는 강력한 무기

웃음이나 유머는 강한 자만이 갖출 수 있는 힘이다. 유머는 인간이 가진 힘 가운데서도 가장 강한 것 중 하나다.

진정 강인한 정신을 지키려면 웃음이 있어야 한다. 웃음은 백약 중에 왕이라 일컬어진다. 웃음은 괴로울 때에 마음을 위로해 준다. 활기찬 웃음은 즐거운 것이다. 그러나 웃음이 간직하고 있는 힘은 이것만이 아니다. 유머를 적절하게 구사하는 것은 타고난 강력한 무기가 될 수 있다.

유머는 규격을 벗어나기 때문에 웃음을 선사한다. 그러나 유머에는 그 이상의 힘이 있다. 규격에서 벗어난다는 것 자체가 여유가 있음을 의미한다. 여유가 있어야 유머를 즐길 수 있다.

영국의 총리 처칠은 유머가 풍부한 사람으로 알려져 있다. 그는 위기 때마다 영국을 승리로 이끌었다. 유머는 총리라는 자리조차 명랑하게 만들었다.

고도의 유머는 지성으로부터 나온다. 정말로 세련된 유머, 시의적절한 유머는 지적으로 연마된 사람만이 구사할 수 있다. 상대도 지성을 갖추고 있어야 유머를 이해할 수 있다. 또한 유머는 매우 독창적인 것이다. 만약 두 번 반복되면 호소력이 떨어진다. 듣는 이를 기습하는 듯한 신선함이 필요하다.

유머 감각이 있는 사람은 자신을 웃길 만한 여유가 있다. 진정으로 궁지에 몰려 있을 때에 보통 사람이라면 유머러스한 행동을 취하는 것이 불가능하다. 그러나 만약 위기에 처해서도 잠깐 동안 그 자리에서 한걸음만 뒤로 물러서서 객관적으로 바라보며 유머 실력을 발휘한다면 넓은 도량과 강인함을 지닌 사람으로 보인다. 배짱도 있어 보인다.

막다른 상황에 몰려서 전전긍긍하고 있는 사람에게 여유란 생겨날 수 없다. 불굴의 정신이 유머를 낳는다. 어떠한 위기에 처하더라도 거기에서 한 걸음 떨어져서 사물을 관찰할 수 있다면 다양한 해결책이 떠오를 것이다. 정면으로 맞서기만 해서는 안 된다. 유머는 냉정을 잃지 않게 하는 약이다. 화가 머리끝까지 치민 사람에게는 유머도, 웃음도 기대하기 어렵다. 유머의 효용은 크다.

유대인이 역사를 통해서 그토록 가혹하게 박해를 받았음에도 끈질기게 살아남은 것은 웃음의 효용을 알고 있었기 때문이다. 유대인은 추방을 당하고 박해를 받아도 그것을 웃음으로 중화해 나갔다. 또 자신들에 대해서도 충분히 웃을 수가 있었다. 즐거운 때는 물론이고, 괴로운 순간이야말로 웃어야 한다.

조크나 유머는 창조력을 높일 수 있는 훌륭한 도장이다.

▶ 자신의 몸 가까이에 있는 보물을 잊지 마라

동양인은 동양 특유의 우수한 전통이나 문화를 업신여기고 무엇이든지 외래품이 좋다고 믿는 사람들이 많다. 자신의 몸 가까이에 있는 보물을 잊지 마라.

"임금의 식탁에 앉고 싶다고 생각해서는 안 된다. 자기 집 식탁이 훨씬 훌륭하다. 그곳에서는 당신이 임금이기 때문이다."

베를린에 사는 유대인 남자가 어느 방앗간에 보물이 묻혀 있어서 그것을 파내는 꿈을 몇 번이나 꾸자 다음날 아침 일찌감치 일어나 집을 나서 방앗간으로 가서 주의 깊게 땅을 파기 시작했다. 그러나 아무리 파도 값이 나갈 만한 물건을 찾지 못했다. 그때 방앗간 주인이 와서 왜 이런 곳을 파느냐고 물었다. 그 사나이의 말을 듣고 나서 방앗간 주인은 큰 소리로 말했다.

"나는 베를린에 사는 어떤 사람의 집 정원에 보물이 묻혀 있는 꿈을 몇 번이나 꾸었다오."

방앗간 주인은 꿈에서 본 사람의 이름까지도 털어놓았다. 그런데 이게 웬일인가. 바로 유대인 자신의 이름이 아닌가. 사나이는 재빨리 집으로 돌아가 정원을 파보았다. 그러자 아니나 다를까, 자기 집 뜰에서 보물이 나왔다.

▶ 자만심은 어리석음과 통한다

"자만심만큼 추악한 것은 없다."

유대인 속담에 "태양은 당신이 없어도 떠오른다."라는 말이 있다. 자만하면 인간은 겸손함을 잃는다. 자기를 개혁하고자 하는 마음이 없어져버린다. 자만하면 과오를 저지르기 쉽다.

긍지와 자만심을 분명히 구분할 줄도 알아야 한다. 긍지는 건전한 것이지만 자만은 병이며, 무엇보다도 어리석은 짓이다. 스스로 자신을 칭찬하기 전에, 남에게 칭찬을 받는 사람이 되어야 한다.

고대 유대의 예시바 학교(탈무드 학교)에서는 1학년을 '현자'라 부르고, 2학년을 '철학자'라고 불렀다. 그리고 최종 3학년이 되어서야 비로소 '학생'이라 했다. 사람들로부터 배우는 자가 가장 지위가 높으며, 학생이 되기까지는 몇 년 동안 수업을 받아야 한다고 생각했기 때문이다. 그리고 학생이 되는 것이 인생의 최종 목표라고 생각했던 것이다.

《탈무드》는 겸손에 대해 이렇게 말한다.

"현인이라 하더라도 지식을 자랑삼아 뽐내는 자는 무지를 부끄러워하는 어리석은 자보다 못하다."

자만의 위험에 대해서는 또 이렇게 경고한다.

"돈은 자만으로 가는 지름길, 자만은 죄로 가는 지름길이다."

동양에는 또 이런 명언이 있다.

"보물은 숨기고 없는 듯이 가장하라."

"곡식은 익을수록 고개를 숙인다."

"빈 깡통에서 나는 소리가 더 요란하다."

▶ 겸손을 자랑하지 마라

《탈무드》는 이렇게 쓰고 있다.

"지식의 길을 올라가면 겸손의 정상에 도달한다."

주다 아시에리는 다음과 같이 말했다.

"진정한 현인은 이런 사람이다. 어떤 사람과 만나더라도 무언가 나보다 나은 점이 있다. 만일 그가 연상이라면 현재까지는 그가 나보다 낫다고 생각한다. 왜냐하면 나보다 선행을 쌓을 기회가 많았을 것이기 때문이다. 만일 나보다도 젊다면 나만큼 죄를 범하지는 않았을 거라고 생각하고 존경한다. 만일 나보다도 부유하게 살고 있다면 아마 나보다도 더 많은 자선을 해왔을 것으로 생각한다. 나보다도 가난하다면 나보다 더 고생했을 것이라고 생각한다. 나보다도 어질다면 그의 지혜에 대해 경의를 표한다. 만일 나만큼 어질지 못하게 보이면, 그는 나보다 잘못을 적게 저지를 것이라고 생각한다."

지성이라는 산의 정상은 겸손이라는 아름다운 눈으로 덮여 있다.

"훌륭하게 맺힌 포도는 늘어진다. 덜 여문 포도는 높은 곳에 있다. 위대한 사람일수록 아래로 내려온다."

"물은 높은 곳에서 낮은 곳으로 흐른다. 고여 있는 물은 더러워지지만 흐르는 물은 항상 깨끗하다."

▶ 사람을 재는 자

친구나 우정에 관한 유대의 명언을 소개한다.

- 결점이 없는 친구를 가지려 한다면 일생 동안 친구를 가질 수 없다.
- 계단을 내려갈 때는 아내와 함께, 계단을 오를 때는 친구와 함께하라.
- 좋은 친구는 오래된 포도주와 같다. 사귄 지 오래되면 오래될수록 그 향기는 높아지기 때문이다.
- 한 잔의 포도주가 백 명의 친구를 만든다.
- 미인 아내를 갖는 것은 나쁜 친구를 갖는 것과 같다.

▶ 금속의 안

얼핏 보아 금속은 죽어 있는 것처럼 보이지만 금속 내부에서는 미립자가 활발하게 움직이고 있다. 그들 나름대로의 법칙이 있어 거기에 따라 바쁘게 움직이고 있다.

예를 들어 금속 덩어리를 금괴에 대고 세게 누른 채 얼마 동안 있다가 떼어보자, 물론 외견상으로는 이 금속은 변한 것 같지 않다. 반대로 금을 쇳덩어리에 대고 눌러보아도 좋다. 금속 덩어리는 변화가 없는 것처럼 보일 것이다. 그러나 과학자가 조사하면 그렇지 않음을 금방 알 수 있다. 금속을 다른 금속에 접촉시키면 미묘한 변화가 일어나서 금 또는 쇠의 미립자가 다른 쪽 금속의 미립자 속으로 얼마간 스며들어 간다.

그러므로 나는 인간과 인간이 만날 때에도 이와 똑같은 현상이 일어난다고 생각한다. 당신의 일부분이 상대 속으로 들어가고 상대방의 일부분이 이쪽으로 들어온다. 헤어진 후에는 아무 영향을 받지 않았다고 생각할지도 모른다. 그리고 상대의 얼굴도, 상대의 이름도 얼마 안 가서 잊어버릴 수 있다. 그러나 그 금속의 덩어리 두 개가 붙어 있을 때처럼 미묘한 변화가 일어나고 있다.

그의 이름이나 얼굴을 잊어버렸어도 어딘가에는 당신 속에 그가 남아 있는 것이다.

사람은 서로 영향을 미친다. 인간은 혼자 성장할 수 없으며, 혼자 타락할 수도 없다. 자신과 어울리는 알맞은 인간성을 지닌 사람을 만나는 것은 인생에 대단히 중요한 일이다. 좋은 사람과 만난다면 그 인간성을 본받아야 할 것이다. 특히 젊은 날의 교제는 주의하지 않으면 안 된다. 그리고 결점이 많은 사람은 지금까지의 인생을 돌이켜 보면 바람직하지 못한 친구들로부터 감염된 것이 많다는 것을 알게 될 것이다.

▶ 솔선수범의 의미

사람이 가장 범하기 쉬운 과오는 무엇인가? 또 가장 전형적인 과오는 무엇인가? 그것은 자신이 무언가 좋은 일을 하지 않아도 누군가 다른 사람들이 해주기 때문에 사회는 잘 돌아간다고 생각하는 것이다. 이것은 기생충과 같은 비겁한 태도이다. 스스로 무언가를 시도하지 않는 한 결코 그 사회가 제대로 기능을 발휘할 수가 없는 것이다.

"좋은 가족관계를 유지하고 싶다."

"가정생활도 성공하고 싶다."

"좋은 지역사회를 만들고 싶다."

"좋은 나라를 만들고 싶다."

단지 방법을 알고 있는 것만으로는 의미가 없다. 무엇이 좋은가, 무엇이 나쁜가를 판단하는 것만으로도 불충분하다. 다른 사람에게 좋은 일을 하도록 호소하는 것으로도 불충분하다.

사람들은 자신의 아내나 자녀들, 동료, 상사, 주위 사람들 모두에게 엄격한 기준을 설정해놓고 있다. 그러나 자기 자신에게도 항상 그와 같은 것을 요구할까? 가장 전형적인 과오는 자신은 모범을 보이지 않고 다른 사람들에게만 좋은 일을 기대하는 것이다.

좋은 가정을 창조해내려면 창조적인 노력이 필요하다. 가족은 두말할 나위도 없이 피를 나눈 관계다. 그렇더라도 구성원들은 각각의 개성을 지니고 있다. 자기 나름대로의 이해관계도 가지고 있다. 그러므로 관용과 인내심을 갖추지 않으면 안 된다.

솔선수범이 가장 좋은 교육이다. 좋은 행위이건 나쁜 행위이건 그 행위는 주위에 전염된다. 솔선수범을 하려면 먼저 자기 기준이 확립되어 있어야 한다. 솔선수범하여 모범을 보이는 것이 능한 사람은 상대가 알아차리지 못하더라도 묵묵하게 모범을 보여 언젠가는 사람들이 따라오게 만든다. 자기가 확립된 인간은 부화뇌동하는 일이 없다.

우선 좋은 가정을 만드는 일부터 시작하자. 좋은 가정을 만드는 것은 가정만이 아니고 좋은 직장, 좋은 지역사회를 만드는 것과 통한다. 도대체 참된 지도자란 어떤 사람을 말하는가? 다른 사람 아닌 솔선수범할 수 있는 사람을 말한다. 시작 테이프를 끊을 수 있는 사람을 말한다. 다음부터는 따르는 사람이 되는 것이다.

• 육체는 머리를 따른다.
• 선장을 잃은 배는 키를 잃는다.
• 높은 지위에 오르는 자는 그런 지위를 노린 자가 아니다.
• 비난에 미소로 대답할 수 있는 사람은 지도자가 될 자격이 있다.

▶ 향유보다 선행이 낫다
• 좋은 향유는 아래로 향해 떨어지지만 선행에 의해 얻어진 명성은 위로 올라간다.

- 값비싼 향유는 일시적인 것이지만 선행은 영원하다.
- 향유는 돈으로 살 수 있지만 선행은 거저 나온다.
- 향유는 살아 있을 때에만 필요하고 선행은 죽은 후에도 남는다.
- 향유는 부자만이 살 수 있는 것이지만 선행은 가난한 자나 부유한 자나 모두 할 수 있다.
- 향유의 좋은 향기는 집안을 가득 채울 수 있지만 선행은 온 나라 안에 퍼져 알릴 수 있다.

선행을 쌓은 사람은 사람들로부터 신뢰를 받고, 좋아하게 되고, 존경을 받는다. 왜냐하면 선행은 선의가 없으면 불가능하며 사람들은 선행을 높이 평가하기 때문이다.

《탈무드》의 생명력

▶ 읽지 말고 해석하라

《탈무드》는 사고술(思考術)의 하나로서 연상(聯想)력을 높이 평가한다. 인간의 사고력은 바로 연상하는 힘에 있다. 하나의 생각이 실마리가 되어 다음 생각으로 유도된다. 연상력과 감성(感性)의 예민함은 같은 것이다.

"저 사람은 머리가 좋다."라고 말할 때 머리가 좋다는 것은 연상력이 풍부하다는 것을 가리킨다. 프로그래밍이 잘된 컴퓨터를 떠올리면 된다. 컴퓨터를 움직이는 힘이 연상력인 것이다.

탈무드적 인간은 연상력이 풍부하다. 풍부한 연상력을 가지기 위해서는 자신의 관심을 한정시키지 말고 될 수 있는 대로 다양하게 지식을 쌓는 편이 유리하다. 온갖 학문에 관심을 갖고 풍부한 지식을 쌓으라는 말이다.

《탈무드》를 단지 암기만 하는 것은 또 한 권의 《탈무드》를 만들 뿐이지 한 사람의 인간을 만들지는 못한다.

얼마나 멋있는 말인가! 저자가 가장 좋아하는 경구(警句) 중 하나다. 암기에 그친다면 인쇄소에서 책 한 권을 더 인쇄하는 것으로 충분하다. 《탈무드》 독자라면 '복사판'이 되어서는 안 된다. 읽는 것을 자기 나름대로 '해석하는' 과정이 필요하며 스스로 생각해야 한다. 이것은 독서술의 기본이다.

'연상력'이라고 하는 불가사의한 힘을 작동시키는 세 개의 방아쇠가 있다. 자신, 또는 타인과의 대화, 독서, 집필이다. 연상력은 게으름뱅이다. 채찍질 없이는 달리지 않는 말과 같다. 그러므로 수시로 방아쇠를 당기지 않으면 안 된다.

인간의 의식 중 80% 이상이 잠재의식이다. 잠재의식에 저장된 지식이 풍부해지면, 이윽고 상호 화학반응을 일으킨다. 연상력을 폭발시키는 데 역시 세 개의 방아쇠를 활용할 필요가 있다. 지식을 긁어모으기만 하는 단순한 서고의 파수꾼이 되어서는 안 된다.

▶ 대립을 두려워하지 마라

탈무드적 인간의 또 다른 특징은 대립을 두려워하지 않는 것이다. 항상 의문을 갖거나 권위를 인정하지 않는 것은 대립을 두려워하지 않는 태도에서 생긴다. 일부 동양인들은 질색할 일일지도 모른다. 동양에서는 화(和)를 중시하고 대립을 싫어한다.

그러나 《탈무드》의 세계에서 대립은 좋은 일이다. 《탈무드》 안에는 수많은 논쟁이 있는데, 논쟁은 대립이 있어야 비로소 성립될 수 있다. 대립이 건전한 것임을 전제로 해야만 진정한 논쟁이 성립된다.

나라 살림인 국정을 운영할 때에도 정치 단체들끼리 대립하는 일이 생겨도 마찬가지다. 대립이 시작되면 원칙 같은 것은 통용되지 않는다. 대립으로부터 풍성한 수확을 얻는 방법을 알지 못하는 것이다.

하지만 뛰어난 것들끼리 경쟁하며 상호 간에 연마해나가는 것이 진정한 대립이며, 이것은 사회 발전을 위한 원동력이 된다. 개인의 시대에는 대립을 솜씨 있게 다루는 방법을 배워야 한다.

"철을 단련할 때에는 철을 사용한다. 인간을 단련할 때에는 인간을 쓴다." 또는 "칼을 갈 때에는 또 하나의 칼을 쓴다."라는 말이 있다. 이처럼 격렬한 대립도 필요하다는 것을 가르친다. 그러나 이 경우 어디까지나 대립이 보다 나은 것을 낳는다거나 대립에 효용이 있다는 것을 먼저 인정하지 않으면 아무 쓸모없이 끝난다.

동양 사람들은 서양 사람들과 달리 설복당해도 여간해서는 자기주장을 철회하려고 하지 않는다. 과오를 인정하려 들지 않는 것이다. 이는 의견과 의견을 낸 사람을 하나로 결부시켜 생각하기 때문이다. 그러나 설복당했다 해도 그것은 상대에게 진 것이 아니라, 상대의 의견이 이긴 것일 뿐이다. 의견 대립을 하다가 진다는 것은 절대로 수치스러운 일이 아니다.

따라서 대립하기 전에 상대가 훨씬 더 훌륭한 의견을 가지고 있을 가능성이 있으니 그것을 인정하고 받아들일 준비를 해야 한다. 요컨대 대립은 차이를 인정하는 데에서 출발하는 것이다.

이것은 자기 혼자 있을 때에도 마찬가지다. 늘 자문자답을 되풀이해야 한다. 자기 안에도 갖가지 대립이 있어야 한다. 고정관념만큼 무서운 것도 없다. 자기 머릿속에 권위를 만들어서는 안 된다. 권위를 만들면 그 이면에는 부작용이 생기기 마련이다.

▶ 과거에서 배운다

갖은 박해와 어려움을 이기고 세계적인 인물들로 성공한 몇 사람들을 예로 들어본다.

미국 재무장관을 지낸 '마이클 블루멘솔'은 나치 독일에 쫓겨 배편을 이용하여 중국 상하이로 도망쳤다가 당시 일본 정부의 도움을 받아 미국으로 건너갈 수 있었고, '헨리 키신저'도 나치에 의해 독일에서 쫓겨나 무일푼으로 미국에 도착했다. 그리고 잘 알고 있는 것처럼 하버드 대학 교수가 되었고, 대통령 특별 보좌관을 거쳐 국무 장관이 되었다.

이 두 사람은 모두 탈무드적 발상의 철학을 간직하고 있었다. 이 탈무드적 발상이야말로 두 사람의 성공을 가능하게 했다고 할 수 있다. 탈무드적 발상의 밑바닥에는 동전의 앞뒷면처럼 현재의 이면에는 과거가 있다는 철학이 있다. 미래와 현재는 앞면과 뒷면의 관계다. 아무리 어두운 경우라도 밝은 면이 있으며, 밝은 경우에도 부분적인 어두움이 있다고 보는 것이다.

돈에 대해 언급한 가운데에는 "돈(동전)은 사람들 사이를 굴러다니니까 둥글다."라는 격언이 있는 동시에 "모든 사물은 동전과 같이 두 면(표리)이 있다."라는 말도 있다. 이 표리라는 사고방식을 시간의 문제에 적용시키면 어떻게 될까? 과거와 현재, 미래가 된다.

천재의 대명사가 된 '아인슈타인'도 학교에서는 항상 낙제 점수를 받았다. 만약 아인슈타인이 평범하고 성실한 학생이었다면 훗날 그처럼 위대한 업적을 내지는 못했을 것이다. 아인슈타인이 초등학교 1학년 때 담임인 여교사가 성적표에 다음과 같이 기록했다.

"이 아이가 장래에 성공한다는 것은 절대 있을 수 없는 일이다."

세계의 교육사에서 이처럼 평가를 잘못한 사람도 없을 것이다. 이 에피소드는 고정화된 생각에서는 위대한 것이 생길 수 없음을 말해준다.

또 한 사람 셸 석유의 창업자이며 세계 최초의 유조선을 고안한 '마커스 사무엘' 그는 유럽의 포그롬에서 박해를 피해 영국으로 도망 온 집안의 열 번째 아들이었다. 그 아이는 고등학교를 졸업하자 아버지는 아들에게 졸업 선물을 주었다. 아버지의 축하 선물은 아시아로 가는 배의 3등 선실 표 한 장(편도)이었다. 그러면서 아버지는 아들에게 두 가지 조건을 달았다. 하나는 금요일 사바스가 시작되기 전에 반드시 어머니에게 편지를 쓰라는 것이었다. 그것은 어머니를 안심시키기 위해서였다. 둘째, 아버지 자신도 나이를 먹었고, 또 10명의 형제자매가 있으므로 집안 살림에 도움이 될 만한 일을 여행 중에 생각해주기를 바란다는 것이었다.

아들은 18세의 나이로 런던에서 혼자 배를 타고 인도, 태국, 싱가포르를 거쳐 아시아의 끝으로 향했다. 도중에 아무 데에서도 내리지 않고 배의 종착점인 일본 요코하마까지 곧바로 갔다. 1880년대의 일이었다. 그의 재산이라곤 주머니에 있는 5파운드(약 10만 원)가 전부였다. 그는 소난이라는 해안에 도착해서 빈 판잣집에 들어가 며칠을 지냈다.

거기에서 일본인 어부들이 물가의 모래를 파는 것을 보고 이상하게 여기고 눈여겨보았더니 모래 속에서 조개를 캐고 있었다. 굉장히 아름다운 조개였다. 그는 이런 조개를 여러 가지로 가공하거나 손을 대면 단추라든가 담배 케이스 같은 아름다운 상품이 되지 않을까 생각했다. 그래서 자신도 열심히 조개를 줍기 시작했고, 그것을 가공해서 영국으로 보내면 아버지는 이것을 손수 수레에 싣고 런던 거리를 다니면서 팔았다. 당시 런던에는 조개 장식을 신기하게 여겨 날개 돋친 듯 팔렸다.

마커스 사무엘은 여기에서 큰돈을 모았고, 다음엔 석유 채굴에 눈을 돌렸다. 1만 파운드를 자본금으로 새로운 계획을 세우고, 인도네시아 근처라면 석유가 나오지 않을까 생각하고 탐사를 시작했는데 행운의 석유 채굴에도 성공할 수 있었다.

그 후 석유회사를 설립하여 오늘날의 그 유명한 '셸 석유'의 창업자가 되었고, 이어서 연구 끝에 세계 최초로 유조선을 고안해서 세계 최초의 유조선 선주가 된 것이다. 그는 유대인 소년으로서 일본의 해안에서 조개를 줍고 있었던 과거를 결코 잊지 않는다. 그 덕분에 오늘날 백만장자가 될 수 있었다.

▶ 탈무드적 인간 – 두 마리 토끼를 쫓아야 한 마리라도 잡는다

탈무드적 인간이란?

1. 늘 배워라. – 그렇다고 수동적으로 습득하는 자세를 취해서는 안된다.

2. 자주 질문하라. – 이것은 결코 다른 사람에게 질문하는 것만을 말하는 게 아니다. 항상 호기심의 불꽃이 꺼지지 않게 하고, 책을 읽을 때에나 혼자 눈을 감고 생각에 잠겨 있을 때에도 질문을 계속하는 습관을 가지라는 것이다.

3. 권위를 인정하지 마라. – 사물에 대해서 항상 의심하라. 모든 발전은 권위를 부정하는 데에서 출발한다. 사람은 쉽게 인정하지 않는 오만한 데가 있어야 한다. 그렇다고 예의를 저버려서는 안된다.

4. 자신을 세계의 중심에 두라. – 이것은 타인을 경멸하라는 말이 아니다. 자신을 소중하게 여기는 사람은 다른 사람도 소중하게 대한다. 그리고 이제까지 세계의 모든 발전은 자신을 존중하는 사람에 의해서 시작되었다.

5. 폭넓은 지식을 가져라. – 자신이 받아들인 갖가지 지식은 저절로 상호 간에 작용해 풍성한 연상력을 길러내고 육감을 날카롭게 한다.

6. 실패를 두려워하지 마라. – 실패를 좌절이라고 생각해서는 안된다. 그 이면에는 성공이 깃들어 있다. 성공과 실패는 동전의 앞뒷면이다. 그리고 실패한다면 그만큼 성공에 가까워졌다고 생각해야 한다.

7. 현실적이어야 한다. – 될 수 있는 한 자연스럽게 살아야 한다. 가능성과 함께 한계를 알아야 한다. 사람은 하늘과 땅에 동시에

속해 있는 존재다. 어느 한쪽에 속하려고 해서는 안 된다. 무리를 해서는 안 된다.

8. 낙관적이어야 한다.-내일이란 새로운 발전을 써넣어야 할 백지와 같다. 자기 내부에도 언제나 흰 종이가 마련되어 있다. 여유를 갖고 그 백지를 메워나가라.

9. 풍부한 유머를 가져라.-웃음은 의외성에서 시작된다. 사물에는 항상 뜻밖의 또 한 가지 견해가 있다.

10. 대립을 두려워하지 마라.-발전은 대립에서 생긴다. 자기 견해에 찬성하지 않는 사람도 소중히 여겨야 한다.

11. 창조적인 휴일을 보내라.-인간의 진가는 어떻게 휴일을 잘 보내느냐로 가늠할 수 있다.

12. 가정을 소중히 하라.-집은 자신을 키우는 성이다. 자신을 중심으로 한 생활을 영위하려면 자신의 성을 소중히 해야 된다.

탈무드적 인간은 자기 자신이 하나의 조직이다. 여러 가지 다양하고 이질적인 생각을 많은 서랍에 넣어두고, 상황이 변하면 그 상황에 맞추어 서랍을 연다. 열 개의 서랍을 가지고 있는 사람이 종래의 조직적 인간이라면, 탈무드적 인간은 수천 개의 서랍을 가지고 있다.

자기 안에 많은 아이디어를 가지고 있으면 그 아이디어가 서로 경쟁을 한다. 무의식중에 서로 경쟁을 하고, 서로 부딪혀서 그 결과로 새로운 발상이 나타난다. 탈무드적 인간에게는 가지고 있는 지식이 많으면 많을수록 좋다. 지식은 무엇이든 사용하기 나름으로 매우 중요한 것이다.

또 탈무드적 인간은 자신의 전문 분야를 가지고 있어도 그것이 유일한 분야인 것은 아니며 여러 가지 분야에 호기심을 갖는다.

그것은 하나의 분야란 대학이나 연구소에서 편의적으로 그은 선에 불과하기 때문이다. 현실의 세계는 그렇게 단순하지 않다. 현실의 세계는 좀 더 많은 여러 가지가 상호 관련을 갖는 복잡한 세계다.

탈무드적 인간에게 빼놓을 수 없는 것은 날카로운 직감이다. 직감이란 선천적으로 갖추어져 있는 것이 아니다. 자신 안에 축적해놓은 풍부하고도 이질적인 지식이나 아이디어가 무의식중에 서로 부딪히고 경쟁을 하여 훌륭한 발상으로 튀어나온다.

그러나 지식이 아무리 자기 안에 축적되어 있어도 고지식하면, 통제 경제를 자신 속에서 실시하고 있는 것이나 마찬가지다. 그리고 자기 안에서 지식이나 아이디어가 자유 경쟁을 하는 일이 없어지면, 고지식한 것은 광신(狂信)으로 이어진다.

▶ 언제나 4월 같은 마음

탈무드적 인간은 멋진 발언을 중시한다. 그런 사람은 회의석상에서도 반드시 발언하기를 원하며 사람들 또한 그의 발언을 기대할 것이다. 이들은 직감이 발달하고 머리 회전이 빠르며 지혜로운 사람들이다.

겸손은 자기 부정과 전혀 다르다. 자기 것을 확고히 가지고 있지만, 자신의 부족을 늘 자각하고 있으며, 타인의 지혜로 자신의 부족함을 보완하려고 하는 것을 말한다. 따라서 겸손한 사람은 절대로 자신을 낮추거나 비굴해지지 않으며 자신을 존중하게 여기기에 상대를 존중한다. 겸손은 인간관계의 윤활유다. 언제나 자신보다도 큰 것이 존재한다는 것을 잊어서는 안 된다. 어떤 천재라도 일생에 어딘가 결함이 있으며 완전한 인간은 절대 없다.

탈무드적 인간은 포용력을 가지고 있으며 너그럽다. 이러한 인간이야말로 호감을 얻는다. 그리고 항상 유머로 괴로움을 감쌀 수 있다. 인생은 일면에서는 희극으로 받아들여지지만 좀 더 구별하자면 생각하는 사람에게는 희극이며, 느끼는 사람에게는 비극인 듯이 비친다. 웃음의 정신과 포용력은 하나다.

▶ 지혜로운 자의 책임

1. 책을 쓸 능력이 있는데도 쓰지 않는 사람은 귀중한 자식을 잃은 것이나 마찬가지다.
2. 책을 쓰는 사람은 그 책이 인간의 생활에 쓸모가 있는가, 없는가를 잘 음미해야 한다.
3. 책을 쓰는 사람은 그 책이 다른 사람의 생각을 단지 메아리처럼 옮기는 것이 아니라, 자기 자신의 생각을 내어놓는 것임을 명심해야 된다.
4. 책을 읽는 사람도 이 세 가지 교훈을 지켜야 한다. 책을 갖고 있는데도 읽지 않는 사람, 책에서 사회에 유익한 교훈을 이끌어내지 못하는 사람, 책을 읽고 자기 생각을 도출해내지 못하는 사람은 귀중한 세 아이를 잃은 사람과 같다.

자신이 올바른 행위를 하면 주위 사람들은 그것을 모방하게 된다. 그리고 그 결과 자신이 배신당하는 일도 없게 된다.

또는 다음과 같은 경구도 있다.

• 당신이 부모를 소중히 여기지 않으면 자식들이 성장해서 당신을 소중히 여기지 않는다.
• 한 사람의 오래된 친구는 새로 생긴 열 사람의 친구보다도 낫다.
• 자녀가 하나밖에 없는 사람은 한 눈으로 세계를 보는 것이나

마찬가지다.

- 한 사람의 아버지는 10명의 아이를 양육할 수 있다. 그러나 10명의 자녀는 한 사람의 아버지를 봉양할 수 없다.
- 유연한 나무는 꺾이지 않지만, 딱딱한 나무는 부러진다.
- 돼지는 너무 많이 먹는다. 괴로워하는 사람은 너무 많은 이야기를 한다.
- 부정한 혀는 부정한 손보다 더 나쁘다.
- 선인은 술집에서도 악에 물들지 않지만, 악인은 회당에 와도 고치지 못한다.
- 현명한 사람은 자신이 무엇을 이야기하고 있는가를 알고 있으며, 어리석은 사람은 자신이 지껄이고 있다는 사실만 안다.
- 밀가루 장수와 굴뚝 청소부가 싸우면, 밀가루 장수는 꺼멓게 되고, 굴뚝 청소부는 하얘진다.
- 가난한 자는 적이 적지만, 부자는 친구가 적다.
- 술 취한 사람은 술의 질을 묻지 않는다. 부정한 자는 더러운 돈이라도 좋아한다.
- 곤궁은 강한 약제와 비슷하다. 한 번에 많이 복용해서는 안 된다.
- 어린아이는 부모를 잠재우지 않는다. 그리고 아이가 성장함에 따라 부모를 쉽게 하지 않는다.
- 행운에서 불운까지의 길은 짧다. 그러나 불운에서 행운까지의 길은 멀다.
- 사람들에게서 비밀을 듣는 것은 쉽지만, 그 비밀을 지키기는 어렵다.
- 자신보다 현명한 사람에게 지는 편이, 자신보다 어리석은 사람에게 이기는 것보다 이득이다.

• 모욕에서는 도망쳐라. 그러나 명예는 좇지 마라.

▶ 돈은 도구일 뿐
돈에 대한 경구를 몇 가지 들어본다.

• 돈이 없으면 오관(五官)이 잘 작동하지 않는다.
• 정의(正義)가 결여된 돈벌이는 질병과 같다.
• 자만심과 돈은 인간을 압박하고 부패시킨다.
• 인생은 인내와 돈이다.
• 잘 쓰고, 잘 저금하라.

　요컨대 돈은 필요한 것이라고 강조하는 한편, 돈이 인생의 함정일 수도 있음을 경고하고 있다. 이 세상에서 돈을 싫어하는 사람은 없을 것이다. 그러나 탈무드적 인간은 균형 잡힌 금전 감각을 갖고 있다. 돈을 쓰는 것이 너무 헤퍼도, 절제가 없어도, 또 너무 인색해도 안 된다.
　동양에서는 돈 잘 쓰는 사람이 환영을 받는다. 반대로 청빈이라 해서 돈에 전혀 집착하지 않는 사람이 미화되는 경향이 있다. 그러나 탈무드적 인간은 그래서는 안 된다. 유대의 전통 가운데에는 청빈이라는 사고방식은 없다. 가난은 멸시의 대상은 아니지만 자랑거리도 아니다. 그러나 돈을 모으기만 하는 사람은 멸시를 받는다. 《탈무드》에는 "돈은 비료와 같다. 쓰지 않고 쌓아만 두면 냄새가 고약하다."라고 하는 말이 있는데, 수전노가 되는 것은 돈이 붙지 않는 것과 마찬가지로 위험한 일이다.
　유대인에게는 자선을 베풀 의무가 있다. 유대인은 생활에 어려움을 겪게 될 정도가 아니라면 수입의 최저 10%를 자선에 써야

할 의무를 갖는다. 유대인들은 옛날부터 돈을 벌어도 자기 것이
아니라 사회에 속해 있는 것이라고 생각했다. 그래서 유대인들에
겐 자선이란 다른 세계에서 말하는 의미와는 달리, 하나님이 자
신에게 주신 돈 가운데에서 10% 정도를 내놓는 것을 뜻한다. 유
대인은 선행을 할 때 '브라하'라고 외운다. '브라하'는 선행을 축복
하는 말이다.

▶ 인간의 본질

• 인생은 현인에게는 꿈, 어리석은 자에게는 게임, 부자에게는 희
  극, 가난한 자에게는 비극이다.
• 매일 오늘이 당신의 마지막 날이라고 생각하라. 매일 오늘이 최
  초의 날이라고 생각하라.
• 항상 더 불행한 일이 있다고 생각하라.
• 자선을 베풀지 않는 사람은 아무리 돈 많은 자산가라도 맛있
  는 요리가 가득한 식탁에 소금이 없는 것과 마찬가지다.
• 인간을 평가하는 데에는 세 가지 기준이 있다.
  키소(지갑을 넣는 호주머니＝돈을 쓰는 법)
  코소(술을 마시는 잔＝술을 마시는 법)
  카소(노여움＝참을성)
• 친구가 당신에게 벌꿀처럼 달콤하더라도 전부 먹어버려서는 안
  된다.
• 친구가 화를 내고 있을 때 진정시키려고 하지 마라. 또 슬퍼하
  고 있을 때 위안하지 마라.
• 평판은 가장 좋은 소개장이다.
• 표정은 최악의 밀고자이다.
• 질투는 천 개의 눈을 가지고 있다. 그러나 하나도 올바르게 보

이지 않는다.

- 남성은 두 볼 사이와 두 다리 사이에서 값어치가 결정된다.
- 부는 요새이고 빈곤은 폐허다.
- 만난 사람 전부에게서 무엇인가를 배울 수 있는 사람이 이 세상에서 가장 현명하다.
- 몰염치와 자부심은 형제다.
- 자신의 말(言)을 자신이 건너는 다리라고 생각하라. 튼튼한 다리가 아니면 당신은 건너지 않을 테니까.
- 당신이 비밀을 감추고 있는 한 비밀은 당신의 포로다. 그러나 당신이 그것을 말해버린 순간부터 당신이 비밀의 포로가 된다.
- 소문은 반드시 세 사람의 인간을 죽인다. 소문을 퍼뜨리는 사람, 그것을 반대하지 않고 듣고 있는 사람, 그리고 그 화제에 오르고 있는 사람.
- 입보다도 귀를 높은 지위에 앉혀라.
- 지혜의 둘레에 친 벽은 금이다.
- 아부의 말은 고양이처럼 다른 사람을 핥는다. 그러나 결국은 걸려든다.
- 술이 머리에 들어가면 비밀이 밀려 나온다.
- 진실은 무거운 것이다. 그래서 젊은 사람들밖에는 운반할 수가 없다.
- 현자(賢者)의 불로 몸을 따뜻하게 하라. 단 그것으로 몸을 태우지 않도록 조심하라.
- 지혜를 죄처럼 두려워하는 대상으로 대하게 된다면, 그 지혜는 오래가지 못한다.
- 가장 중요한 것은 연구가 아니라 실행이다.
- 인간은 환경에 의해서 명예를 얻는 것이 아니라, 인간이 그 환

경의 명예를 높이는 것이다.

이 말들은 인간의 본질을 잘 파악하고 있다. 시대나 환경이 변할지라도 인간성은 변하지 않는다는 진리다.

▶ 하루는 해 진 뒤 시작된다

보통 하루라고 하면 아침부터 밤까지라고 생각한다. 그러나 유대인은 그와 반대로 생각한다. 아마 이것이 유대인을 끈질기게 살아남게 한 비밀인지도 모르겠다. 유대인의 하루는 해가 진 뒤부터 시작된다. 예를 들어, 안식일인 사바스는 금요일 일몰부터 시작되어 토요일 일몰에 끝난다. 하루라는 시간에 관한 이와 같은 개념은 유대인만의 독특한 사고방식이다.

유대인은 매우 낙관적이어서 때가 되면 반드시 좋아지리라고 생각한다. 물론 노력도 꾸준히 한다. 그러나 어떠한 역경에 처하더라도 체념하지 않는다. 항상 희망을 갖고 산다.

희망은 미래를 자신의 것으로 만드는 계기가 된다. 인간이 지니고 있는 힘 가운데 희망이 가장 강한 것인지도 모르겠다. 희망이 있는 한 인간은 미래의 끄나풀을 잡고 있는 셈이다. 희망은 미래라고 하는 냄비에 붙은 손잡이다. 거기에서 손을 떼어서는 안 된다. 죽음이 왜 그토록 두려운 것인가 하면 희망을 끊어버리기 때문이다.

인생에는 세 개의 문이 있다고 한다. 하나는 과거로 통하는 문이고, 또 하나는 현재로 통하는 문이며, 셋째는 미래로 통하는 문이다. 이 세 개의 문 가운데 어느 것이든 닫아버려서는 안 된다. 그리고 어떤 문 안에도 보물이 들어 있도록 생활을 꾸려 나가는 것이 인생의 목적이다.

업적을 남긴 노인은 어째서 존경을 받을까? 과거의 문 안에 보물이 들어 있기 때문이다. 한창 일할 나이의 청춘 남녀는 왜 아름답게 보일까? 현재의 문 안에 보물이 있기 때문이다. 어린이는 왜 사랑스러울까? 미래의 문 안에 보물이 있기 때문이다.

햇볕이 나는 날이 있으면 흐린 날도 있다. 과거는 이제 어떻게 할 수 없는 것이다. 그 대신 하나님은 낙심하지 않는다면 인간이 자유로이 창조할 수 있는 미래를 주신다. 낙심하면 안 된다, 낙심하는 자가 패배한다.

▶ 꿈 많은 낙관주의자

유대인은 지식을 소중히 하는 것과 마찬가지로 지혜를 존중한다. 유대인에게 지혜 없는 지식은 필요 없다. 유대인의 또 다른 특징은 해학을 좋아한다는 것이다. 아마도 유대인만큼 유머가 많은 민족도 없을 것이다. 사실 오랜 박해를 견디며 살아가자니 웃음이 필요했을 것이다.

또 다른 면을 본다면 유머는 짧은 이야깃거리이며, 유머로부터 생기는 웃음은 매우 지적이다. 유머의 웃음은 사물을 한 발자국 비켜서서, 생각하지도 않은 다른 각도로 바라봄으로써 나온다. '히브리'의 뜻이 '맞은편에 서다'라고 했는데 여러 각도에서 바라보는 능력이 있어야만 비로소 웃음이 나온다. 그것이 위트이며 기지인 것이다.

유대인은 가정에서나 모임에서 스스럼없이 유머를 주고받는다. 이를 두뇌 체조라 할 수 있다. 프로이트나 아인슈타인 모두 유머의 명수였다. 아인슈타인은 상대성원리도 "뛰어난 유머와 마찬가지로 우주의 진리를 찾는 방법"이라고 말했다.

▶ 돈이란 결코 모든 것을 좋게 할 수도 없지만 그렇다고 모든 것을 썩게 하지도 않는다

돈이란 일종의 도구다. 그러므로 돈이 인간 생활의 모든 것들을 밝게 또는 빛나게 한다는 생각이나, 또는 돈이 모든 악의 근원이 된다는 생각은 잘못된 것이다.

인간에게 돈은 하나의 수단일 뿐이지 목적이 될 수는 없다. 진

실로 인간다운 것은 돈의 노예가 되는 것이 아니라 돈을 지배하는 것이다. 지상에서 가장 강한 힘을 가지고 있는 것이 인간이기 때문이다.

돈이란 어쨌든 사람보다는 아래에 있는 것이다. 하지만 사람들의 대부분은 그것을 잊고 있다. 반면에 돈을 천시하는 사람들도 있다. 이 또한 옳지 않다. 돈이란 쓰기에 따라 좋을 수도 있고 나쁠 수도 있다. 그 밖에 다른 문제는 없다.

우리는 돈을 소홀하게 여기거나 두려워할 필요가 없다. 돈은 추악한 것이니 관심 없다는 듯 돈을 소홀하게 취급하는 사람들도 있지만, 그것은 돈을 두려워하는 행위일 뿐이다.

▶ 돈에 대한 격언
- 현금은 가장 능력 있는 중개인이다.
- 많은 수입만큼 좋은 약은 없다.
- 돈은 어떤 닫힌 문이라도 척척 열 수 있는 황금 열쇠다.
- 인간에게 필요한 것은 의, 식, 주와 돈이다.
- 돈을 사랑하는 마음만으로는 부자가 될 수 없다. 돈이 당신을 사랑하지 않으면 안 된다.
- 부자가 되는 유일한 방법, 그것은 내일 할 일을 오늘 해치우고, 오늘 먹어야 할 것을 내일 먹는다.
- 겨울 땔감에 필요한 돈을 여름 한가한 때에 놀면서 낭비하지 마라.
- 가난한 사람은 적이 많지 않고, 부자는 친구가 많지 않다.
- 돈이면 이 세상 모든 것을 다 살 수 있다. 그러나 단 한 가지 살 수 없는 것은 지식이다.
- 아직 숲 속에 있는 곰의 가죽을 팔아서는 안 된다.

- 빌린 돈을 약속대로 갚는 자는 신용을 곱으로 늘린다.
- 남에게 꾼 돈을 갚지 않는 사람은 도둑질을 하는 것과 다를 바 없다.
- 요리를 먹고 피해 다니는 것보다는 차라리 배춧국을 먹고 떳떳하게 활보하는 게 낫다.
- 어려워서 돈을 빌릴 때에 웃지 마라. 갚을 때가 되면 울게 된다.
- 돈을 빌려간 사람이 돈을 갚을 수 없다는 것을 알았을 때에는 그의 근처를 배회하지 마라.

▶ 실패한 일을 후회하기보다, 하고 싶었던 일을 하지 못한 것을 후회하라

인간이란 실패 때문에 소중하고 큰 것을 잃기도 하지만, 그때마다 잃은 것 못지않은 값진 교훈도 얻는다. 하지만 꼭 하고 싶었던 일을 놓칠 때에는 교훈 같은 걸 얻을 기회가 없다.

우리가 실패한 일, 이 실패가 곧 경험이 된다. 실패는 성공을 위한 밑거름이라고 할 수 있다. 그리고 우리 인간들은 실패 때문에 좌절하기도 하지만, 이를 통해 값진 경험과 교훈을 얻기에 가능성에 희망을 걸게 되고 그 좌절을 가볍게 뛰어넘는 것이다.

실패는 곧 성공의 토양을 만드는 데에 유익하게 쓰이지만, 하고 싶은 일 그 자체를 하지 못하는 것은 가능성이라는 토양을 모두 잃어버리는 것이다.

▶ 최고의 지혜는 친절과 겸손이다

겸손이란 무엇인가? 그것은 다름 아닌 상대방을 인정하는 것이다. 자신만을 내세우지 않고 상대의 의견과 뜻을 인정하려고 노력하는 태도다. 친절함과 겸손은 한 형제와 같다. 결코 겸손해지지

않고는 친절할 수 없으며, 친절하지 않고는 겸손해질 수 없다.

▶ 자신의 결점을 찾으려는 사람에게는 남의 결점이 보이지 않고,
　남의 결점만 찾으려는 사람에게는 자신의 결점이 보이지 않는다
　《탈무드》에는 "이 세상에서 가장 불행한 사람은 자신을 과신
(過信)하는 사람"이라고 적혀 있다. 언제나 자신의 실패를 남이 비
웃고 있다고 생각하고 있는 사람은 자신이 세상의 중심에 있다고
생각한다. 그리고 온종일 남들이 자신만을 주시하고 있다고 착각
한다. 또, 자신을 갖지 못하는 사람은 지나치게 자신을 과시하는
사람과 똑같다.
　이런 사람은 매사에 지나치게 자기중심적이며 오만하다. 이것은
자기 과신에서 오는 잘못된 태도다. 반대의 경우도 마찬가지다.

▶ 인간은 쇠보다 강하지만 파리보다 약하다
　이 세상은 온갖 위험으로 가득 차 있기에 인간은 항상 겸손해
야 한다는 것이다. 인간은 재물과 명성을 얻으면 오만해지기 쉽
다. 오늘날 인간이 발달시킨 문명으로 얼마나 성공적인 생활을 꾸
려가고 있는가?
　하지만 한편으로는 또 얼마나 작은 것에도 약한 모습을 보이
고 있는가? 인간은 성공했다 해도 좀 더 겸허한 자세로 생활해야
한다.
　이 격언을 통해 유대인은 자녀들에게 만능의 힘을 가진 인간도
작은 벌레에 물릴 만큼 약하다는 사실을 알려줌으로써, 인간보다
약한 것에도 항상 두려움을 갖고 오만하지 않도록 경계하라는 교
훈을 준다.

▶ 마음을 닦는 것이 두뇌를 개발하는 것보다 소중하다

이 속담은 "옳은 것을 배우기보다 옳은 것을 행하는 것이 더 낫다."라는 말과 같은 것이다.

마음속에 있는 생각은 즉시 행동으로 나타나기 마련이다. 비록 많은 책을 읽어 지식을 쌓았다 해도 마음을 닦지 않으면, 그것은 알고 있는 것에 그치고 만다. 알면서 실천하지 못하면 그것은 모르는 것보다 못하다.

▶ 몸을 닦는 것이 비누이고, 마음을 닦아내는 것은 눈물이다

인간의 몸을 씻어주는 것은 비누이고, 마음의 때를 닦아주는 것은 눈물이다. 이런 속담도 있다.

"천국에는 기도할 수 있는 곳이 아무 데도 없지만, 우는 사람들을 위한 장소는 마련되어 있다."

인간이란 모름지기 희로애락(喜怒哀樂: 기쁨, 노여움, 슬픔, 즐거움)의 감정을 경험하지 않으면 안 된다. 울음을 모르는 사람은 즐거움도 모른다. 밤이 없으면 낮이 없듯이.

"우는 것을 부끄러워하는 사람은 기쁨을 나타낼 때에도 진정 기뻐하지 않고, 기쁜 척한다."

"마음껏 울고 나면 마음이 후련해진다. 마치 목욕을 한 뒤 상쾌해지는 것처럼."

▶ 매일 조금씩 자살하는 사람은 이승도 저승도 갈 곳이 없다

자기 자신에 대해 지나치게 비관하거나 학대함으로써 삶에 대한 의욕을 상실하고, 이 때문에 몸과 마음의 건강을 해쳐 마침내 인생이 와르르 무너져버리고 만다는 말이다.

유대인들은 하루하루의 생활을 즐겁게 살아야 한다고 배운다.

사람이란 매일 새로운 일을 만나고, 그럼으로써 새로운 일에 도전해 승리할 수 있는 기회가 있다. 때문에 지나친 비관도 후회도 낙관도 금물인 것이다.

하지만 하루하루 비관하고 후회하는 사람은 이와는 반대의 생활에 젖어 있다. 하루하루 조금씩 자살하는 사람은 인생의 참생활을 즐기지 못하므로 세상을 산다고 할 수 없다.

유대인 사회에서는 자살이 가장 큰 죄악이다. 그래서 유대인들은 자살한 사람의 장사를 지내주지 않음으로써 그를 유대인 사회에서 영원히 추방한다. 묘지에 묻히지 못한다는 것은 유대인 사회에서 완전히 추방된다는 뜻이다. 따라서 이들은 저승에서도 갈곳이 없다. 이러한 생각 때문에 유대인들은 자살하지 않는다.

▶ 마음의 양식에 관한 격언
• 마음의 문은 입, 마음의 창은 귀다.
• 인류를 아끼고 사랑하는 것은 쉽지만, 인간을 아끼고 사랑하는 것은 쉬운 일이 아니다.
• 원한을 풀고 난 뒤 당신의 마음은 개운치 않을 것이다.
• 그러나 용서해준 뒤의 마음은 시원하고 맑다.
• 자신을 해치는 것은 다른 사람의 몸을 해치는 것보다 죄가 더 크다.
• 남을 속이는 일보다 자신을 속이는 일이 더 어렵다.
• 인간에 가장 가까운 벗은 지성이며, 가장 무서운 적은 욕망이다.
• 인간이란 자신이 가지고 있는 것은 소홀히 생각하고 자신에게 없는 것은 탐을 낸다.
• 악한 것은 처음엔 달콤하지만 나중엔 쓰다. 그러나 선한 것은

처음엔 쓰지만 나중엔 달다.

- 천국의 입구는 기도에게는 닫혀 있을 수 있으나 눈물에게는 열린다.
- 병자가 병자를 위해 기도를 할 때에, 그 병자의 기도는 두 배의 힘을 가진다.
- 많이 가진 자는 하나님을 주머니 속에 모셔두지만, 가난한 자는 마음속에 하나님을 모셔둔다.
- 사람을 미워하는 것은 마치 가려운 곳을 긁는 것과 같다. 왜냐하면 가려운 곳을 긁으면 긁을수록 더 가려워지고, 미운 사람은 생각할수록 더 미워지기 때문이다.
- 자신의 피부병은 불결하다고 생각지 않지만, 남의 병은 불결하다고 생각한다.
- 돈이 없는 것은 인생의 절반을 잃는 것이고, 용기가 없는 것은 인생 모두를 잃는 것이다.
- 당신은 의지에는 주인이 되고, 양심에는 노예가 되라.
- 지나친 겸손은 거만함과 다를 게 없다.

▶ 책에서 지식을 배우고, 인생에서 지혜를 배운다

유대인들은 교육이라고 하면, 시설이 잘 갖추어진 학교보다 가정을 먼저 생각한다. 그만큼 가정에서의 교육을 중요시한다. 유대인 자녀들이 학교에서 배우는 것은 지식에 그치지만, 가정에서는 온갖 지혜를 배운다. 가정교육이 중요한 것은 유대인 자녀들의 생활이 대부분 가정에서 이루어지고 있기 때문이다.

인간의 지혜가 《탈무드》라는 경전을 낳았고, 인간의 지식이 대륙간 탄도탄을 만들어냈다. 지식은 날마다 새롭게 발전하지만 지혜는 옛날과 차이가 없다고 유대인들은 믿고 있는 것이다.

이들은 지식이 기록된 책과 지혜가 기록된 책을 구별하며, 지식의 책 못지않게 지혜의 책을 읽어야 한다고 믿고 있다. 하지만 유대 민족의 고전에서는 책을 통해 배우는 지혜보다는 부모를 통해 배우는 지혜가 가장 소중하고 훌륭한 것이라고 가르치고 있다.

▶ 결점은 고치지 못하더라도 자기 향상을 위한 노력은 계속해야 한다

인간은 하나님이 아니기에 완벽한 현자가 될 수는 없다. 그렇다고 자신을 발전시켜가는 일을 포기할 수도 없다. 인간이란 누구나 단점과 부족함이 있으므로 이를 고치기 위해 부단히 노력하는 것이 매우 중요하다. 이러한 노력이 어렵긴 하지만 그렇다고 포기해서는 안 된다.

인간은 누구를 막론하고 단점을 지니고 있는 반면 남과 다른 장점도 있다. 이를테면 완벽한 현자가 없듯이 철저하게 무지몽매한 사람도 있을 수 없다. 그래서 우리는 단점보다도 장점을 더 계발함으로써, 단점이 사소해지게 해야 한다. 장점을 늘려가는 것이 단점을 줄이는 가장 좋은 방법이다.

▶ 아들에게 일을 가르치지 않는 부모는 아들에게 도둑질을 가르치는 것과 같다

어느 날 학생이 랍비에게 물었다.

"어째서 아들에게 부지런함을 가르치지 않는 부모는 아들을 강도로 만드는 것과 같다고 합니까?"

랍비는 곧 이렇게 대답했다.

"자기 자식에게 노동의 신성함을 가르치는 부모는 자식에게 포

도밭을 물려주는 것과 같다. 포도밭에 울타리를 쳐서 여우 같은 동물이 들어오지 못하게 하듯이, 잘못된 생각이 자식의 마음속으로 들어가지 못하게 한다는 뜻이다.

▶ 어린아이는 두통을 안겨주지만, 크면 심통(心痛)을 안겨준다

아이들은 어렸을 때 잘 운다. 아무리 자기 자식이지만 아침부터 밤까지 계속 울어대면 골치가 아파진다. 하지만 내 자식이기에 즐겁고 기쁜 두통거리일 뿐이다.

다섯 살, 여섯 살, 일곱 살. 나이를 먹어가면서는 온 집안을 뛰어다니며 어지럽히고, 형제끼리 다투고, 호기심에 차 무엇이든지 묻고 하여 부모에게 두통을 안겨준다. 그러나 즐겁고 기쁘다. 누구든 자식을 길러본 부모라면 알 수 있다.

부모는 두통에서 해방되는 날을 기다리지만, 아이가 튼튼한 청년으로 성장하면 또 다른 고통을 안겨주는데, 그것이 바로 심통이다. 이것이 인생이 아니겠는가?

이런 속담도 있다.

"어린아이들은 부모를 잠들지 못하게 한다. 그러나 이들이 다 크면 부모에게 두통과 심통을 선물한다."

▶ 어리석은 자의 노년은 겨울이지만 현자의 노년은 황금기다

인간은 누구나 나이를 먹는다. 그렇다면 젊은 시절에는 과연 무엇에 힘써야 할 것인가? 이를테면 노년기를 대비하기 위한 자기 창조를 시작하고, 그렇게 함으로써 젊어서부터 노인을 공경할 수 있게 된다.

인간이란 궁극적으로 '무슨 일을 하느냐?'보다 '어떤 모습의 인간이 되느냐?'가 더 중요하다. 그러나 오늘날과 같이 물질만능과

소비문화가 조장된 사회에서는 '어떤 모습의 인간'보다는 '무슨 일 하는 인간'을 더 강조한다. 그래서 자연히 활동적인 인간이 더 성공한 인물로 칭송받는다.

이러한 사회에서의 노년은 바로 허무한 실패의 모습이며, 계절로 보면 겨울이다. 그 이유는 'What I do(무슨 일을 하느냐)' 쪽이 'What I am(어떤 존재가 되었느냐)'보다 훨씬 중요하다고 여겨지는 사회이기 때문이다.

실패와 패배만이 기다리고 있는 사회는 인간에게 얼마나 가혹한 미래인가? 이 격언이 옳다면 우리가 살고 있는 사회는 어리석기 짝이 없는 곳이라고 생각된다. 비록 나이를 먹어 장년이 되고, 이어 노년기에 접어들지라도 끊임없이 활동을 해야 한다.

▶ 노인을 공경하지 않는 젊은이에게 결코 행복한 노후는 없다

나이 먹은 사람이 존경받는 사회는 안정과 평화가 있다. 그 이유는 나이 먹은 노인은 잔소리가 많지만, 조용하기 때문이다. 게다가 노인은 젊은이에게 선행을 하도록 권한다.

노인들이 특히 선행을 강조하는 이유는 무엇인가? 자신이 젊었을 때에 나쁜 짓을 해보았고, 그 결과의 아픔을 맛보았기 때문이다. 그리고 이제 자신이 나쁜 행위를 할 수도 없거니와 나쁜 본보기를 보여줄 만한 힘도 없어서다. 어쨌든 악행을 모르는 사람들이 존경받는 사회는 밝은 사회임이 틀림없다.

어느 사회고 노인들은 두려움의 대상이 아니다. 젊은 시절에 노인을 공경한 자만이 자신이 나이 먹어 노년이 되었을 때에 남으로부터 존경받고 공경받을 수 있다. 자신의 노년기가 비참해지지 않으려면 지금부터라도 노인을 공경해야 한다.

▶ 교육에 관한 격언

- 체중은 그 무게를 잴 수 있으나, 지성의 무게는 잴 수가 없다. 지성에는 한계가 없기 때문이다.
- 어떤 현자가 "어떻게 현자가 되었느냐?"는 질문을 받고 대답하기를 "식용유보다 등유에 더 많은 돈을 썼기 때문"이라고 대답했다.
- 사람은 책을 통해 가장 많은 지혜를 얻는다.
- 선생으로부터 배우는 것보다도 친구에게서, 그리고 학생에게서 배우는 게 더 많다.
- 스스로 먼저 배운 뒤, 남을 가르쳐라.
- 비만과 돈과 오만은 기억력을 해친다.
- 글을 읽을 줄 아는 귀머거리는 진짜 귀머거리가 아니다. 진짜 귀머거리는 남의 말을 듣지 않는 자다.
- 나태한 자의 좋은 두뇌는 마치 눈먼 사람이 등불을 가지고 있는 것과 같다. 쓸모없는 짐일 뿐이다.
- 글을 쓰는 것은 수표를 발행하는 것과 같다.
- 속에 넣는 물건보다도 더 비싼 상자를 만들지 마라.
- 임금은 나라를 다스리지만, 현자는 임금을 다스린다.
- 현자는 돈의 위력을 알지만, 부자는 지혜의 위력을 모른다. 때문에 현자가 더 위대하다.
- 현자에게 매를 맞는 것이 어리석은 자에게 입맞춤을 당하는 것보다 낫다.
- 지혜로운 자는 빵을 나눌 때에 열 번씩 생각하고 나누지만, 우매한 자는 열 번을 나누어도 한 번도 생각하지 않는다.
- 빈 독에 동전 한 닢을 넣으면 소리가 요란하지만, 동전이 가득 찬 독에서는 소리가 나지 않는다.

- 강아지가 의자에 오르는 것을 내버려두면 나중에 식탁에까지 오른다.
- 동물은 생겨나면서부터 완성물이다. 그러나 갓 태어난 사람이란 원료를 이용하여 어떤 모습의 인간을 만들어가느냐는 부모의 책임이다.
- 자녀가 성장해가면서 부모를 잊는 것은 부모의 교육이 잘못되었기 때문이다.
- 자녀들은 부모의 언행을 따라 한다.
- 부모의 말을 어기는 자는, 그가 자라 자식을 낳으면 그 자식이 그의 말을 듣지 않는다.
- 나태한 젊은이는 나중에 불평만 하는 부모가 될 수 있다.
- 지혜로운 아들은 아버지를 기쁘게 하고 우매한 아들은 어머니를 슬프게 한다.
- 많은 지식을 쌓은 사람도 어린아이에게서 배울 게 있다
- 서로 적이 된 형제는 다른 어떤 관계보다도 나쁘다.
- 한 명의 손자가 세 명의 아들보다 귀엽다.
- 유연성이 있는 사람은 나이를 먹어도 역시 젊다.
- 노인은 자기 자신이 다시는 더 젊어질 수 없음을 알지만, 젊은이는 자신이 늙어간다는 사실을 잊고 있다.

▶ 남녀 교제에 관한 격언
- 첫사랑의 여자와 결혼하는 사람만큼 행운아는 없다.
- 인생에서 늦어도 괜찮은 것은 두 가지가 있다. 그것은 결혼과 죽음이다.
- 미인은 바라보는 대상이지 결혼 상대는 아니다.
- 남자는 먼저 집을 짓고 들에 포도를 심어 포도원을 만들고, 그

런 다음에 여자를 맞이하라. 이 순서를 어겨서는 안 된다.

• 아내는 남편을 상대로 신혼 때에는 창부처럼, 중년엔 비서처럼, 노년엔 간호사처럼 처신해야 한다.

• 아무리 사랑이 소중해도 사랑을 줄 상대가 없으면 의미가 없다.

• 연애하고 있는 사람은 유리 눈을 가지고 있다. 상대방의 단점이 보이지 않는다.

• 연애에 빠진 딸을 붙잡아두는 것은 백 마리의 벼룩을 울타리 안에 가두어두는 것보다 어렵다.

• 여자가 만드는 세 가지 척도는 요리, 복장, 남편인데, 이 모두는 여자가 만드는 것이다.

▶ 입과 혀에 관한 격언

어진 사람은 자기 눈으로 직접 본 것을 남들에게 이야기하고, 어리석은 사람은 자기 눈으로 보지 못하고 귀로만 들은 것을 이야기한다.

• 혀는 마음의 붓이다.

• 남의 입에서 나오는 말보다 자기 입에서 나오는 말을 잘 들어야 한다.

• 자신이 하는 말을 자신이 건널 다리라고 생각하라. 그리하면 튼튼한 다리가 아닐 경우 당신은 건너지 않을 것이다.

• 고약한 혀는 고약한 손보다 나쁘다.

• 한 대 맞은 아픔은 언젠가는 없어지지만, 모욕당한 말은 영원히 남는다.

• 바른 말은 귀에 쓰다.

• 급하게 대답하는 사람은 급하게 잘못을 저지른다.

• 말이 당신의 입안에서 돌고 있을 때에 그 말은 당신의 노예지만,

일단 밖으로 튀어나왔을 때에는 그 말이 당신의 주인이 된다.

- 밤에 이야기를 할 때에는 소리를 낮추고, 낮에 이야기를 할 때에는 주위를 살펴보아라.
- 중상(中傷)은 어떤 무기보다도 무서운 것이다. 화살은 보이는 곳까지만 쏠 수 있지만, 중상은 멀리 있는 마을까지 망하게 한다.
- 홑 거짓말은 거짓말이고, 겹 거짓말도 거짓말이며, 세 겹의 거짓말은 정치다.
- 모든 거짓말은 금지되어 있으나, 한 가지 예외가 있다. 그것은 평화를 가져오는 거짓말이다.
- 침묵은 하나의 대답이다.
- 침묵은 어진 사람을 더 어질게 한다. 그러므로 어리석은 자는 침묵의 소중함을 알지 못한다.
- 영혼까지도 휴식이 필요하므로 인간은 잠을 자는 것이다. 입에도 휴식을 주고 남의 말에 귀를 기울여라.
- 싸움을 잠재우는 가장 좋은 약은 침묵이다.
- 즐겁게 오래 살고 싶으면 코로 숨을 쉬고 입을 다물어라.

▶ 아무리 친한 벗이라도 너무 가까이하지 마라

"친구는 석탄과 같다."

《탈무드》에 있는 격언이다. 불타고 있는 석탄이 있다. 적당한 거리까지 접근하면 몸을 따뜻하게 할 수 있지만, 그렇다고 너무 가까이 접근하면 몸을 델 수 있다. 이것은 아내도 마찬가지다. 인간은 다른 인간을 혼자서 독차지하려 해서는 안 된다.

▶ 애매한 친구보다는 차라리 분명한 적이 상대하기 낫다

우리가 가장 대하기 힘든 사람은 이도 저도 아닌 애매한 친구

다. 진정한 친구인가, 아니면 적인가를 도무지 구별할 수 없는 사람은 상대하기 곤란하다. 인간은 친구를 만나면 누구나 속마음을 털어놓게 된다. 그런데 그 사람이 적인 것을 분명히 알고 있으면, 이적 행위를 할 사람은 아무도 없지 않은가?

그러므로 상대와 사귈 때에 애매모호한 자세로 친구인 양하는 것은 비겁한 짓이다. 그것보다는 차라리 확실한 적이 되는 게 낫다.

▶ 낯선 사람의 백 마디 모략보다 친구의 무심한 한마디가 더 깊은 상처를 남긴다.

사회라는 것은 어떻게 이루어져 있는 것일까?

그 많은 사람들을 여러 각도에서 생각해보면 자신이 속한 사회는 모두 친구들에 의해 이루어져 있음을 알 수 있다. 또, 친구들에 의해서 지탱되고 있음도 알 수 있다. 인생을 살아가는 데 가장 큰 재산은 친구다. 인간은 일생을 통해서 만날 수 있는 사람의 수가 한정되어 있다. 그런데 만일 인간에게 친한 친구가 없다면, 아마 사회를 살아나갈 자신을 잃어버리고 말 것이다.

그래서 낯선 사람이 중상모략하는 것은 그다지 큰 상처가 되지 않으나, 친한 사람에게 들은 한마디 말은 그것이 사소한 것일지라도 큰 상처가 되는 것이다. 따라서 친구가 상대방을 비판할 때에는 조심스러워야 하며, 친구를 중상모략하는 일은 절대로 없어야 한다. 만일 조심성 없이 지나치게 비판하거나 중상하면, 그것은 스스로 자신의 사회를 파괴하는 꼴이 된다.

▶ 교제에 관한 격언
• 세 종류의 친구가 있다. 첫째는 음식과 같아서 매일 필요하다. 둘째는 약과 같아서 가끔씩 필요하다. 셋째는 질병과 같아서

항상 피해 다녀야 한다.

- 두 사람이 싸웠을 때에, 먼저 타협하는 사람이 인격을 높인다.
- 싸움이란 냇물과 같다. 한 번 작은 냇물이 생기면 큰 냇물이 되어서 다시는 작은 냇물로 되돌아오지 않는다.
- 친구에게 돈을 빌려주지 않는 사람은 친구를 잃지 않는다.
- 파리와 같은 인간은 남의 상처에 모여들고 싶어 한다.
- 사람을 한쪽 손으로 밀 때에는 다른 한쪽 손으로 그 사람을 끌어당겨주어라.
- 위대한 인간에게는 반드시 거대한 적이 있다.
- 누구든 애교를 떠는 자를 조심하라.
- 친구인 체하는 사람은 마치 철새와 같아서 날씨가 추워지면 당신 곁을 떠난다.
- 인간은 혼자서 식사할 수 있으나, 혼자서 일할 수는 없다.
- 처음 만나는 사람에게는 깍듯하게 경의를 표하라. 그러나 그만큼 의심하라.
- 모두가 서 있을 때에 앉아서는 안 된다. 모두가 앉아 있을 때에 서 있어도 안 된다. 모두가 웃고 있을 때에 울어서도 안 된다. 모두가 울고 있을 때에 웃어서도 안 된다.
- 사람을 대하는 가장 좋은 방법은 랍비처럼 존경하고 도둑처럼 의심하는 것이다.
- 좋은 손님은 도착하자마자 환영을 받고 나쁜 손님은 돌아가자마자 기쁨을 준다.
- 현명한 적은 사람을 현명하게 만들지만, 어리석은 적은 사람을 어리석게 만든다.
- 어리석은 자를 업신여겨서는 안 된다. 어리석은 자가 있기에 당신은 현명해지는 것이다.

- 한 사람의 오랜 친구가 역시 열 사람의 새로운 친구보다 낫다.
- 자신에 대한 평판을 듣고 싶거든 평소 이웃 사람들의 소문에 귀를 기울이라.
- 무릇 훌륭한 예의범절이란 남의 좋지 않은 예의범절을 용서해 주는 것이다.
- 물고기는 물이 없어지면 죽고, 사람은 예의가 없어지면 죽는다.
- 예의범절을 깨달은 사람은 예의범절을 모르는 사람에게 마음을 쓰려고 하지 않는다.
- 사람이 다른 사람에게 존경을 받으려면 무엇이 필요한가? 첫째, 가장 바람직한 것은 지성이다. 그러나 지성이 모자란다면 돈이 있어야 한다. 그리고 그가 돈은 없지만 착한 아내를 가지고 있으면 결점을 숨길 수 있다.

▶ 사람이 휴일을 만든 것이지, 휴일이 사람을 만든 것이 아니다

사람들을 보면 열심히 놀기는 하지만, 그 쉬는 방법이나 즐기는 방법이 자신을 되찾고 재창조하려는 것이 아니라, 쾌락에 빠져 자신을 마모시키고, 자신을 잃어버리려고 하는 사람들 같아 보인다. 앞에서도 말했지만 일이건 놀이건 인간은 무엇을 하느냐(What I do)보다는 어떤 인간(What I am)인가가 더 중요하다.

인간은 일이라는 괴수에게 던져진 먹이가 아니듯이, 더구나 휴일이라는 괴수에게 던져지는 먹이는 더욱 아니다. 그런데도 많은 사람들이 일에 떠밀려가듯 여가에도 떠밀려가고 있다.

휴일이야말로 값진 시간이다. 보다 건전하고 보다 나은 자기 자신의 계발을 위해 사용되어야 한다. 모두가 노는 휴일에서 사고(思考)하는 휴일로 바꿀 필요가 있다.

▶ 0에서 1까지의 거리가 1에서 1,000까지의 거리보다 길다

많은 사람들이 1,000을 구하려 한 나머지 1을 대수롭지 않게 여겨 결국 아무것도 얻지 못하는 경우가 많다.

1을 소중히 여기지 않는다면 결코 1,000을 만들 수 없다. 1을 만드는 데에는 강한 인내력이 필요하다. 1을 만들 수 있는 자가 1,000을 만들 수 있다. 일확천금을 노려서는 안 된다.

성공한 아이들을 보면, 모두 0에서 1을 만드는 것이 소중하다는 것을 알 수 있다. 그런 사람들이 1,000, 1만, 10만, 100만을 만들 수 있다. 그리고 근검절약해야 한다. 절약, 절약, 절약.

-특편-

현용수의 인성교육 노하우

본 인성교육 노하우는 쉐마교육원 원장이신 현용수 박사가 유대인을 모델로 해서 세계 최초로 인성교육의 원리와 공식을 계발한 귀중한 책이다. 근세 30~40여 년 동안 물질문명과 정보통신 영상문화가 너무나 급속도로 발전하면서 인간사회에 인성(人性)이 수평 문화(돈, 물질, 권력, 유행, 쾌락적인 성문화 등)에만 치중되어 편리함과 육적인 재미와 쾌락 위주의 문화로 급속히 변하면서, 내면적인 인성의 토양은 너무나 많이 황폐화되어가고 사람들의 삶은 점점 이기적으로 변하면서 살벌해져가고 있기 때문이다. 인성교육이란 것이 있는 듯하지만 감당할 수 없을 지경에 이른 것이다.

다행히 굳건한 믿음과 교육을 통해서 인성과 인성교육을 지켜 내려오고 있는 곳이 유일하게 유대인들이다. 현용수 박사는 유대인들의 지도자들인 랍비 사회에 들어가서서 그들의 4,000여 년이나 끊이지 않고 전수되어 온 인성교육의 원리와 공식, 그리고 체계적인 교육과 이행 방법까지를 계발해서 《인성교육 노하우》를 발표하기에 이른 것이다.

이는 물질과 퇴폐 문명에 찌들어가는 우리 인간의 영혼을 되살릴 수 있는 유일한 길을 찾아낸 역사적 사건이라고 생각된다. 상당히 많은 종교인들과 학자들이 대 찬사를 보내고 있다. 이번 기회를 잃지 말고 우선 우리 대한민국도 황폐화되어가는 인성을 바로잡아야 할 것이다. 그래서 수직 문화의 그릇을 단단하고 크게 키워서 거기에 현대 지식과 지혜를 가꿔갈 때, 각각의 인성은 물론 강하고 선진적인 대한민국으로 발돋움할 수 있을 것이다.

그래서 《인성교육 노하우》에서는 현실의 문제점들을 교육학적 측면 10가지와 교회 성장학적 측면 8가지로 나누어서, 현실의 문제점들을 설정해놓고, 여기에 대한 대안을 제시하였다.

▶ 교육학적 측면

첫째, 왜 현대 교육은 점점 더 발달하는데 인간은 점점 더 타락하나?

둘째, 왜 자녀들이 부모나 어른들에게 예절이 없는가?

셋째, 왜 한국인은 한국인에 맞는 인성교육을 시켜야 하나?

넷째, 왜 미주 한인 2세가 일류 대학을 졸업하고도 대부분 미국 주요 사회 진출에 실패하나?

다섯째, 똑똑한 자녀, 어떻게 국제적인 인물로 키울 수 있을까?

여섯째, 한국인은 자녀를 그렇게 공부에 혹사시키고도 왜 영재는 잘 안 나오나?

일곱째, 유대인은 어떻게 아브라함 때부터 현재까지 4,200년 동안 성결 교육을 시키는 데 성공했나?

여덟째, 유대인은 IQ 교육의 성공을 위해 어떤 인성교육을 시키나?

아홉째, 무너진 공교육을 세우는 최상의 대안은 무엇인가?

열 번째, 왜 한국에는 진보와 좌파 세력이 늘어나는가?

▶ 교회 성장학적 측면

첫째, 왜 교회의 성장이 멈추고 새롭게 전도하기 힘든가?

둘째, 왜 기독교인에게 복음적 토양교육이 필요한가?

셋째, 왜 현대인은 복음을 받아들인 이후에도 제자화하기 힘든가?

넷째, 왜 한국과 미국에서 2세들이 대학을 졸업하면 90% 이상 교회를 떠나나?

다섯째, 미주 한인 2세 기독교인이 10% 정도 남는다고 해도, 그들은 왜 1세 교회를 떠나나?

여섯째, 왜 신약 교회들은 2,000년간 다른 나라에 선교하는 데는 성공했는데 자손 대대로 하나님의 말씀을 전수하는 데는 실패했나? 그런데 유대인은 어떻게 아브라함 때부터 현재까지 4,200년간 말씀을 전수하는 데 성공했나?

일곱째, 왜 한국의 선교사들이 해외에서 50% 이상 실패했나?

여덟째, 왜 선교자의 원주민에게 복음을 전할 수는 있어도 그들을 성화하기 힘드나?

이 책에서는 상기와 같은 문제에 대한 자세한 대안과 해답을 다음과 같이 4권에 걸쳐 제시해놓았다. 본 편자는 이 책(현용수의 유대인을 모델로 한 인성교육 노하우)의 깊고 자세한 내용을 함축해서 기록 전달하는 데 부족한 판단으로 혹여 오류를 범할까 염려되기도 하지만, 많은 귀중한 내용들을 작은 지면에 전달하기가 쉽지 않아서 책의 목차 부분만을 소개하고, 제1부 서론의 인성교육의 본질과 원리에 대한 논리적인 체계의 초기 부분만을 소개한다.

제1부 서론
제1장 인성교육이란 무엇인가?

현용수 교수님이 개발한 본질과 원리에 대한 논리에 의하면 '인성'이란 "도덕적 인격을 형성하는 내면적 성품, 성질 또는 성격 및 강한 의지"라고 한다. 또 '인성교육'이란 "도덕적 인격을 형성하는 내면적 성품, 성질 또는 성격 및 강한 의지를 계발하고, 이를 외면적 착한 행실로 나타나게 하는 교육이다."라고 정의해놓았다.

그래서 인성교육은 수직 문화 속에서 수직 교육에 의해 가르치고 배우는 것이고, 그리고 지금 배우고 있는 거의 모든 교육은 수평 문화 속의 수평 교육이라는 것이다. 수직 교육은 EQ(감성)에 해당하고, 수평 교육은 IQ(지식)에 해당한다고 한다.

또 인성에는 보편적 인성과 문화적 인성으로 나눴다. '보편적 인성'은 보편적으로 적용되는 인간의 생명이나 자연보호 같은 가치들을 말하고 '문화적 인성'은 넓게는 특정한 종족이나 나라의 문화적 가치들을 말하고 좁게는 어느 지방이나 종교가 갖고 있는 문화적 가치들을 말한다고 한다.

또한 인성의 구체적인 요소이며 열매를 '내면적 요소 14가지', '외면적 열매 14가지'로 다음과 같이 정리해놓았다.

▶ 첫째, 내면적 요소와 열매

1. 사랑의 마음(love)

2. 희락의 마음(joy)

3. 화평의 마음(peace)

4. 오래 참음(patience)

5. 자비의 마음(kindness)

6. 양선의 마음(goodness)

7. 충성심(faithfulness)

8. 온유한 마음(gentleness)

9. 진실성(truthfulness)

10. 겸손(modesty)

11. 절제력(self-control)

12. 수양(self-discipline)

13. 용기(courage)

14. 강한 의지력(strong volition, will)

▶ 둘째, 외면적 열매(바른 행동으로 나타나는 외면적 행동)

1. 경청(hearing, shema)

2. 예의 바름(courtesy)

3. 정직한 생활(honesty)

4. 완전(integrity)-선과 악의 판단력

5. 청결한 생활(clean and neat life style)

6. 근면 정신(hard work)

7. 질서 의식(keep order)

8. 남을 돕는 생활(helping neighbor)

9. 인내의 생활(patience)

10. 친절한 행동(kindness)

11. 침착성 유지(even-temperedness)

12. 내핍 생활(thrifty life)

13. 책임감(a sense of responsibility)

14. 깔끔한 생활(clean speech)

인성의 요소를 반복적으로 시켜라

유대인의 교육의 우수성은 인성의 각 요소마다 그 요소를 왜, 언제, 어디에서, 누가, 어떻게 교육시켜야 하는지 그 논리적 근거와 교육 방법이 준비되어 있다는 데 있다. 실례를 들어본다.

여섯 살 된 아들(이름 다윗)이 옆집을 지나다가 그 집의 장미를 꺾었다. 이때 유대인 아버지는 어떻게 교육을 시킬까. 유대인은 주입식 이 아니라 질문식으로 가르친다. 그리고 답을 빨리 주지 않는다. 답 을 찾을 때까지 끊임없이 질문을 한다. 그래서 유대인은 세계에서 가장 말이 많은 민족이다. 세 사람이 모이면 5가지 의견이 나올 정도라고 한다.

아버지가 아들에게 어떻게 하는가 보자.

"아들아! 장미는 왜 꺾었느냐?"

"장미는 누구의 소유냐?"

"남의 집 장미를 꺾으면 왜 안 되느냐?"

"내 것이 아니니까요."

"어느 계명을 어겼는지 아느냐?"

"제5계명 도둑질 하지 말라지요."

이렇게 질문과 답변이 가지를 쳐서 나중에는 '남의 집 장미는 그 집 주인의 생명과 어떤 관계가 있을까?' '왜 사람은 죄를 지으면 안 되나?'로까지 연결되어서 마지막에는 아버지가 하나님에 대한 유대교의 율법과, 남의 생명과 재산도 내 것과 같이 중요함을 가르치고, 그러면 '너는 꺾은 장미를 어떻게 처리해야 되겠니?' 이렇게 해서 아들의 의견을 충분히 듣는다. 그리고 '꺾은 장미를 들고 주인을 찾아가서 잘못을 빌고, 그 장미를 주인에게 돌려주어라. 만약 주인이 그것을 받지 않을 때에는 주인이 요구하는 장미 값을 계산해주어라. 아버지가 그 돈은 줄게, 그리고 하나님에게 용서를 빌고 죄 사함을 받아라.'

이렇게 충분히 생각할 수 있는 범위까지 질문과 답변을 통하여 옆집 장미를 꺾은 행위에서 아주 많은 교훈을 갖게 하고, 그것은 범죄 행위라는 것을 확실하게 아들 머리에 심어준다. 그러면 그 아버지는 그 한 가지 잘못을 통하여 많은 교훈을 가르치게 된다.

그러면 아들은 그와 비슷한 행위들은 스스로 판단을 할 수 있게 돼서 잘못을 줄이고, 또 나름대로 상상력을 키울 수 있게 된다.

한국인은 도덕의 근거인 유교적 교훈도 옛것이라고 하면서 가르치지 않는 데 문제가 있다. 옳은 교육의 논리를 반복해 가르치면 사상을 형성하고 그 사상은 생각(성품)을 바꾼다. 생각이 바뀌면 행동이 바뀐다. 행동이 반복되면 습관이 된다. 옳은 습관은 경건한 자손을 만든다.

제2장 한국 자녀교육의 문제점과
유대인식 자녀교육의 필요성

현대 교육의 발전에도 불구하고 왜 인간은 더 타락하고 있는가?

인류는 달을 정복했으나 사람의 마음을 정복하는 데는 실패했다. 오히려 청소년들은 점점 더 거칠어지고 있다. 현대 교육의 한계가 아닐 수 없다. 어떤 사람들은 이를 대수롭지 않게 여긴다.

근세 20~30년 동안 변한 것이 3,000~5,000년 동안 변한 것보다 더 많다는 얘기다. 그 이유는 무엇인가? 1960년대의 TV의 등장, 1980년대의 컴퓨터의 발명으로 육(肉)을 자극하는 영상문화가 극도로 발달하면서 상대적으로 정신문화가 급격하게 무너졌기 때문이다.

세계를 경악케 한 살인 사건들

• 1993년 1월, 미국에서 고등학생인 중국계 챈(17세)이 같은 학생 태이(17세)를 죽인 사건(1993년 1월 7일, 한국일보 미주판).

여기에는 한국 학생 3명도 연루되어 있다. 그리고 이들은 모두 가정이 부유층 아이들이며, 학교 평균 성적도 미국 최고의 대학을 들어갈 수 있는 성적의 소유자들이었다고 한다. 이 어린 학생들이 갱단의 살인 전문가들보다도 더 잔인하게 친구를 죽였다는 것이다.

또한 이들은 중국계 및 한국인 가정들의 천주교 및 기독교 가
정들이었다고 한다.

- 1994년 5월 19일에는 아버지를 살해하고 불을 지른 박한상도
그 아버지가 모 교회의 피택 장로였다.
- 1995년 3월 14일, 금룡학원 이사장 김형진 씨를 살해한 모 대
학교수 김성복도 기독교이었다고 한다.

이 외에도 너무나 많은 끔찍한 사건들이 연이어 일어나고 있는데
왜 현대 교육을 많이 받은 사람들 속에서 패륜아가 나오는가? 왜냐
하면 요즘 첨단 과학의 발전으로 지구촌이 하나가 되었기 때문이다.

미국 및 서구의 육을 자극하는 세속 문화가 인공위성을 통해 실시
간으로 들어온다. 우리 자녀들은 겉은 한국 사람인데 한국의 민요보
다 서양 가수의 유행가에 더 익숙하다. 충효사상이나 남을 돕는 공동
체 의식보다는 개인주의에 물들어 있다. 부모의 말은 옛날 얘기라고
잘 듣지 않으려고 한다.

대부분 한인선교사 부모는 원주민을 위해서는 정성을 다하지만 자
녀들에게는 말씀과 한국의 수직 문화를 전수하지 못해 자녀들이 원주
민 문화에 동화되어 부모와 심한 세대 차이가 나는 경우가 많다.

따라서 자녀의 영혼도 구원하지 못하고 가문이 망하며, 그 지역 선
교도 당대에서 끝나는 경우가 허다하다.

유대인처럼 자기 고유문화를 지키는 사람일수록 바울과 같은 내재
적 종교성과 영적 만족감이 현저히 높다. 또한 그 반대로 미국 문화에
동화되면 동화될수록 바리새인과 같이 외재적 종교성이 현저히 높고
영적 만족감이 현저히 낮다. 연구에 의하면 인간의 자긍심, 주체의식
및 민족의식이 심리학적으로 같은 영역에 속하기 때문에 서로 현저한
상관관계가 있다. 이 논리는 기독교뿐 아니라 타종교, 즉 불교 및 유교

에도 적용된다.

왜 유대인식 자녀교육이 필요한가?

유대인들이 아브라함 때부터 현재까지 4,200년의 기구한 역사 속에서 어떻게 살아남았는가 하는 비밀을 알기 위해서이다. 유대인은 역사 속으로 사라지기는커녕 인류 역사에 공헌해온 민족이다.

유대인들이 외부 문명으로부터 도전을 받았을 때 응전할 수 있었던 원동력은 무엇이며, 우리는 그들에게서 무엇을 배워야 할 것인가? 우리가 역사에서 뭔가를 배우려 한다면 한 문명의 상승기를 연구하는 것보다 문명의 쇠퇴기를 연구하는 것이 더 유익하다. 그 속에서 우리의 허점을 발견하고 이를 보완할 수 있는 기회를 얻을 수 있기 때문이다.

토인비는 세상의 긴 역사 속에서 문명이 붕괴하는 경우를 3가지로 요약했다.

1960년대와 1990년대 자녀 품행 대조표

구분	1960년대	1990년대
내용의 차이	자기 차례가 아닌데 말하기 껌 씹기 떠들기 복도에서 뛰어다니기 차례 안 지키기 규칙에 어긋나는 복장 쓰레기를 아무 데나 버리기	마약 술 임신 자살 강간 도둑질 총기 상해

출처: 윌리엄 베넷 전 미국 교육부 장관이 발표한 '문화 측정 지수'

① 지도자급의 창조적인 소수가 창조의 힘을 잃고 단순히 민중 위에 군림하는 소수가 되었을 때. 계속해서 창조적인 아이디어를 창출하지 못하고 국민 위에 군림하는 경우.

② 다수 쪽에서의 충성심과 이와 유사한 지지 현상이 약화되었을 때, 즉 국민 다수가 갖고 있던 민족주의 혹은 애국심이 없어졌을 때.

③ 전체에 속한 사회의 사회적 결속력이 계속적으로 약화되었을 때.

그러나 유대인들은 토인비가 지적한 멸망한 문명의 이 3가지 특성들을 모두 배격했다.

첫째, 유대인 다수를 지도하는 창조적인 소수 지도자들은 항상 창조의 힘이 넘쳤다. 유대인 지도자들은 항상 자기 민족에게 불멸의 꿈을 주었는데 그것이 바로 메시아사상이다. 그리고 그들은 백성을 지혜로 인도하지 결코 칼로 다스리지 않았다. 즉 독재를 하지 않았다. 왜냐하면 유대인 지도자들은 칼을 잡은 사람들이 아니고 신본주의 사상이 투철한 지혜자들이었기 때문이다.

둘째, 유대인 다수 백성은 민족주의가 강하고 자신들의 지도자가 되는 랍비에 대한 존경심과 충성심이 강하여 그들의 결정을 항상 따랐다.

셋째, 유대인 사회 전체는 항상 단결하는 결속력이 강했다.

《인성교육 노하우》의 저자이신 현용수 박사는 자신의 신앙과 뿌리 문화를 지키면서 자신들이 속한 국가에서 성공적인 삶을 살고 있는 유대인들에 대해서 관심이 많았다고 한다. 유대인들은 시간과 공간을 초월하여 조상 대대로 전해 내려오는 성경 말씀을 지키며 세대 차이가 거의 없는 민족이다. 그들의 교육 방법은 무엇이 다른가?

여기에 초점을 맞춰서 연구를 한 결과 세계 최초로 인성교육의 원리와 공식을 개발하여 드디어 우리 교육의 방향이 바른 길로 갈 수 있게 되었다.

*다음은《현용수의 인성교육 노하우》전 4권을 통하여 깊이 있게 배우시 길 권합니다.

나의 인성교육과 인격수양을 위한 성찰공부 노트

한국병,
무엇이
문제인가?

초판 1쇄 펴낸날 2015년 11월 30일

편저자 안문환
펴낸이 조현주
펴낸곳 출판기획 구상나무

편집 김정진
북디자인 꼬리별

등록 제385-2015-000051호
전화 02-324-2864

ISBN 979-11-956633-0-9 03370
값 14,000원

*잘못된 책은 바꾸어 드립니다.